中外哲學典籍大全

總主編　李鐵映　王偉光

中國哲學典籍卷

經部春秋類

春秋權衡

〔宋〕劉敞　著

呂存凱　崔迅銘　楊文敏　點校

中國社会科学出版社

圖書在版編目（CIP）數據

春秋權衡/（宋）劉敞著；吕存凱，崔迅銘，楊文敏點校．—北京：中國社會科學出版社，2022.3
（中外哲學典籍大全．中國哲學典籍卷）
ISBN 978－7－5203－9883－1

Ⅰ.①春…　Ⅱ.①劉…　②吕…　③崔…　④楊…　Ⅲ.①中國歷史—春秋時代—編年體　②《春秋》—選集　Ⅳ.①K225.04

中國版本圖書館 CIP 數據核字（2022）第 040848 號

出 版 人　趙劍英
項目統籌　王　茵
責任編輯　張　潛
責任校對　鮑有情
責任印製　王　超

出　　版　中国社会科学出版社
社　　址　北京鼓樓西大街甲 158 號
郵　　編　100720
網　　址　http://www.csspw.cn
發 行 部　010－84083685
門 市 部　010－84029450
經　　銷　新華書店及其他書店

印刷裝訂　北京君昇印刷有限公司
版　　次　2022 年 3 月第 1 版
印　　次　2022 年 3 月第 1 次印刷

開　　本　710×1000　1/16
印　　張　22.25
插　　頁　2
字　　數　264 千字
定　　價　80.00 元

中外哲學典籍大全

中外哲學典籍大全

總序

中外哲學典籍大全的編纂，是一項既有時代價值又有歷史意義的重大工程。

中華民族經過了近一百八十年的艱苦奮鬥，迎來了中國近代以來最好的發展時期，迎來了奮力實現中華民族偉大復興的時期。中華民族衹有總結古今中外的一切思想成就，才能並肩世界歷史發展的大勢。爲此，我們須編纂一部匯集中外古今哲學典籍的經典集成，爲中華民族的偉大復興、爲人類命運共同體的建設、爲人類社會的進步，提供哲學思想的精粹。

哲學是思想的花朵，文明的靈魂，精神的王冠。一個國家、民族，要興旺發達，擁有光明的未來，就必須擁有精深的理論思維，擁有自己的哲學。哲學是推動社會變革和發展的理論力量，是激發人的精神砥石。哲學解放思維，净化心靈，照亮前行的道路。偉大的時代需要精邃的哲學。

一 哲學是智慧之學

哲學是什麽？這既是一個古老的問題，又是哲學永恒的話題。追問哲學是什麽，本身就是「哲學」問題。從哲學成爲思維的那一天起，哲學家們就在不停追問中發展、豐富哲學的篇章，給出一個又一個答案。每個時代的哲學家對這個問題都有自己的詮釋。哲學是什麽，是懸疑在人類智慧面前的永恒之問，這正是哲學之爲哲學的基本特點。

哲學是全部世界的觀念形態，精神本質。人類面臨的共同問題，是哲學研究的根本對象。本體論、認識論、世界觀、人生觀、價值觀、實踐論、方法論等，仍是哲學的基本問題和生命力所在！哲學研究的是世界萬物的根本性、本質性問題。人們可以給哲學做出許多具體定義，但我們可以嘗試用「遮詮」的方式描述哲學的一些特點，從而使人們加深對何爲哲學的認識。

哲學不是玄虛之觀。哲學來自人類實踐，關乎人生。哲學對現實存在的一切追根究底、「打破砂鍋問到底」。它不僅是問「是什麽」（being），而且主要是追問「爲什麽」（why），特别是追問「爲什麽的爲什麽」。它關注整個宇宙，關注整個人類的命運，關注人生。它關心柴米油鹽醬醋茶和人的生命的關係，關心人工智能對人類社會的挑戰。哲學是對一切實踐經驗的理論升華，它關心具體現象背後的根據，關心人類如何會更好。

哲學是在根本層面上追問自然、社會和人本身，以徹底的態度反思已有的觀念和認識，從價值理想出發把握生活的目標和歷史的趨勢，展示了人類理性思維的高度，凝結了民族進步的智慧，寄託了人們熱愛光明、追求真善美的情懷。道不遠人，人能弘道。哲學是把握世界、洞悉未來的學問，是思想解放、自由的大門！

古希臘的哲學家們被稱爲「望天者」，亞里士多德在《形而上學》一书中説，「最初人們通過好奇—驚讚來做哲學」。如果説知識源於好奇的話，那麽産生哲學的好奇心，必須是大好奇心。這種「大好奇心」衹爲一件「大事因緣」而來，所謂大事，就是天地之間一切事物的「爲什麽」。哲學精神，是「家事、國事、天下事，事事要問」，是一種永遠追問的精神。

哲學不衹是思維。哲學將思維本身作爲自己的研究對象，對思想本身進行反思。哲學不是一般的知識體系，而是把知識概念作爲研究的對象，追問「什麽才是知識的真正來源和根據」。哲學的「非對象性」的思想方式，不是「純形式」的推論原則，而有其「非對象性」之對象。哲學之對象乃是不斷追求真理，是一個理論與實踐兼而有之的過程，是認識的精粹。哲學追求真理的過程本身就顯現了哲學的本質。天地之浩瀚，變化之奥妙，正是哲思的玄妙之處。

哲學不是宣示絶對性的教義教條，哲學反對一切形式的絶對。哲學解放束縛，意味著從一切思想教條中解放人類自身。哲學給了我們徹底反思過去的思想自由，給了我們深刻洞察未來的思想能力。哲學就是解放之學，是聖火和利劍。

哲學不是一般的知識。哲學追求「大智慧」。佛教講「轉識成智」，識與智相當於知識與哲學的關係。一般知識是依據於具體認識對象而來的、有所依有所待的「識」，而哲學則是超越於具體對象之上的「智」。

公元前六世紀，中國的老子説，「大方無隅，大器晚成，大音希聲，大象無形，道隱無名。夫唯道，善貸且成」。又説，「反者道之動，弱者道之用。天下萬物生於有，有生於無」。對道的追求就是對有之爲有、無形無名的探究，就是對天地何以如此的探究。這種追求，使得哲學具有了天地之大用，具有了超越有形有名之有限經驗的大智慧。這種大智慧、大用途，超越一切限制的籬笆，達到趨向無限的解放能力。

哲學不是經驗科學，但又與經驗有聯繫。哲學從其作爲學問誕生起，就包含於科學形態之中，是以科學形態出現的。哲學是以理性的方式、概念的方式、論证的方式來思考宇宙人生的根本問題。在亞里士多德那裏，凡是研究實體（ousia）的學問，都叫作「哲學」。而「第一實體」則是存在者中的「第一個」。研究第一實體的學問稱爲「神學」，也就是「形而上學」，這正是後世所謂「哲學」。一般意義上的科學正是從「哲學」最初的意義上贏得自己最原初的規定性的。哲學雖然不是經驗科學，卻爲科學劃定了意義的範圍，指明了方向。哲學最後必定指向宇宙人生的根本問題，大科學家的工作在深層意義上總是具有哲學的意味，牛頓和愛因斯坦就是這樣的典範。

哲學不是自然科學，也不是文學藝術，但在自然科學的前頭，哲學的道路展現了；在文學藝術的山頂，哲學的天梯出現了。哲學不斷地激發人的探索和創造精神，使人在認識世界的過程中，不斷達到新境界，在改造世界中從必然王國到達自由王國。

哲學不斷從最根本的問題再次出發。哲學史在一定意義上就是不斷重構新的世界觀、認識人類自身的歷史。哲學的歷史呈現，正是對哲學的創造本性的最好說明。哲學史上每一位哲學家對根本問題的思考，都在爲哲學添加新思維、新向度，猶如爲天籟山上不斷增添一隻隻黄鸝翠鳥。

如果説哲學是哲學史的連續展現中所具有的統一性特徵，那麽這種「一」是在「多」個哲學的創造中實現的。如果説每一種哲學體系都追求一種體系性的「一」的話，那麽每種「一」的體系之間都存在着千絲相聯、多方組合的關係。這正是哲學史昭示於我們的哲學多樣性的意義。多樣性與統一性的依存關係，正是哲學尋求現象與本質、具體與普遍相統一的辯證之意義。

哲學的追求是人類精神的自然趨向，是精神自由的花朵。哲學是思想的自由，是自由的思想。

中國哲學，是中華民族五千年文明傳統中，最爲内在的、最爲深刻的、最爲持久的精神追求和價值觀表達。中國哲學已經化爲中國人的思維方式、生活態度、道德準則、人生追求、精神境界。中國人的科學技術、倫理道德，小家大國、中醫藥學、詩歌文學、繪畫書法、武術拳法、鄉規民俗，乃至日常生活也都浸潤着中國哲學的精神。華夏文化雖歷經磨難而能够透魄醒神，堅韌屹立，正是來自於中國哲學深邃的思維和創造力。

先秦時代，老子、孔子、莊子、孫子、韓非子等諸子之間的百家争鳴，就是哲學精神在中國的展現，是中國人思想解放的第一次大爆發。兩漢四百多年的思想和制度，是諸子百家思想在争鳴過程中大整合的結果。魏晋之際，玄學的發生，則是儒道冲破各自藩籬，彼此互動互補的結果，形成了儒家獨尊的態勢。隋唐三百年，佛教深入中國文化，又一次帶來了思想的大融合和大解放，禪宗的形成就是這一融合和解放的結果。兩宋三百多年，中國哲學迎來了第三次大解放。儒釋道三教之間的互潤互持日趨深入，朱熹的理學和陸象山的心學，就是這一思想潮流的哲學結晶。

與古希臘哲學强調沉思和理論建構不同，中國哲學的旨趣在於實踐人文關懷，它更關注實踐的義理性意義。中國哲學當中，知與行從未分離，中國哲學有着深厚的實踐觀點和生活觀點，倫理道德觀是中國人的貢獻。馬克思説，「全部社會生活在本質上是實踐的」，實踐的觀點、生活的觀點也正是馬克思主義認識論的基本觀點。這種哲學上的契合性，正是馬克思主義能够在中國扎根並不斷中國化的哲學原因。

「實事求是」是中國的一句古話。今天已成爲深邃的哲理，成爲中國人的思維方式和行爲基準。實事求是就是解放思想，解放思想就是實事求是。實事求是毛澤東思想的精髓，是改革開放的基石。只有解放思想才能實事求是。實事求是就是中國人始終堅持的哲學思想。實事求是就是依靠自己，走自己的道路，反對一切絶對觀念。所謂中國化就是一切從中國實際出發，一切理論必須符合中國實際。

二　哲學的多樣性

實踐是人的存在形式，是哲學之母。實踐是思維的動力、源泉、價值、標準。人們認識世界、探索規律的根本目的是改造世界，完善自己。哲學問題的提出和回答，都離不開實踐。馬克思有句名言：「哲學家們只是用不同的方式解釋世界，而問題在於改變世界！」理論只有成爲人的精神智慧，才能成爲改變世界的力量。

哲學關心人類命運。時代的哲學，必定關心時代的命運。對時代命運的關心就是對人類實踐和命運的關心。人在實踐中產生的一切都具有現實性。哲學的實踐性必定帶來哲學的現實性。哲學的現實性就是强調人在不斷回答實踐中各種問題時應該具有的態度。

哲學作爲一門科學是現實的。哲學是一門回答並解釋現實的學問，哲學是人們聯繫實際、面對現實的思想。可以説哲學是現實的最本質的理論，也是本質的最現實的理論。哲學始終追問現實的發展和變化。哲學存在於實踐中，也必定在現實中發展。哲學的現實性要求我們直面實踐本身。

哲學不是簡單跟在實踐後面，成爲當下實踐的「奴僕」，而是以特有的深邃方式，關注着實踐的發展，提升人的實踐水平，爲社會實踐提供理論支撑。從直接的、急功近利的要求出發來理解和從事哲學，無異於向哲學提出它本身不可能完成的任務。哲學是深沉的反思，厚重的智慧，事物的抽象，理論的把握。哲學是人類把握世界最深邃的理論思維。

哲學是立足人的學問，是人用於理解世界、把握世界、改造世界的智慧之學。「民之所好，好之，民之所惡，惡之。」哲學的目的是爲了人。用哲學理解外在的世界，理解人本身，也是爲了用哲學改造世界、改造人。哲學研究無禁區，無終無界，與宇宙同在，與人類同在。

存在是多樣的，發展是多樣的，這是客觀世界的必然。宇宙萬物本身是多樣的存在，多樣的變化。歷史表明，每一民族的文化都有其獨特的價值。文化的多樣性是自然律，是動力，是生命力。各民族文化之間的相互借鑒，補充浸染，共同推動著人類社會的發展和繁榮，這是規律。對象的多樣性、複雜性，決定了哲學的多樣性；即使對同一事物，人們也會産生不同的哲學認識，形成不同的哲學派别。哲學觀點、思潮、流派及其表現形式上的區别，來自於哲學的時代性、地域性和民族性的差异。世界哲學是不同民族的哲學的薈萃，如中國哲學、西方哲學、阿拉伯哲學等。多樣性構成了世界，百花齊放形成了花園。不同的民族會有不同風格的哲學。恰恰是哲學的民族性，使不同的哲學都可以在世界舞臺上演繹出各種「戲劇」。即使有類似的哲學觀點，在實踐中的表達和運用也會各有特色。

人類的實踐是多方面的，具有多樣性、發展性，大體可以分爲：改造自然界的實踐，改造人類社會的實踐，完善人本身的實踐，提升人的精神世界的精神活動。人是實踐中的人，實踐是人的生命的第一屬性。實踐的社會性决定了哲學的社會性，哲學不是脱離社會現實生活的某種遐想，而是社會現實生活的觀念形態，是文明進步的重要標誌，是人的發展水平的重要維度。哲學的發展狀况，反映着一個社會人的理性成熟程度，反映著這個社會的文明程度。

哲學史實質上是自然史、社會史、人的發展史和人類思維史的總結和概括。自然界是多樣的，社會是多樣的，人類思維是多樣的。所謂哲學的多樣性，就是哲學基本觀念、理論學說、方法的異同，是哲學思維方式上的多姿多彩。哲學的多樣性是哲學的常態，是哲學進步、發展和繁榮的標誌。哲學是人的哲學，哲學是人對事物的自覺，是人對外界和自我認識的學問，也是人把握世界和自我的學問。哲學的多樣性，是哲學的常態和必然，是哲學發展和繁榮的內在動力。一般是普遍性，特色也是普遍性。從單一性到多樣性，從簡單性到複雜性，是哲學思維的一大變革。用一種哲學話語和方法否定另一種哲學話語和方法，這本身就不是哲學的態度。

多樣性並不否定共同性、統一性、普遍性。物質和精神，存在和意識，一切事物都是在運動、變化中的，是哲學的基本問題，也是我們的基本哲學觀點！

當今的世界如此紛繁複雜，哲學多樣性就是世界多樣性的反映。哲學是以觀念形態表現出的現實世界。哲學的多樣性，就是文明多樣性和人類歷史發展多樣性的表達。多樣性是宇宙之道。

哲學的實踐性、多樣性，還體現在哲學的時代性上。哲學總是特定時代精神的精華，是一定歷史條件下人的反思活動的理論形態。在不同的時代，哲學具有不同的內容和形式，哲學的多樣性，也是歷史時代多樣性的表達。哲學的多樣性也會讓我們能够更科學地理解不同歷史時代，更爲内在地理解歷史發展的道理。多樣性是歷史之道。

哲學之所以能發揮解放思想的作用，在於它始終關注實踐，關注現實的發展；在於它始終關注著科學技術的進步。哲學本身没有絶對空間，没有自在的世界，只能是客觀世界的映象，觀念形態。没有了現實性，哲學就遠離人，就離開了存在。哲學的實踐性，説到底是在説明哲學本質上是人的哲學，是人的思維，是爲了人的科學！哲學的實踐性、多樣性告訴我們，哲學必須百花齊放、百家争鳴。哲學的發展首先要解放自己，解放哲學，就是實現思維、觀念及範式的變革。人類發展也必須多塗並進，交流互鑒，共同繁榮。采百花之粉，才能釀天下之蜜。

三　哲學與當代中國

中國自古以來就有思辨的傳統，中國思想史上的百家争鳴就是哲學繁榮的史象。哲學是歷史發展的號角。中國思想文化的每一次大躍升，都是哲學解放的結果。中國古代賢哲的思想傳承至今，他們的智慧已浸入中國人的精神境界和生命情懷。

中國共産黨人歷來重視哲學，毛澤東在一九三八年，在抗日戰争最困難的條件下，在延安研究哲學，創作了實踐論和矛盾論，推動了中國革命的思想解放，成爲中國人民的精神力量。

中華民族的偉大復興必將迎來中國哲學的新發展。當代中國必須有自己的哲學，當代中國的哲學必須要從根本上講清楚中國道路的哲學道理。中華民族的偉大復興必須要有哲學的思維，必須要有不斷深入的反思。發展的道路，就是哲思的道路，文化的自信，就是哲學思維的自信。哲學是引領者，可謂永恒的「北斗」，哲學是時代的「火焰」，是時代最精緻最深刻的「光芒」。從社會變革的意義上説，任何一次巨大的社會變革，總是以理論思維爲先導。理論的變革，總是以思想觀念的空前解放爲前提，而「吹響」人類思想解放第一聲「號角」的，往往就是代表時代精神精華的哲學。社會實踐對於哲學的需求可謂「迫不及待」，因爲哲學總是「吹響」這個新時代的「號角」。「吹響」中國改革開放之

「號角」的，正是「解放思想」「實踐是檢驗真理的唯一標準」「不改革死路一條」等哲學觀念。「吹響」新時代「號角」的是「中國夢」，「人民對美好生活的向往，就是我們奮鬥的目標」。發展是人類社會永恒的動力，變革是社會解放的永遠的課題，思想解放，解放思想是無盡的哲思。中國正走在理論和實踐的雙重探索之路上，搞探索没有哲學不成！

中國哲學的新發展，必須反映中國與世界最新的實踐成果，必須反映科學的最新成果，必須具有走向未來的思想力量。今天的中國人所面臨的歷史時代，是史無前例的。十三億人齊步邁向現代化，這是怎樣的一幅歷史畫卷！是何等壯麗、令人震撼！不僅中國歷史上亘古未有，在世界歷史上也從未有過。當今中國需要的哲學，是結合天道、地理、人德的哲學，是整合古今中西的哲學，只有這樣的哲學才是中華民族偉大復興的哲學。

當今中國需要的哲學，必須是適合中國的哲學。無論古今中外，再好的東西，也需要再吸收，再消化，必須要經過現代化和中國化，才能成爲今天中國自己的哲學。哲學是解放人的，哲學自身的發展也是一次思想解放，也是人的一个思維升華、羽化的過程。中國人的思想解放，總是隨著歷史不斷進行的。歷史有多長，思想解放的道路就有多長；發展進步是永恒的，思想解放也是永無止境的，思想解放就是哲學的解放。

習近平説，思想工作就是「引導人們更加全面客觀地認識當代中國、看待外部世界」。這就需要我們確立一種「知己知彼」的知識態度和理論立場，而哲學則是對文明價值核心最精練和最集中的深邃性表達，有助於我們認識中國、認識世界。立足中國、認識中國，需要我們審視我們走過的道路，立足中國、認識世界，需要我們觀察和借鑒世界歷史上的不同文化。中國「獨特的文化傳統」、中國「獨特的歷史命運」、中國「獨特的基本國情」，「決定了我們必然要走適合自己特點的發展道路」。一切現實的，存在的社會制度，其形態都是具體的，都是特色的，都必須是符合本國實際的。抽象的制度，普世的制度是不存在的。同時，我們要全面客觀地「看待外部世界」。研究古今中外的哲學，是中國認識世界、認識人類史，認識自己未來發展的必修課。今天中國的發展不僅要讀中國書，還要讀世界書。不僅要學習自然科學、社會科學的經典，更要學習哲學的經典。當前，中國正走在實現「中國夢」的「長征」路上，這也正是一條思想不斷解放的道路！要回答中國的問題，解釋中國的發展，首先需要哲學思維本身的解放。哲學的發展，就是哲學的解放，這是由哲學的實踐性、時代性所决定的。哲學無禁區、無疆界。哲學是關乎宇宙之精神，是關乎人類之思想。哲學將與宇宙、人類同在。

四　哲學典籍

中外哲學典籍大全的編纂，是要讓中國人能研究中外哲學經典，吸收人類精神思想的精華；是要提升我們的思維，讓中國人的思想更加理性、更加科學、更加智慧。

中國有盛世修典的傳統。中國古代有多部典籍類書（如「永樂大典」「四庫全書」等），在新時代編纂中外哲學典籍大全，是我們的歷史使命，是民族復興的重大思想工程。

只有學習和借鑒人類精神思想的成就，才能實現我們自己的發展，走向未來。中外哲學典籍大全的編纂，就是在思維層面上，在智慧境界中，繼承自己的精神文明，學習世界優秀文化。這是我們的必修課。

不同文化之間的交流、合作和友誼，必須達到哲學層面上的相互認同和借鑒。哲學之間的對話和傾聽，才是從心到心的交流。中外哲學典籍大全的編纂，就是在搭建心心相通的橋樑。

我們編纂這套哲學典籍大全，一是中國哲學，整理中國歷史上的思想典籍，濃縮中國思想史上的精華；二是外國哲學，主要是西方哲學，吸收外來，借鑒人類發展的優秀哲學成果；三是馬克思主義哲學，展示馬克思主義哲學中國化的成就；四是中國近現代以來的哲學成果，特別是馬克思主義在中國的發展。

編纂這部典籍大全，是哲學界早有的心願，也是哲學界的一份奉獻。中外哲學典籍大全總結的是書本上的思想，是先哲們的思維，是前人的足迹。我們希望把它們奉獻給後來人，使他們能够站在前人肩膀上，站在歷史岸邊看待自己。

中外哲學典籍大全的編纂，是以「知以藏往」的方式實現「神以知來」；中外哲學典籍大全的編纂，是通過對中外哲學歷史的「原始反終」，從人類共同面臨的根本大問題出發，在哲學生生不息的道路上，綵繪出人類文明進步的盛德大業！

發展的中國，既是一個政治、經濟大國，也是一個文化大國，也必將是一個哲學大國、思想王國。人類的精神文明成果是不分國界的，哲學的邊界是實踐，實踐的永恒性是哲學的永續綫性，打開胸懷擁抱人類文明成就，是一個民族和國家自强自立，始終佇立於人類文明潮頭的根本條件。

擁抱世界，擁抱未來，走向復興，構建中國人的世界觀、人生觀、價值觀、方法論，這是中國人的視野、情懷，也是中國哲學家的願望！

李鐵映

二〇一八年八月

序

中國古無「哲學」之名，但如近代的王國維所説，「哲學爲中國固有之學」。「哲學」的譯名出自日本啓蒙學者西周，他在一八七四年出版的百一新論中説：「將論明天道人道，兼立教法的philosophy譯名爲哲學。」自「哲學」譯名的成立，「philosophy」或「哲學」就已有了東西方文化交融互鑒的性質。

「philosophy」在古希臘文化中的本義是「愛智」，而「哲學」的「哲」在中國古經書中的字義就是「智」或「大智」。孔子在臨終時慨嘆而歌：「泰山壞乎！梁柱摧乎！哲人萎乎！」（史記孔子世家）「哲人」在中國古經書中釋爲「賢智之人」，而在「哲學」譯名輸入中國後即可稱爲「哲學家」。

哲學是智慧之學，是關於宇宙和人生之根本問題的學問。對此，中西或中外哲學是共同的，因而哲學具有世界人類文化的普遍性。但是，正如世界各民族文化既有世界的普遍性，也有民族的特殊性，所以世界各民族哲學也具有不同的風格和特色。如果説「哲學」是個「共名」或「類稱」，那麽世界各民族哲學就是此類中不同的「特例」。這是哲學的普遍性與多樣性的統一。

在中國哲學中，關於宇宙的根本道理稱爲「天道」，關於人生的根本道理稱爲「人道」，中國哲學的一個貫穿始終的核心問題就是「究天人之際」。一般説來，天人關係問題是中外哲學普遍探索的問題，而中國哲學的「究天人之際」具有自身的特點。

亞里士多德曾説：「古今來人們開始哲學探索，都應起於對自然萬物的驚異……這類學術研究的開始，都在人生的必需品以及使人快樂安適的種種事物幾乎全都獲得了以後。」「這些知識最先出現於人們開始有閒暇的地方。」這是説的古希臘哲學的一個特點，是與當時古希臘的社會歷史發展階段及其貴族階層的生活方式相聯繫的。與此不同，中國哲學是産生於士人在社會大變動中的憂患意識，爲了求得社會的治理和人生的安頓，他們大多「席不暇暖」地周遊列國，宣傳自己的社會主張。這就決定了中國哲學在「究天人之際」

中首重「知人」，在先秦「百家争鳴」中的各主要流派都是「務爲治者也，直所從言之異路，有省不省耳」（史記太史公自序）。

中國哲學與其他民族哲學所不同者，還在於中國數千年文化一直生生不息而未嘗中斷，中國文化在世界歷史的「軸心時期」所實現的哲學突破也是采取了極温和的方式。這主要表現在孔子的「祖述堯舜，憲章文武」，删述六經，對中國上古的文化既有連續性的繼承，又經編纂和詮釋而有哲學思想的突破。因此，由孔子及其後學所編纂和詮釋的上古經書就以「先王之政典」的形式不僅保存下來，而且在此後中國文化的發展中居於統率的地位。

據近期出土的文獻資料，先秦儒家在戰國時期已有對「六經」的排列，「六經」作爲一個著作群受到儒家的高度重視。至漢武帝「罷黜百家，表章六經」，遂使「六經」以及儒家的經學確立了由國家意識形態認可的統率地位。漢書藝文志著録圖書，爲首的是「六藝略」，其次是「諸子略」「詩賦略」「兵書略」「數術略」和「方技略」，這就體現了以「六經」統率諸子學和其他學術。這種圖書分類經幾次調整，到了隋書經籍志乃正式形成「經、史、子、集」的四部分類，此後保持穩定而延續至清。

中國傳統文化有「四部」的圖書分類，也有對「義理之學」「考據之學」「辭章之學」和「經世之學」等的劃分，其中「義理之學」雖然近於「哲學」但並不等同。中國傳統文化没有形成「哲學」以及近現代教育學科體制的分科，但是中國傳統文化確實固有其深邃的哲學思想，它表達了中華民族的世界觀、人生觀，體現了中華民族的思維方式、行爲準則，凝聚了中華民族最深沉、最持久的價值追求。

清代學者戴震説：「天人之道，經之大訓萃焉。」（原善卷上）經書和經學中講「天人之道」的「大訓」，就是中國傳統的哲學；不僅如此，在圖書分類的「子、史、集」中也有講「天人之道」的「大訓」，這些也是中國傳統的哲學。「究天人之際」的哲學主題是在中國文化上下幾千年的發展中，伴隨著歷史的進程而不斷深化、轉陳出新、持續探索的。

中國哲學首重「知人」，在天人關係中是以「知人」爲中心，以「安民」或「爲治」爲宗旨的。在記載中國上古文化的尚書皋陶謨中，就有了「知人則哲，能官人；安民則惠，黎民懷之」的表述。在論語中，「樊遲問仁，子曰：『愛人。』問知（智），子曰：『知人。』」（論語顔淵）「仁者愛人」是孔子思想中的最高道德範疇，其源頭可上溯到中國文化自上古以來就形成的崇尚道德的優秀傳統。孔子說：「未能事人，焉能事鬼？」「未知生，焉知死？」（論語先進）「務民之義，敬鬼神而遠之，可謂知矣。」（論語雍也）「智者知人」，在孔子的思想中雖然保留了對「天」和鬼神的敬畏，但他的主要關注點是現世的人生，是「仁者愛人」「天下有道」的價值取向，由此確立了中國哲學以「知人」爲中心的思想範式。西方現代哲學家雅斯貝爾斯在大哲學家一書中把蘇格拉底、佛陀、孔子和耶穌作爲「思想範式的創造者」，而孔子思想的特點就是「要在世間建立一種人道的秩序」，「在現世的可能性之中」，孔子「希望建立一個新世界」。

中國上古時期把「天」或「上帝」作爲最高的信仰對象，這種信仰也有其宗教的特殊性。如梁啓超所說：「各國之尊天者，常崇之於萬有之外，而中國則常納之於人事之中，此吾中華所特長也。……其尊天也，目的不在天國而在世界，受用不在未來（來世）而在現在（現世）。是故人倫亦稱天倫，人道亦稱天道。記曰：『善言天者必有驗於人。』此所以雖近於宗教，而與他國之宗教自殊科也。」由於中國上古文化所信仰的「天」不是存在於與人世生活相隔絶的「彼岸世界」，而是與地相聯繫（中庸所謂「郊社之禮，所以事上帝也」，朱熹中庸章句注：「郊，祀天；社，祭地。不言后土者，省文也。」），具有道德的、以民爲本的特點（尚書所謂「皇天無親，惟德是輔」，「天視自我民視，天聽自我民聽」，「民之所欲，天必從之」），所以這種特殊的宗教性也長期地影響著中國哲學對天人關係的認識。相傳「人更三聖，世經三古」的易經，其本爲卜筮之書，但經孔子「觀其德義而已」之後，則成爲講天人關係的哲理之書。四庫全书總目易類序說：「聖人覺世牖民，大抵因事以寓教……易則寓於卜筮。故易之爲書，推天道以明人事者也。」不僅易經是如此，而且以後中國哲學的普遍架構就是「推天道以明人事」。

春秋末期，與孔子同時而比他年長的老子，原創性地提出了「有物混成，先天地生」（老子二十五章），天地並非固有的，在天地產生之前有「道」存在，「道」是產生天地萬物的總根源和總根據。「道」内在於天地萬物之中就是「德」，「孔德之容，惟道是從」（老子二十一章），「道」與「德」是統一的。老子說：「道生之，德畜之，物形之，勢成之。是以萬物莫不尊道而貴德。道之尊，德之貴，夫莫之命而常自然。」（老子五十一章）老子的價值主張是「自然無爲」，而「自然無爲」的天道根據就是「道生之，德畜之……是以萬物莫不尊道而貴德」。老子所講的「德」實即相當於「性」，孔子所罕言的「性與天道」，在老子哲學中就是講「道」與「德」的形而上學。實際上，老子哲學確立了中國哲學「性與天道合一」的思想，而他從「道」與「德」推出「自然無爲」的價值主張，這就成爲以後中國哲學「推天道以明人事」普遍架構的一個典範。雅斯貝爾斯在大哲學家一書中把老子列入「原創性形而上學家」，他說：「從世界歷史來看，老子的偉大是同中國的精神結合在一起的。」他評價孔、老關係時說：「雖然兩位大師放眼於相反的方向，但他們實際上立足於同一基礎之上。兩者間的統一在中國的偉大人物身上則一再得到體現……」這裏所謂「中國的精神」「立足於同一基礎之上」，就是説孔子和老子的哲學都是爲了解決現實生活中的問題，都是「務爲治者也」。

在老子哲學之後，中庸說：「天命之謂性」，「思知人，不可以不知天」。孟子說：「盡其心者知其性也，知其性則知天矣。」（孟子盡心上）此後的中國哲學家雖然對天道和人性有不同的認識，但大抵都是講人性源於天道，知天是爲了知人。一直到宋明理學家講「天者理也」，「性即理也」，「性與天道合一存乎誠」。作爲宋明理學之開山著作的周敦頤太極圖說，是從「無極而太極」講起，至「形既生矣，神發知矣，五性感動而善惡分，萬事出矣」，這就是從天道講到人事，而其歸結爲「聖人定之以中正仁義而主靜，立人極焉」，這就是從天道、人性推出人事應該如何，「立人極」就是要確立人事的價值準則。可以說，中國哲學的「推天道以明人事」最終指向的是人生的價值觀，這也就是要「爲天地立心，爲生民立命，爲往聖繼絶學，爲萬世開太平」。在作爲中國哲學主流的儒家哲學中，價值觀又是與道德修養的工夫論和道德境界相聯繫。因此，天人合一、真善合一、知行合一成爲中國哲學的主要特點。

中國哲學經歷了不同的歷史發展階段，從先秦時期的諸子百家争鳴，到漢代以後的儒家經學獨尊，而實際上是儒道互補，至魏晋玄學乃是儒道互補的一個結晶；在南北朝時期逐漸形成儒、釋、道三教鼎立，從印度傳來的佛教逐漸適應中國文化的生態環境，至隋唐時期完成中國化的過程而成爲中國文化的一個有機組成部分；宋明理學則是吸收了佛、道二教的思想因素，返而歸於「六經」，又創建了論語孟子大學中庸的「四書」體系，建構了以「理、氣、心、性」爲核心範疇的新儒學。因此，中國哲學不僅具有自身的特點，而且具有不同發展階段和不同學派思想内容的豐富性。

一八四〇年之後，中國面臨着「數千年未有之變局」，中國文化進入了近現代轉型的時期。在甲午戰敗之後的一八九五年，「哲學」的譯名出現在黄遵憲的日本國志和鄭觀應的盛世危言（十四卷本）中。此後，「哲學」以一個學科的形式，以哲學的「獨立之精神，自由之思想」推動了中華民族的思想解放和改革開放，中、外哲學會聚於中國，中、外哲學的交流互鑒使中國哲學的發展呈現出新的形態，馬克思主義哲學在與中國的歷史文化傳統、中國具體的革命和建設實踐相結合的過程中不斷中國化而産生新的理論成果。中華民族的偉大復興必將迎來中國哲學的新發展，在此之際，編纂中外哲學典籍大全，中國哲學典籍第一次與外國哲學典籍會聚於此大全中，這是中國盛世修典史上的一個首創，對於今後中國哲學的發展、對於中華民族的偉大復興具有重要的意義。

李存山

二〇一八年八月

「中國哲學典籍卷」

出版前言

社會的發展需要哲學智慧的指引。在中國浩如煙海的文獻中，哲學典籍占據著重要地位，指引著中華民族在歷史的浪潮中前行。這些凝練著古聖先賢智慧的哲學典籍，在新時代仍然熠熠生輝。

收入我社「中國哲學典籍卷」的書目，是最新整理成果的首次發布，按照内容和年代分爲以下幾類：先秦子書類、兩漢魏晋隋唐哲學類、佛道教哲學類、宋元明清哲學類、近現代哲學類、經部（易類、書類、禮類、春秋類、孝經類）等，其中以經學類占多數。

本次整理皆選取各書存世的善本爲底本，制訂校勘記撰寫的基本原則以確保校勘品質。全套書采用繁體竪排加專名綫的古籍版式，嚴守古籍整理出版規範，並請相關領域專家多次審稿，整理者反復修訂完善，旨在匯集保存中國哲學典籍文獻，同時也爲古籍研究者和愛好者提供研習的文本。

文化自信是一個國家、一個民族發展中更基本、更深沉、更持久的力量。對中國哲學典籍進行整理出版，是文化創新的題中應有之義。中國社會科學出版社秉持「傳文明薪火，發時代先聲」的發展理念，歷來重視中華優秀傳統文化的研究和出版。「中國哲學典籍卷」樣稿已在二〇一八年世界哲學大會、二〇一九年北京國際書展等重要圖書會展亮相，贏得了與會學者的高度讚賞和期待。

點校者、審稿專家、編校人員等爲叢書的出版付出了大量的時間與精力，在此一並致謝。由於水準有限，書中難免有一些不當之處，敬請讀者批評指正。

趙劍英

二〇二〇年八月

點校説明

春秋權衡，北宋劉敞（一〇一九——一〇六八）撰。據其弟劉攽所作行狀，權衡共十七卷。該書在宋代至清代的目録書中均有記載，卷數相同。

據傳增湘藏園群書經眼録，其曾見該書明寫本，頁十二行，行二十字。前有自序，後有劉敞曾侄孫龜從跋文，云：「曾伯祖公是先生所作春秋傳、説例、權衡、意林四書，元祐間被旨刊行，今吴、蜀、江東西皆有本。龜從修縣學既成，鋟版於中，以廣其傳。淳熙十三年十二月初吉曾侄孫通直郎知温州瑞安縣主管勸農公事兼主管雙穗鹽場龜從謹題。」由此可知，權衡在北宋哲宗年间即有刊刻，至南宋時仍然廣有流傳。龜從所刻底本不知爲當時刊本，抑或家藏原稿？又可知龜從刻本有明代寫本。該寫本中經清代張敦仁等藏書家收藏，輾轉爲傅增湘所得。傅氏曾將其與通志堂經解本權衡對校，發現兩者文字有較大出入，後者有不少脱字現象，而明寫本的文字内容則相對完整（見氏著藏園群書題記明寫本春秋權衡跋）。

此外，清康熙年間納蘭成德校勘刻印通志堂經解，收録劉敞春秋傳、權衡、意林諸書。據清人周中孚鄭堂讀書記記載，通志堂經解本權衡爲「納喇容若得宋四明史有之本重刊」。此「宋四明史有之本」不知何本，然與明寫本顯然并非同一版本系統。該本爲現存最早刻本，乾隆年间編纂摛藻堂四庫全書薈要以及四庫全書，其中所收權衡皆由此出。此外，乾隆十六年水西劉氏鐫刻公是先生遺書，亦據該本。

據中國古籍總目，今存春秋權衡有如下幾種版本：一，國家圖書館藏明抄本，十七卷。共三册。頁十行，行十七至三十六字不等。與傅增湘所藏明寫本行款不同，可知并非一書。簡稱明抄本。二，復旦大學圖書館藏明末抄本。共四册。三，南京圖書館藏清抄本，有朱彝尊、丁丙跋。共二册。四，通志堂經解本，十七卷。有康熙十九年（一六八〇）通志堂刻本及同治十二年（一八七三）粵東書局重刻本。五，公是先生遺書本，十七卷。乾隆十六年鐫刻，係水西劉氏藏版。簡稱遺書本。六，摛藻堂四庫全書薈要本，十七卷。簡稱薈要本。七，文淵閣四庫全書本，十七卷。簡稱四庫本。八，上海圖書館藏清抄本，清佚名校。九，國家圖書館藏民國乙卯年（一九一五）抄本，十七卷。共四册，頁十三行，行二十二字。簡稱乙卯本。

本次整理，以康熙十九年刻通志堂經解本爲底本，以明抄本、薈要本、四庫本爲主要校本，間録遺書本、乙卯本異同。同時，以中華書局影印阮元刻十三經注疏中的春秋左傳正義、春秋公羊傳注疏、春秋穀梁傳注疏核對書中所引經、傳、注文及其他引文。在校勘過程中，還參考了北京大學儒藏編纂與研究中心二〇一六年出版的整理本，特此説明并謹致謝意。

由於明抄本與底本及薈要本、四庫本分屬兩個不同的版本系統，文字出入較多。爲避免繁瑣，在撰寫校勘記時，主要選録對底本有所校正者，以及雖不改動底本、但對於文意有較大影響者。至於一般異文，如「云」與「曰」、「以爲」與「以謂」等，除非影響文意理解，否則省而不出校注。此外，在不改變原意的前提下，底本中的異體字直接改爲正體字（如「穀」統改爲「穀」），避諱字徑改（如「玄」統改爲「玄」），一律不出校。對於「於」與「于」、「修」與「脩」等，則一依底本。

本次校點工作的基礎，爲北京大學教育基金會二〇一一至二〇一二年的本科生科研資助項目「春秋權衡標點與校勘」的成果，由吕存凱、崔迅銘、楊文敏三人分工合作完成。由於學力與經驗所限，當時完成得比较粗糙。本次重新整理，由呂存凱負責，對全書的標點做了審訂，并統一了體例；同時，更换了底本與校本，并做了重新校勘。儘管如此，書中肯定還有不少謬誤不當之處，敬祈方家不吝指正。

呂存凱

二〇一八年五月

目録

序……一
春秋權衡序……一
春秋權衡卷第一　左氏第一……一
春秋權衡卷第二　左氏第二……一六
春秋權衡卷第三　左氏第三……三三
春秋權衡卷第四　左氏第四……五〇
春秋權衡卷第五　左氏第五……七二
春秋權衡卷第六　左氏第六……九一
春秋權衡卷第七　左氏第七……一一五
春秋權衡卷第八　公羊第一……一三一

春秋權衡卷第九　公羊第二……一四三
春秋權衡卷第十　公羊第三……一六〇
春秋權衡卷第十一　公羊第四……一八〇
春秋權衡卷第十二　公羊第五……二〇〇
春秋權衡卷第十三　公羊第六……二一八
春秋權衡卷第十四　穀梁第一……二三四
春秋權衡卷第十五　穀梁第二……二五二
春秋權衡卷第十六　穀梁第三……二六八
春秋權衡卷第十七　穀梁第四……二八七
附録　四庫全書總目提要·春秋權衡……三〇六

序

孔子之作春秋，撥亂世反諸正，其好惡一出于平而已，非若後世司馬遷、陳壽有所激於中，借史以渫其忿也。顧説春秋者往往未得聖人之意，煩其例，苛致其文，予者十一，誅譏者十九。夫有所攘也，蓋有尊也；有所貶也，蓋有褒也。今欲尊周而動著王室之非禮，欲誅亂臣賊子而先責備賢者。亡不越竟即責以弑君，不嘗藥斯罪以弑父，是聖人惡惡之辭長而善善之辭反短，比之申不害、衛鞅、韓非而有甚焉者矣。我故於説春秋者，義無多取，有刻深之文，戾乎孔氏作者之旨，未嘗不疾首張目焉。及得宋劉仲原父春秋權衡讀之，凡三傳有害於義者，旁引曲證，必權其輕重而別其非是，以待讀者之自悟，可謂善學春秋者也。原三家之傳，雖或未得其平，由於尊聖人之過，求聖人之心不得，遂紛綸同異者有之。要其所主，皆二百四十年之事。若胡安國之傳，出言無不純，理無不正，然其文則孔氏之文，其事則類指南渡君臣得失，斯蓋因述以寓作者矣。近乃舍三傳而列之學宮，久之，取士者并舍經而專主乎傳，是何異學易者之僅知操錢而入也？嗚呼！三傳、胡氏之孰贏孰縮，經與傳之孰輕孰重，安得起仲原父立而相與平準也與？

康熙甲寅十月後學秀水朱彝尊序

春秋權衡序〔一〕

劉子作春秋權衡。權衡之書始出，未有能讀者。自序其首曰：權，準也；衡，平也。物雖重，必準於權；權雖移，必平於衡。故權衡者，天下之公器也，所以使輕重無隱也，所以使低卬適中也，察之者易知，執之者易從也。不準則無以知輕重，不平則輕重雖出不信，故權衡者，天下之至信也。凡議春秋，亦若此矣。春秋一也，而傳之者三家，是以其善惡相反，其褒貶相戾，則是何也？非以其無準失輕重邪？且昔者董仲舒、江公、劉歆之徒，蓋相與争此三家矣，上道堯舜，下據周孔，是非之議不可勝陳，至於今未決，則是何也？非以其低卬不平邪？故利臆説者害公議，便私學者妨大道，此儒者之大禁也。誠準之以其權，則童子不欺；平之以其衡，則市人不惑。今此新書之謂也。雖然，非達學通人，則亦必不能觀之矣。耳牵於

〔一〕「春秋權衡序」下，明抄本有「劉敞原父著」五字。

所聞，而目迷於所習，懷恐見破之私意，而無從善服義之公心，故亦譬之權衡矣。或利其寡而視權如贏，或利其多而視權如縮，若此者非權衡之過也，人事之變也。雖然，以俟君子耳。孔子不云乎，「知我者以春秋，罪我者亦以春秋」，於權衡何傷哉？於是乎定其書爲十七卷。

春秋權衡卷第一　左氏第一

前漢諸儒不肯爲左氏學者，爲其是非繆于聖人也，故曰：「左氏不傳春秋。」此無疑矣。然爲左氏者皆恥之，因共護曰：「丘明受經于仲尼。」此欲以自解免耳，其實非也。何以言之邪？仲尼之時，魯國賢者無不從之游，獨丘明不在弟子之籍。若丘明真受經作傳者，豈得不在弟子之籍哉？豈有受經傳道而非弟子者哉？以是觀之，仲尼未嘗授經于丘明，丘明未嘗受經于仲尼也。然丘明所以作傳者，乃若自用其意説經〔一〕，汎以舊章常例通之于史策，可以見成敗耳。其褒貶之意，非丘明所盡也，以其不受經也。學者可勿思之哉？杜氏序曰：「仲尼因魯史策書成文，考其真僞，而志其典禮。上以遵周公之遺制，下以明將來之法。其教之所存，文之所害，則刊而正之，以示勸戒。其餘皆即用舊史。史有文質，辭有詳略，不必改也。」此未盡也。苟唯文之所害則刊而正之，其餘皆因而不改，則何貴于聖人之作春秋也？而傳又何以云「非聖人莫能修之」乎？大凡左氏本

〔一〕「乃若」，明抄本無「若」字，乙卯本作「若乃」。

不能盡得聖人春秋之意〔一〕，故春秋所有義同文異者，皆没而不說。而杜氏患苦左傳有「不傳春秋」之名，因爲作說，云此乃聖人「即用舊史」爾。觀丘明之意，又不必然。按：隱公之初，始入春秋。丘明解經頗亦殷勤，故「克段于鄢」，傳曰：「不言出奔，難之也」、「不書城郎，非公命也」。「不書」之例，一年之中凡七發明，是仲尼作經大有所删改也，豈專用舊史者乎？又曰：「春秋何以始乎魯隱公？曰：周平王，東周之始王也。」非也。魯惠公亦即位在周平王之初，何不始于惠公乎？又曰：「魯隱公，讓國之賢君也。」非也。如左氏所說，則隱賤桓貴，桓貴當立，而隱不能奉之以立，而已篡其位。雖爲讓言，誰知其心哉？此桓公所以疑而殺之，乃非弑君也。閔公即位甫二歲〔二〕，哀公即位甫四歲，不聞當時庶兄孽子敢代之治者。雖不代之治，二君亦君矣。假令有庶兄孽子代之治，春秋又可許其讓乎？且隱公以謂己不代桓公治，則魯國不存乎？襄公無代治者，何故魯不亡也？若魯之存不待隱公者，則隱公之攝，吾見其篡，不見其讓。且讓非隱所得名也。所謂讓者，謂其推己之有以與人也，不謂其奪人之有以與人也。能知吾言者可與言春秋矣。或曰：「周公亦攝。」吾曰：周公之攝，成王使之也。且隱公，周公也哉？其攝也。

〔一〕「春秋」，明抄本無此二字。
〔二〕「二」，明抄本作「一」。

隱公

傳：「惠公元妃孟子。孟子卒，繼室以聲子，生隱公。而仲子爲夫人，生桓公。是以隱公立而奉之。」如傳所言者，明隱長而卑，桓幼而貴也。「隱公立而奉之」者，明隱爲桓立也，即元年傳所云「攝也」。十一年，羽父請殺桓公，以求太宰。公曰：「爲其少也，吾將授之矣。」明隱本不當立，故攝位以待桓壯也。又元年傳曰「惠公之薨也，太子少」，太子則桓矣。今杜氏注云：「繼室子當嗣世，以禎祥之故，追成父志，立桓爲太子。」非也。若隱本當立，則傳應云「不書即位，讓也」，不應乃云「攝也」。未有當其位而云攝者也，未有攝其位而云讓者也。知「攝」、「讓」之名所爲施，則知隱公之當立與不當立矣。且若隱公本當立，則羽父無緣請殺桓公也。推羽父所以請殺桓者，蓋見隱公本不當立，今久攝不還，疑隱公欲遂有之也。使隱公本當立者，則羽父必能知桓公之已絶望，何故求殺之哉？且桓公之母爲夫人，隱公之母爲妾，妾主不同，貴賤可知矣。然此傳言桓、隱貴賤自未足信，而杜氏于其中又錯貴賤之分。何爲未足信乎？曰：讓則不攝，攝則不讓，而傳謂隱公攝，是非其位而據之者也，于王法所不得爲。于王法所不得爲，則桓之弑隱，惡少減矣，春秋不宜深絶之。今以其深絶之，知隱公乃讓也，非攝也。今以「攝」言隱公，是不盡春秋之情也。何謂錯貴賤之分乎？吾既言之于前矣。蓋注與傳違，傳與經違，非深知春秋之情者不能考也。

元年，春，王正月。傳曰：「春，王周正月。」杜氏曰：「周王之正月也。」杜氏所説非也。周之諸侯即用周曆，春秋豈嫌魯不用周曆，加王以明之哉？且傳乃云「王周正月」，不云「周王正月」。使傳云「周王正月」者，可云傳過，非杜氏過；今傳云「王周正月」，此傳不過，杜氏過也。何以言之邪？傳先王而後周，明王在周外也；王在周外，非時王省矣。杜氏豈唯異于經哉？又異于傳。

不書即位，傳曰：「攝也。」杜氏云：「公不行即位之禮，故史不書。」非也。尋傳此文，諸云「不書」者〔一〕，似指仲尼作春秋不書之意耳，故隱公曰「攝」，莊公曰「文姜出」，閔公曰「亂」，僖公曰「公出復入」。然此未得仲尼之意也。左氏見春秋闕此數君即位，故以己意推而解之耳。杜氏既嫌其乖異難通，因説云「此四君者，但朝廟告朔而不即位」，豈實論哉？若以國家擾亂不遑行禮邪，則豈獨不得即位而已？亦無暇朝廟告朔矣。朝廟告朔亦何異于即位？即位亦何異于朝廟告朔？朝廟告朔同見百官，豈獨朝廟告朔則暇行之，即位、見百官則不暇行之？此殊不足信也。且杜氏未曉傳文。傳曰「不書即位」者，固言仲尼不書也。若云隱、莊初不即位，傳當但云「公不即位，攝也」、「公不即位，文姜出故也」，不當云「不書即位」、「不稱即位」也。且杜氏注定無「正月」，曰：「公未即位也。」此言公即位則得書「正月」，公未即位則不得書「正月」也。若公

〔一〕「云」，明抄本作「公」。

即位則得書「正月」，未即位則不得書「正月」，則隱公等初不即位〔一〕，何故反書「正月」？此自相伐也。

公及邾儀父盟于蔑。傳云：「未王命，故不書爵。曰『儀父』，貴之也。」非也。諸侯本不得妄盟，盟亦何善哉？乃虞見貶，何貴之有？丘明未嘗受經，見儀父稱字，心固怪之；又頗聞仲尼立素王之法，遂承其虛說，不復推本道理，直曰「貴之」云。且是事也，三傳皆曰「貴儀父，故字之」，唯公羊以春秋當新王，故其說似有理者，而亦終不可通。至於左氏、穀梁，乃未有可貴之道也。又曰：「公即位而求好于邾，故爲蔑之盟。」然則繼好息民，更是魯善也，邾不當褒矣。又是後與桓公盟，亦稱「儀父」，又何善邪？

鄭伯克段于鄢。左氏曰：「段出奔共。不言出奔，難之也。」非也。若段得生奔他國，則鄭伯有伐弟之惡，無殺弟之惡，春秋但當云「鄭伯伐段于鄢」，即解云「段不弟，故不言弟；稱鄭伯，譏失教也；不言出奔，難之也」乃可爾，何有改「伐」爲「克」哉？傳例又曰：「得儁曰克。」若太叔奔共，是不得儁也，何以書「克」邪？此年十月傳曰：「共叔之亂，公孫滑奔衛。」公孫滑爲是段子，父子宜相從。今以傳數見段子〔二〕，不見段身也，蓋段見殺之後，其子出奔，左氏所據注記誤云段身出奔爾。又云：「如二君，故曰克。」春秋二君相伐多矣，皆曰「伐」，不曰「克」，不知何據而以爲「二君言克」邪？傳曰：「不言出奔，難之也。」

〔一〕「初」下原衍「年」字，據明抄本刪。
〔二〕「以」，明抄本作「於」。

此語無乃非左氏之例而自疚病乎？如此，是春秋之作，删除者多矣，左氏何獨解此一事，而二百四十二年之間，遂默不言，而皆以爲「史闕文」、「從赴告」、「因舊史」、「不赴告」乎？且此事也，如左氏之説，史策乃本有「段出奔共」，而仲尼除之者也；則鄭伯公子五爭、晉文公不言出入之類，亦爲仲尼有所避匿而捐之矣，何不一一解之曰「爲此不書」乎？爲此不書乎？若彼不書者爲史策所無也，安知此共叔出奔非史策所無者，而必云仲尼除之乎？觀此一節，似左氏亦以春秋爲據百二十國寶書作者。

「君子曰：『潁考叔，純孝也。』」非也。莊公既自悔其與母誓矣，考叔已聞其心。若此矣，考叔當明言于君曰：「君之誓母，不孝也，鬼神所惡也。雖有醜誓，鬼神弗聽也。君不如迎母反之。此所謂遷善徙義，君子之道，鬼神所福也。」彼莊公聞若言，必欣然不辭，何者？彼悔誓其母，又恥自發之，左右莫能導其君者，故至于此。使考叔能爲此言，莊公何遽不從？而晻昧致説，苟公不怪其舍肉，事未可知也。又闕地作隧，自云「黄泉」，上之不足誑鬼，下之不足誣人，内之不足欺心，而徒教其君恥過作非，此孟子所謂「又從而爲之辭」者也，何謂純孝乎？

天王使宰咺來歸惠公仲子之賵。左氏曰：「緩，且子氏未薨，故名。」非也。此以「宰」爲宰周公之宰，「咺」爲天子大夫之名，怪其以名配「宰」，妄云「子氏未薨」，欲以就其貶咺之説耳。按：惠公以仲子爲夫人，以桓公爲太子，事相發也。今天王歸賵，史記其事，應曰「惠公及夫人子氏之賵」，何故但言仲子，不稱夫人乎？杜云：「婦人無謚，故以字配氏。」審如杜説，天王則生賵人之母，魯之羣臣亦生謚君夫人也。

且周德雖衰，不應生歸人賵。觀「惠公仲子」與「僖公成風」何異，而皆以謂兩人，此不知妾母繫子之義，而虛說不信也。

公子益師卒。左氏曰：「公不與小斂，故不書日。」非也。公孫敖、叔孫婼、公孫嬰齊皆爲公預小斂乎？何以得書日？大凡春秋所據者史也，史之所記非聖人也，有日不日，有月不月，其事可以考核，其日月不可必知也。假令益師卒時，公實預小斂，或史誤不書日，或年久闕脱，仲尼寧得虛增甲子乎？若魯國史官世世皆賢人，皆知仲尼將修春秋，以日月之例見君臣厚薄，故每記卿大夫之卒，謹守此法，則可矣；若人自爲意，家自爲法，或日或不日，或月或不月，皆由此也，安可於數百歲之後信其此文以褒貶人君乎？爲左氏者既自云「史有文質，辭有詳略，不必改也」，今大夫卒，或日或不日，亦詳略之一端矣，何以必其皆詳邪？學者當如何解此，吾欲聞之。

二年，無駭帥師入極。杜氏曰：「無駭未賜族，故不書氏。」八年傳曰：「無駭卒，羽父請氏。」皆非也。公子稱「公子」，公子之子稱「公孫」，公孫之子以王父字爲氏，乃常禮也。若此無駭者，繼公孫者也，則其賜氏久矣，豈及其死而未賜氏乎？如其公孫也，則公孫乃其氏矣，又何賜乎？若以謂「公子」、「公孫」亦必賜然後稱也，是不達于禮矣。夫禮所以賜氏者，非以爲榮也，乃以爲公孫之子其族無稱也。其族無稱，故請之于君賜之氏，而後稱之也。則族者固「公子」、「公孫」之類也，「公子」、「公孫」不待賜而稱之也，以親屬爲氏也。公孫之子必待賜而立氏者，公孫不敢以親屬爲氏也〔二〕，所謂繼大宗者也。奈何以「公子」、「公孫」爲賜族哉？然則無駭之不氏，非以其未賜族也。

紀裂繻來逆女。杜氏曰：「逆女或稱使，或不稱使，婚禮不稱主人，史各隨其實而書，非例也。」非也。如此，苟一史足爲春秋，何待仲尼哉？且婚禮不稱主人，公羊説耳。吾於公羊既言之。

紀子帛、莒子盟于密。傳曰：「魯故也。」杜氏曰：「莒、魯有怨，紀侯既昏于魯，使大夫和解之。故子帛爲魯結好也，比之内大夫，序於莒子之上，又稱字以嘉之。」非也。若紀侯使子帛平二國之怨，則善在紀侯，不在子帛，子帛不當攘君善也。又云「比之内大夫」，若比之内大夫，當曰「紀子帛及莒子盟」，不當去「及」也〔三〕。

夫人子氏薨。左氏曰：「桓母也。」審如此，桓未君，其母稱夫人，是仲子稱夫人久矣，桓公爲太子必矣。杜氏何以云隱當嗣立，追成父志以立桓邪？此明杜氏誤解傳，傳又誤解經也。何以實之？如杜之説，則隱公誠讓國於桓；如傳之説，則隱公爲攝桓之國。推此二者俱非是，然杜氏近之。然桓母亦非夫人也。

三年，庚戌，天王崩。左氏曰：「壬戌，平王崩。赴以庚戌，故書之。」杜云：「欲諸侯速至，故遠

〔二〕「孫」下，乙卯本有「之子」二字。

〔三〕「去」，原作「云」，據明抄本、四庫本、薈要本改。

日以赴。春秋不書實崩日而書遠日者，即傳其僞以懲臣子之過也〔二〕。」非也。王實以壬戌崩，而赴以庚戌崩，則天下皆謂真以庚戌崩也，此史自當書「庚戌」，聖人雖欲遷正亦不可得，豈故傳其僞者乎？且於春秋何以見平王非庚戌崩乎？

君氏卒。左氏曰：「聲子也。不赴于諸侯，不反哭于寢，不祔於姑，故不曰『薨』。不稱夫人，故不言葬。」皆非也。妾母不得稱夫人，自常禮也。假令實爲聲子，雖不稱夫人，猶應比定十五年「姒氏卒」及「葬定姒」之例書之〔三〕，何忽稱「君氏」又不葬乎？又曰：「不書姓，爲公故，曰『君氏』。」春秋以昭公娶吴，故諱其姓，謂之「孟子」，則諱姓者，避同姓也。今聲子非魯同姓，諱姓無義也。杜氏云：「不書姓，避正夫人。」亦非也。若書「子氏卒」，非正夫人亦明矣，又何避乎？又曰：「隱見爲君，故特書於經，曰『君氏』。」亦非也。哀公未即位，姒氏卒，猶得書；隱公見爲君，子氏卒，無不得書。書之何謂特書乎？且所謂「君氏」者，又不足以效其爲君母也。若曰「君母氏」乃可矣，直云「君氏」，未可謂之君母。

武氏子來求賻。左氏曰：「王未葬也。」傳不解「武氏子」，但云「王未葬」，似傳本但説爾時王未葬，故求賻也。若强通之，可益云「求賻，非禮也」。至於稱「武氏子」，聖人之意甚微，而左氏不言。此明左氏未

〔二〕「懲」，原作「徵」，據明抄本及春秋左傳正義改。

〔三〕「定姒」，原作「姒氏」，據明抄本改。按：左傳定公十五年經文云：「葬定姒。」

嘗受經於仲尼，而自以己意作傳者。杜氏之注，是取公羊義牽合此傳爲傳，飾其短闕耳。

傳曰：「鄭祭足帥師取温之麥，又取成周之禾。」按：春秋乃惡相伐者，況伐人喪乎？伐人喪尚惡之，況伐天子乎？今不獨伐天子，又伐其喪也，則春秋何以無貶鄭文邪？左丘明，魯之太史也。鄭事若不赴告〔一〕，魯左丘明無由知之。苟赴告，魯則必書於策。苟書於策，則春秋必當有之。今春秋無此，是不書於策也。不書於策，則丘明何從見此邪？非傳聞道聽者乎？學者莫如信春秋，則外物不能惑矣。春秋云甲，傳云乙，傳雖可信，勿信也。孰信哉？信春秋而已矣。

又曰：「周、鄭交惡。君子曰：『信不由中，質無益也。』」非也。王欲分政虢公，何以不可？而鄭伯怨王，此鄭之過一。王以子狐質鄭，鄭當辭曰「君臣無質」，而遂以子忽質周，比周於諸侯，此鄭之罪二。王崩，周人將畀虢公政，實未畀也，鄭當送往事居，以待天命，而遂伐王之喪，此鄭之罪三。鄭有三罪，不患無辭貶之，而君子但惡信不由中，使周與鄭儕。此爲縱鄭之惡，急周之信，孟子所謂「人紾其兄之臂，教之徐徐云爾」者也。

又曰：「宋宣公可謂知人矣〔二〕。立穆公，其子饗之。」非也。宣公知人之狀何如哉？知其必反國於己子

〔一〕「鄭」下原衍「氏」字，據明抄本删。按：權衡無以「氏」繫國之文。

〔二〕「宣」，原作「桓」，據明抄本、四庫本、薈要本改。

邪？則是挾詐而讓也。知其賢足以任國爲君邪？則穆公竟不能止後嗣之亂。若但以穆公今能反國，因曰知人，則堯讓舜，舜不讓丹朱；舜讓禹，禹不讓商均；堯、舜反爲不知人也。且吾論之：自古讓者多，安者少，宋穆公讓，魯隱公讓，吴三王讓，燕子噲讓〔一〕，後皆大亂。宋襄公欲讓目夷，目夷不聽；鄭穆公欲讓去疾，去疾不聽；楚昭王欲讓公子閭，公子閭不聽；後皆無亂。使此三子從而利之，亦皆亂矣。然彼三子又非惡爲君也。讓不得聖人不止，非聖人亦不可蒙讓于人也。故堯讓舜，舜讓禹，太伯讓文王，而天下國家安之，彼所謂知人也。若旦得讓名，暮有讓禍，此乃讓非其人，不知人之甚者，何謂知人哉？

又曰：「公子州吁，嬖人之子也。有寵，而好用兵。公弗禁。石碏曰：『將立州吁，乃定之矣。若猶未也，階之爲禍。』」石碏之意則是，石碏之言則非。使君聽石碏而立州吁，又當大亂，亂之作是石碏教之也，石碏何義以免此責乎？則不若謂君曰：「先王有禮，長幼有序，君必黜州吁以杜亂，君之愛州吁乃可謂愛矣。君聽州吁好兵以陵太子，百歲之後，州吁必爲亂，國人必討之。君雖欲全之，不可得矣。君之愛州吁，乃害之也。」如此則可。然左氏亦不須此四句自足爲義，無用述之以誤後世也。

四年，衛州吁弑其君完。按：州吁，公子也。不書「公子」，杜作釋例以謂「從赴辭」也。非也。左氏稱族、舍族亦自有義，豈得但云「從赴」哉？此明仲尼作春秋，雖據舊史，其稱族、舍族皆出于聖人之

〔一〕「噲」，原作「之」，據明抄本、四庫本、薈要本改。

手。左氏本不受經，故略自以己意推之，如翬、溺、崔氏之比，則因著爲説，如州吁之類不稱族者，不知何故，則闕而弗論。而杜氏則以爲苟從赴而已。如實從赴，傳所云翬、溺皆虛辭也。如皆有義，不得云從赴也。

公及宋公遇于清。杜氏云：「二國各簡其禮，如道路相逢遇，故曰『遇』也。」非也。如二國各簡其禮，此端爲會也，非遇也。遇者，正謂相逢耳。若遇爲會見之名，故當如會例，書云「公遇宋公于清」，不得云「及宋公遇」也。且遇者，相遇無疑矣。「季姬及鄫子遇于防」，彼豈各簡其禮者邪？

翬帥師會宋公、陳侯、蔡人、衛人伐鄭。左氏曰：「羽父請師，公弗許，固請而行。故書曰『翬帥師』，疾之也。」非也。翬、溺爲貶，無駭爲未賜族，皆怪春秋有書氏、不書氏之異而不得其説〔二〕，因以己意推言之爾。如傳無説，則翬、溺可以無駭言之，無駭可以翬、溺言之。如此，則春秋不足獨任，將反求決是非于傳也。且翬之固請，有異於元年公子豫之遂行乎？豫不書於經，翬書而不氏，賞罰頗矣，何以爲春秋？

衛人殺州吁于濮。杜氏云：「未列於會，故不稱君，例在成十六年。」今按：成十六年傳曰：「先君若有罪，則君列諸會矣〔三〕。」杜據此文，是以每云諸簒弑之人已嘗會諸侯則無咎矣，不亦甚哉！若世太平也，

〔二〕「異」，原作「意」，據明抄本改。

〔三〕「會」，原作「侯」，據明抄本、四庫本、薈要本、乙卯本改。

教化未壞，天下必無弑君親者。及王道既衰，諸侯力征〔一〕，而臣弑君，子弑父，列國擅盟會。於此之際，會豈難致哉？楚貪一裘一馬囚兩國君，鄭以鞶鑑玉爵怨王而叛之，彼固無忌憚也。若弑逆之人入裘馬以市楚，分玉爵以賂鄭，推楚、鄭之意，將欣然願會，此豈王法哉？以此説經，恐倍於經；以此解傳，恐違于傳。何以知之邪？傳曰：「厚問定君於石子，石子曰：『王覲爲可。』」然則列于諸侯之會未可也。

五年，考仲子之宫。杜氏云：「仲子，桓母也。惠公欲以爲夫人，而諸侯無二嫡，故隱公成父之志，別立宫也。」非也。若仲子實桓母，又非夫人，則不當立別宫，春秋應與立煬宫、武宫等，書「立宫」以見譏，不當委避云「考宫」也。春秋所貴者，禮而已矣。孝經曰：「從父之令，焉得爲孝？」今惠公無令〔二〕，隱公遂爲成之〔三〕，此去孝遠矣，春秋何以反不譏邪？且誠若傳所言，仲子爲桓之母，桓母，夫人也，其薨亦稱夫人矣，今何故不曰「考夫人仲子宫」邪？

初獻六羽。左氏曰：「公問羽數於衆仲，衆仲對曰：『天子用八，諸侯用六，大夫四，士二。故自八以下。』公從之。」杜注云：「先時僭用八佾，故今復古。」非也。左氏云：「王命諸侯，名位不同，禮亦異

〔一〕「征」，明抄本作「攻」。
〔二〕「今」，原作「令」，據明抄本、乙卯本改。
〔三〕「遂」，明抄本作「逆」。

數。」若五等之君均於六佾，無乃同之乎？推傳此言，是衆父之言誤，傳因具記之，見失禮耳，非美之也。何以明之？經言「初獻」者，乃譏始僭也，猶「初税畝」矣。若非始僭者，經不言「初」也。又，杜氏云：「是後季氏舞八佾，則知唯仲子廟用六佾。」若如所言，經又不當言「初」。言「初」者，是魯有國已來至今始作此事爾。不然，一切復古，皆用六佾，猶可言「初」也；若但據一廟，又非創始，不可謂「初」也。蓋魯隱以前，未嘗舞六佾於羣公之廟。今立仲子廟，又當下羣公，疑於所舞，故問衆仲也。衆仲不知諸侯名位不同，禮亦異數，因天子八佾，遂兼稱諸侯六佾，致使魯僭諸公之禮也。此春秋所以書其「初」也，此後所以又僭八佾也。且吾論衆仲之誤無疑矣。仲云「士二佾」。所謂士者，特牲、少牢皆士禮也，無用樂舞之儀，安得二佾而施之乎？周禮舞師之職：「凡小祭祀，則不興舞。」小祭祀者，王服玄冕之祭也。王服玄冕，不興舞矣；士服玄冕，反舞之乎？且玄冕又非士所當服者。計衆仲之博學親師，未如宰我之於仲尼，史佚之於周公也。宰我對社，仲尼非之；史佚葬殤，周公非之。衆仲之誤魯使僭無疑也。以謂不然，則春秋書「初」之意不可解[二]。今欲成杜氏説邪？欲從春秋邪？必有春秋，必無杜氏；必有杜氏，必無春秋。

六年，鄭人來渝平。左氏曰：「更成也。」杜氏曰：「渝，變也。」若如左氏、杜氏之説，經但當云「及鄭平」，或云「暨鄭平」，或云「鄭人來平」，或云「鄭人請平」則足矣，不得言「渝」。「渝」以變爲義，

〔二〕「初」字原無，據明抄本補。「意」，明抄本作「義」。

則是變其舊平，非新爲平也。明此「渝平」當云「輸平」，二傳亦云「輸平」，蓋是字誤。

冬，宋人取長葛。左氏作「秋」，杜氏云：「秋取，冬來告也。」非也。史之記事雖據赴告而書，至其日月，猶當依先後次序。假令宋、鄭同用二月出師，宋則即時來告，鄭則逾時來告，所告雖遲，其告之言猶曰二月也，國史豈得但據告時編之於夏乎？必若云〔一〕，豈唯大泯亂事實哉？亦顛倒天時矣。然左傳日月與經不同者多，或丘明作書雜取當時諸侯史策。史策有用夏正者，有用周正者，錯雜文舛，往往而迷，故經所云「冬」，傳謂之「秋」也。

傳云：「京師來告饑，公爲之請糴。」此虚語也。若其有之，經無緣不書也。杜氏以謂：「稱『京師告饑』，則非王命，故不書。」非也。告饑雖不書，歸粟猶應書也。必以謂非虚語者，則是雖來告糴，而魯不肯歸粟，且以請糴于諸侯給周，故春秋諱之也。不然，無緣不書也。若曰「稱京師，則非王命」，彼傳云「京師敗，曰『王師敗績于某』」者，指誰言之哉？

〔一〕「云」上原有「所」字，據明抄本、乙卯本删。按：除此處外，權衡「必若云」凡七見，無「必若所云」。

春秋權衡卷第二　左氏第二

七年，叔姬歸于紀。杜氏云：「伯姬之娣，待年者也。」非也。春秋不言内女爲媵於諸侯者，以媵卑不足言也，叔姬何以得書邪？苟云史之記事有詳有略，又何以爲春秋？

滕侯卒。左氏云：「不書名，未同盟也。」非也。嘗同盟者卒，未必皆名；未嘗同盟者卒，未必皆不名。而左氏又云赴以名則書之，不然則否。若實從例，則不當從赴；若實從赴，則無用設例。今進不必從赴，退不必從例，徒用是紛紛也。且吾論：同盟諸侯卒不必書名，何者？欲以名别同盟邪，則同盟已見于經，不必書名乃知之也。然必欲謂同盟乃書名者，似見春秋諸侯盟會多，欲因此推言之爾。禮云：「諸侯不生名。」生名不可，死名乃常也。唯天子崩，告於諸侯，則不名；諸侯薨，赴于諸侯，無不名。其不名是有僭君之心，非謂不同盟，故略之也。大凡天下有道，王巡狩四岳，則四方諸侯各隨其方伯州牧朝於天子，以聽天子黜陟。故一方諸侯共事方伯，一州諸侯共事州牧，死則相哀，患則相卹，朝聘通焉，赴告及焉。苟異方殊州，生不共事，患不同憂，則朝聘不相通，赴告不相及。左氏所云同盟則赴以名，蓋緣此也。言同盟赴以名，非也。同盟則相赴，是也。

戎伐凡伯于楚丘以歸。左氏云：「戎鳴鐘鼓以伐天子之使。」非也。若謂鳴鐘鼓則得云「伐」，苟戎不鳴鐘鼓則可云「戎侵凡伯」乎？侵、伐雖以鐘鼓爲辨，要當施之國邑，非施之一夫也。

八年，鄭伯使宛來歸祊。杜氏云：「宛，鄭大夫。不書氏，未賜族。」非也。苟取不氏者以未賜族説之耳，人誰知之？翬、溺則以爲貶，柔、挾則以爲未賜族，僑如及遂則以爲尊夫人，宋督、宋萬之比則以爲從赴，人豈能知之乎？

我入祊。杜氏云：「桓元年，乃卒易祊田，知此入祊未肯受而有之。」非也。經云「入祊」者，既入之矣，又何未肯受而有之乎？若魯未肯受祊，經書其入，是仲尼誣君之惡也。原杜氏之意，蓋見桓元年傳云「鄭伯以璧假許田，爲周公、祊故也」。此自傳誤。隱公時，鄭人歸祊者，鄭自欲與隱公也。桓元年以璧假許田者，桓公以許田與鄭，真易璧玉也。傳乃并而言之，謂鄭人以祊易許，而不顧隱八年已有「我入祊」之文。且許田者，魯本受封之地，詩云「居常與許」是也。地名與國同者，魯多有之。莊公「築臺于秦」、「築臺于薛」，豈真近秦、近薛哉？傳見許國近鄭，不悟魯是地名許田，因謂鄭欲得近許之田，故以祊易許。混合兩事，并爲一説。而杜氏遂倍經信傳，扶成其僞，可謂有功于左氏矣，未可謂知經也。

公及莒人盟于浮來。杜氏云：「莒人，微者，不嫌敵公侯，故直稱公，例在僖二十九年。」今按：僖二十九年翟泉之盟，傳曰：「在禮，卿不會公、侯，會伯、子、男可也。」然則傳例以卑不會尊，杜意反謂卑可以會尊也。公侯之卿不可當公侯，子男之微者而當公侯乎？且卿不會公、侯，非爲嫌也，爲其不敵也。卿可以會伯、子、男，非爲不嫌也，爲其足相敵也。若以微故不嫌敵者，卿不嫌于公、侯而嫌于伯、子、男，不可會伯、子、男，可會公、侯也。

無駭卒。傳曰：「羽父請族，公命爲展氏。」杜云：「無駭，公子展之孫。」非也。若無駭真公孫之子，當其繼大宗也，賜氏久矣，何待其死而賜氏乎？且禮云「公孫之子以王父字爲氏」，曾非言其死而後氏之也〔一〕。然則無駭固公孫也，羽父請族者，爲無駭之子請族也。子展稱公子，無駭稱公孫，無駭之子未有稱也。此其所以請之也。若必公孫之子死然後賜族，則無駭爲終身無所氏也。故曰不明於禮矣。

九年，大雨震電。傳曰：「大雨霖以震。凡雨自三日以往爲霖。」杜氏云：「此傳解經書『霖』。而經無『霖』字，經誤也。」非也。經有「電」無「霖」，傳有「霖」無「電」，傳不解經，經反誤哉？然丘明不宜革「電」爲「霖」，蓋其所據簡策錯誤，不能決之於經，直因循舊記而已。杜氏遂專謂經誤，黨於左氏至如此，不已惑乎？且左氏之言未必可信也。三日之雨豈非常者乎？此固經所未嘗書者。若以雨三日已往而必

〔一〕「曾」，原作「魯」，據明抄本、四庫本、薈要本改。

書之，是春秋二百四十二年之中，三日雨者一而已，是豈足信也？

庚辰，大雨雪。左氏云：「平地尺爲大雪。」亦非也。按：左氏諸言「凡」者，皆史書之舊章。然則此「大雨霖」、「大雨雪」，亦皆舊章常例所必書者也。則春秋固應書此二者宜甚多矣，何以言之？三日雨、平地尺雪，皆非可怪者也，曷爲二百四十二年之閒獨此而一哉？用此推之，左氏凡例亦不必皆史書之舊也，乃丘明推己意以解經爲「凡」爾。其合於道者，則周公之典，又仲尼所取也。其考之不合於經如此類者，則其臆議而復斷之，加「凡」於其首云爾，非周公之典、仲尼本意也。

傳曰：「宋公不王。鄭伯爲王左卿士，以王命討之，伐宋。宋以入郛之役怨公，不告命。公怒，絶宋使。」推驗此文及其前後，知宋之怨公，不獨以不救入郛也。何者？宋魯相睦而同怨鄭，鄭伯伐宋，宋人請救而使者失辭，故公不肯救宋。明年，則鄭人來輸平。此必鄭伯知公與宋有隙也。鄭雖輸平，公亦未許。又因爲宋伐邾，則未知公欲結宋邪？欲市於鄭也？而宋尚銜之，故明年鄭遂致其祊田，公因受之，許其爲平，自然宋人怨公與鄭和而不告命也。宋之怨公不以入郛明矣。其端自入郛起，則誠有之。然此傳事爾，吾聊明之。

十年，公會齊侯、鄭伯于中丘。左氏云：「癸丑，盟於鄧，爲師期。」按：經無盟鄧之文，杜氏以謂告會不告盟，非也。國史所記，皆時君政事。政事既行，則皆書之，豈待告廟乃書哉？唯公行而還告廟則致，不告廟則不致，此乃君有境外之事，歸當告致也，不謂政事大小，一一告廟也。公盟則書「盟」，會則書

「會」，豈在告廟乃書乎？明此本無盟鄧之事，左氏所得記注橫生此語，而杜氏飾説之〔二〕。又據其「癸丑」謂經書「二月」誤，傳書「正月」真，皆倍經任傳，不可信者也。

翬帥師會齊人、鄭人伐宋。杜氏云：「翬不待公命，貪會二國之君，疾其專進，故去氏。」非也。

按：元年公子豫亦不待公命，帥師而出。彼則都不書姓名，此但去氏而已，輕重頗矣，非春秋意也。

辛未，取郜。辛巳，取防。左氏曰：「公會齊侯、鄭伯于老桃。公敗宋師于菅。庚午，鄭師入郜；辛未，歸於我。庚辰，鄭師入防；辛巳，歸於我。」此皆不實也。經無會老桃之事，又但書「公敗宋師」〔三〕、「取郜」、「取防」，曾不言鄭伯居閒者，豈得如傳言哉？且如傳言，春秋爲縱漏鄭伯取邑之罪，反移之其君也，爲人臣子固如此邪？傳又曰：「君子謂：『鄭莊公可謂正矣。不貪其土，以勞王爵。』」亦非也。鄭雖以王命討宋，得其土地當歸之王，鄭何得專而有之，專而裂之邪？專而有之，專而裂之，不臣甚矣，反謂之正乎？周之末世，人尤不知義哉？其以此類爲正也。此丘明不學於仲尼之蔽也。

宋人、蔡人、衛人伐戴。鄭伯伐取之。左氏曰：「取三師焉。」非也。三國之師衆矣，鄭何以能悉取之邪？且三國伐戴爾，不入戴也。鄭伯圍戴爾，何以能取三師邪？假令三國已擊戴居之，鄭來圍戴，則三國亦

〔二〕「之」上，明抄本有「實」字。

〔三〕「公」，原作「云」，據明抄本改。按：「書」「云」二字語義重複。

各自去戴。非其社稷所寄也，何爲共守此地邪？是不足信。然爲此説者，蓋讀春秋而不曉其趣，乃飾而説之耳。

十一年，滕侯、薛侯來朝。左氏曰：「公使羽父請於薛侯曰：『周之宗盟，異姓爲後。』乃長滕侯。」皆非禮也。「晉侯使荀庚來聘，衛侯使孫良夫來聘」，魯尚不敢同日而與之盟，豈有南面之君來朝而令同日並見邪？「異姓爲後」，固應謂朝天子時耳。魯不當旅見二君，又不當引天子自況。

傳曰：「鄭伯使許大夫百里奉許叔以居許東偏。君子曰：『鄭莊公於是乎有禮。』」非也。許若有罪，鄭已破其國，即當請王而立君；許若無罪，鄭固不當妄破其國，妄逐其君。今許罪不可知，而專爲威福，政不由王而制於己，私其邊圉之固，皆大罪也，何謂知禮乎？

傳曰：「公之爲公子也，與鄭人戰于狐壤，止焉。」按：謂之公子，則非太子也。因此觀之，知左氏之意，謂惠公不以隱爲太子，而以桓爲太子，隱攝桓位也。而杜氏謂隱公追成父志，以國讓桓，蓋非左氏之意矣。然其非左氏之意，乃實春秋意也。

公薨。左氏云：「不書葬，不成喪也。」非也。桓本潛謀弑君，欲人不知之，故歸罪寪氏。豈更令其喪禮不成，以自發露邪？此乃事之不然。又明左氏初不受經於仲尼，不知薨不書葬之意。

桓公

元年，鄭伯以璧假許田。左氏曰：「爲周公、祊故也。」非也。祊自祊田，許自許田，以祊易許，改云「以璧易許」，乃是爲鄭伯諱，不爲魯公諱也。且入祊久矣，經有明文，何故至此乃卒易祊田乎？若實以祊易許，則隱八年「我入祊」爲春秋增誣其君。若實以祊易許，强諱云「璧假」，是又春秋諱鄭不諱魯。實說祊者，鄭所以平怨於魯也；許者，鄭見桓篡位〔一〕，利得其地，以璧易之。桓既不肖，貪嗜寶貨，又逼初立，欲得鄭歡，故聽其易也。許則詩所謂「居常與許」，蓋周公受封之地，非謂近許也。傳本誤謂「許田者，近許之田」，又見鄭、許鄰國，數相侵伐，疑鄭欲求近許之田；又見鄭前入祊，遂牽引傅致，成此說爾。不然，無爲倍經害義也。故學者莫若信經，莫若信義。

秋，大水。左氏曰：「凡平原出水爲大水。」非也。水之爲害，何必平原出之乎？連雨不解，禾稼不成，所在汎濫，亦大水也；江河逆溢，壞民廬舍，亦大水也；山岳崩坼，泉源發洩，往往爲害，亦大水也。至於平原出水，蓋最鮮爾，限此爲「凡」，亦非周公、仲尼之意也。

二年，宋督弒其君與夷及其大夫孔父。杜氏云：「孔父稱名，内不能治其閨門，外取怨於民，身死而禍及君，故貶之。」非也。仇牧、荀息皆稱名，春秋雖以字爲褒，然已名其君於上，則不得字其臣於下，此所謂「君前臣名」，禮之大節也。用杜氏之意者，乃當名君字大夫，顛倒人倫乎？其不通經則亦已矣，又誣彼

〔一〕「位」，明抄本作「立」。

三人以爲有罪[一]，不亦蔽惑甚乎？

會于稷，以成宋亂。杜氏云：「成，平也。」非也。春秋有「輸平」，又有「暨齊平」，又有「公及齊侯平莒及郯」，皆直稱「平」。若春秋欲諱受賂之惡，言其「平宋亂」乃是矣。今不曰「平」而曰「成」，此豈「平」之謂乎？且按傳曰：「會于稷，以成宋亂，爲賂故，立華氏也。」此則傳以受賂立華氏解經之「成宋亂」也，豈不明哉？

杞侯來朝。左氏曰：「杞侯不敬。歸，乃謀伐之。九月，入杞。」非也[二]。按公羊經：「紀侯來朝[三]。」竊以謂當作「紀」，不當作「杞」。春秋雖亂世，至於兵革之事亦慎用之。杞來朝魯，有少不敬，未宜便入其國也。左氏誤「紀」爲「杞」，遂生「不敬」之説。

三年，春，正月。杜氏云：「不書『王』者，時王不頒曆。」非也。十七年「十月，朔，日有食之」，傳云：「不書日，官失之也。」謂日官推曆不得其正耳，非謂不班曆也，何爲其年亦不書「王」乎？若謂官失之者即不班曆矣，莊十八年「春，王三月，日有食之」亦不書「朔」者，亦當不書「王」，而反書「王」，何

[一]「以」上，明抄本有「者」字。
[二]「非」，原作「是」，據明抄本、四庫本、薈要本改。
[三]「紀」，原作「杞」，據明抄本、四庫本、薈要本及春秋公羊傳注疏改。

哉？故以桓十七年爲不班曆，則與莊十八年不合。且傳云「官失之」者，是實班曆而有失耳，非不班曆明矣。由是觀之，不書「王」者，不爲曆也。

齊侯、衛侯胥命于蒲。左氏曰：「不盟也。」非也。兩君相聚，必有故矣，雖復不盟，猶應以「會」書之，何忽謂之「胥命」乎？且胥命，善乎？不善乎？若善也，不見所善；兩君相聚而不盟，何善也？若不善也，不見所不善：兩君相聚而不盟，何不善也？然則胥命者，固常會也，何足異而書之哉？

公子翬如齊逆女。左氏曰：「脩先君之好，故曰『公子』。」非也。春秋非脩先君之好而稱「公子」者多矣，何必脩先君之好乃稱「公子」哉？若脩先君之好乃稱「公子」者，「翬帥師」適其宜矣，無謂疾之去氏也。

四年，天王使宰渠伯糾來聘。左氏曰：「父在，故名。」非也。「武氏子來求賻」，言世武氏也；「仍叔之子來聘」，言幼弱也，褒貶不既明矣乎？若糾擅攝父位，自取冢宰者，其貶猶應甚彼，不得但以父在名之而已。捨大責小，非春秋也。又宰咺歸賵，小惡爾，左氏以謂：「宰，官；咺，名也。以名配宰，貶之甚者矣。」今糾乃自攝父位，不待王命，王官之宰，其任豈小哉？春秋貶之反輕於咺，何邪？杜氏曰：「渠，氏；伯糾，名。」此亦非也。渠，伯爵也；糾，名也。凡説經者，宜以逆順深淺爲義，得其義是得聖人之意。得聖人之意者，雖有餘説，勿聽可也。不得其意，則牽於衆説，牽於衆説而逆順深淺失義之中，是有功于衆説，而非求合於聖人也。故吾求合於聖人，而不敢曲隨於衆説。聖人之意可求也，求在義而已矣。

五年，甲戌，己丑，陳侯鮑卒。左氏云：「陳亂，再赴。」非也。陸淳論之矣。

傳曰：「祝聃射王中肩。夜，鄭伯使祭足勞王，且問左右。」杜氏云：「傳言鄭志在苟免，王討之非。」此言不可以訓於世，奈之何其以解經哉？且是使亂臣賊子喜也，何謂懼乎？

大雩。傳曰：「書，不時也。」非也。龍見而雩，常事爾；遇旱而雩，非常也。非常當書。書爲旱發，非爲過時發也。且此下書「螽」，螽之爲物，常因旱而生，則其雩非失時者，自爲旱故也。又曰：「啓蟄而郊。」亦非也。魯郊以周正，周郊以夏正，不專啓蟄而已。

六年，實來。左氏云：「自曹來朝。書曰『實來』，不復其國也。」非也。州公如曹，如知其國有難，必不如曹矣。假令度其國危而遂不復，方其來朝，猶是州公爾，何得不言乎？「盛伯來奔」，實太子也，徒君以諸侯逆之，遂以「盛伯」書。此親左氏義，豈嘗顧盛太子不復其國，奪其伯爵哉？則州公既行朝禮矣，何以獨不書「朝」？夫公之與州公亢朝禮，猶與盛太子亢諸侯禮也。盛太子以公故，故書「盛伯」；州公豈不得以公故，故書「朝」邪？且盛伯不復其國，州公亦不復其國。其不復其國也均，而一與一奪焉，可以信左氏之説非也。

大閱。左氏曰：「簡車馬也[一]。」杜云：「蓋以備鄭」。此以鄭事相接續爲説爾，非必然也。

蔡人殺陳佗。杜氏云：「佗立踰年，不稱爵者，未會諸侯。」非也。雖會諸侯，庸得不討其簒乎？吾已語於州吁之事矣[二]。

七年，焚咸丘。杜氏曰：「以火田也。」非也。禮有火田，豈得譏其盡物哉？又文稱「焚咸丘」，咸丘乃邑也，邑非田，則不得但謂「火田」也。即實以火田，春秋譏之者，當如「狩于郎」、「狩于郜」、「蒐于紅」之例，加「于」以繩之矣。今乃云「焚咸丘」，此其意豈譏火田而已者乎？

穀伯綏來朝。鄧侯吾離來朝。左氏曰：「名，賤之也。」杜氏云：「僻陋小國，賤之。禮不足，故書名。」非也。穀，伯爵；鄧，侯爵。侯、伯之爵豈小哉？且上「杞侯來朝」，雖不敬，猶不書名。計杞之國，又非大於鄧、穀也，彼何故不名？且先王制禮，不敢遺小國之臣，豈嘗惡其僻陋而賤之哉？此非春秋之意也。又，經書「夏朝」，傳云「春朝」，此傳所據者，以夏正記時也[三]。杜云：「以春來，夏乃行朝禮。」爲之蔽短，非實矣。

[一]「馬」，原作「乘」，據明抄本及春秋左傳正義改。

[二]「語」，明抄本作「論」。

[三]「時」，原作「事」，據明抄本改。按：權衡「計時」凡兩見，皆言「以夏正計時」、「用夏正計時」；「計事」凡十三見，多言「史之計事」云云。則此處應爲「時」，「事」者音近而誤。

八年，祭公來，遂逆王后于紀。左氏曰：「禮也。」非也。若其得禮，文何以無「天王使祭公」乎？先儒論天子親迎多矣，或以謂王者無敵，不當親迎；或以謂「在洽之陽〔一〕，造舟于渭」即親迎之事。然以禮言之，王者不親迎〔二〕，非也。謂造舟親迎，此文王事紂時制，不可通於天子矣。然則天子娶后，當使同姓諸侯主其辭命，而天子之卿逆之父母之國，諸侯送之至於京師〔三〕，舍而止，然後天子親迎以入也。凡諸侯來朝，天子猶駕而逆焉，況於王后，所與共事天地宗廟、繼萬世之重者哉？其親迎不疑矣。

九年，紀季姜歸于京師。杜氏云：「書字者，伸父母之尊。」二傳亦然。皆非也。紀季姜歸于京師爾，何忽伸父母之尊乎？彼齊侯送姜氏于讙，則可言曰：「雖爲鄰國夫人，猶曰『吾姜氏』。」當是時，齊侯親送之，故必去「夫人」，以伸父母之尊。今此紀侯不親送女，無故伸父母之尊，義不相符也。又，三家所以云云者，見其不稱氏而稱字耳，此猶知二五而不知十也。但言「姜氏歸于京師」則似別一姜氏，故須冠「紀」以別之。既冠「紀」以別之，不得復云「紀姜氏」也。婦人以字配氏，乃其常例，譬猶「伯姬」、「叔姬」矣。然齊侯送姜氏，不言「孟姜」者，孟姜即魯之夫人，魯之臣子所不敢字也。魯於季姜亦臣子耳，何故字之？魯

〔一〕「洽」，原作「郃」，據四庫本、薈要本改。按：毛詩大雅作「在洽之陽」。「郃陽」爲縣名，「洽」爲水名。
〔二〕「王」上，明抄本有「謂」字。
〔三〕「侯」，明抄本作「卿」。

雖臣子，猶諸侯也，有不純臣之義。魯又主婚，文復不可言「紀姜氏」，故得書「紀季姜」也。此聖人作經，隨所深淺，各盡其義而不相亂也。

曹伯使其世子射姑來朝。左氏曰：「賓之以上卿，禮也。」然則傳言魯之得禮，非言曹也。杜云：「諸侯之適子攝其君，則以皮帛繼子、男。」此周禮文也。然則杜以曹世子爲得禮矣。非也。周禮稱「繼子、男」者，諸侯朝天子有時，不得後其期，故老疾者使世子攝己事而往其位，繼子、男之後而見天子，急述職也。諸侯閒於王事則相朝，相朝本無時。曹伯雖有疾，何急於朝魯而使世子攝哉？是欲使其子亢諸侯之禮審也，何可謂之禮？

十年，齊侯、衛侯、鄭伯來戰于郎。左氏曰：「我有辭也。鄭人請師於齊，齊人以衛師助之，故不稱侵伐。先書齊、衛，王爵也。」非也。經云「衛侯」，傳云「衛師」，自不同矣。又主爲此戰者，鄭人也，鄭當先序，以見其罪，何故反推齊爲先乎？雖欲明魯不失周班，不虞反匿鄭人之惡也。且魯之以周班後鄭，乃在數年之前。今此三國固顛倒班次而來矣，順其事以書之，足以見鄭人首惡。不言「侵伐」，而言「來戰」，足以明魯人有辭，而反蔽匿鄭志，非褒貶之旨也。且鄭忽救齊之時，經無「魯人往齊」者，又明其妄矣。

十一年，宋人執鄭祭仲。杜氏云：「不稱行人，罪之也。」非也。傳云：「誘祭仲而執之。」此乃非行人。假令仲無罪，猶不書行人也，何足以效其褒貶哉？

突歸于鄭。杜氏云：「爲宋所納，故曰『歸』。」非也，自祭仲君之爾。若宋納之，何不言「納」乎？又曰：「不稱公子，從告也。」亦非也。諸侯之子未爲大夫，自不稱公子也；稱公子皆已爲大夫，貴者也。又曰：「文連祭仲，故不言鄭。」亦非也。此下有「鄭忽出奔衛」文，亦與祭仲相連，何故獨言鄭乎？

鄭忽出奔衛。杜氏云：「莊公既葬，不稱爵者，鄭人賤之，以名赴。」非也。諸侯在喪，於其封內三年稱子。又一年不二君，故逾年改元，此通制耳，豈有既葬稱爵者乎？杜氏見春秋亂世，諸侯既葬稱爵者多，意以謂禮當若此矣，獨不顧一年不二君、逾年改元之義乎？且苟以春秋諸侯既葬稱爵爲非失禮者，彼臣弑其君，子弑其父，亦常常有之，寧復可信其爲禮哉？又曰：「鄭人賤忽，以名赴。」亦非也。春秋之襃貶，仲尼蓋自謂「丘有罪焉」，豈專從赴而已？假令實賢，而不令之臣汚毀其君以赴諸侯，春秋固亦從之邪？且以義觀之，忽正突不正，而突簒忽，二者孰爲可賤乎？何以顛倒若此哉？

十二年，及鄭師伐宋。丁未，戰于宋。左氏曰：「宋無信也。」杜氏云：「尤其無信，故以獨戰爲文。」非也。且上三國伐魯，魯有辭，故三國以獨戰爲文，今尤宋無信，反使魯以獨戰爲文，何哉？向令不以獨戰爲文者，可云「及鄭師、及宋人戰于宋」乎？又可云「及鄭師伐宋，宋人及我師、鄭師戰」乎〔二〕？要是魯、鄭伐宋，戰于其國，宋人不出主名，故文須先言「伐」後言「戰」耳。此與「齊人伐衛，衛人及齊人

〔二〕「鄭師」二字原無，據明抄本補。

戰」相類也。所緣之端，内外異故〔二〕，故如此爾，豈苟欲尤宋哉？且凡春秋盟會未嘗不惡也，又非獨於此尤宋無信而已也。

十三年，公會紀侯、鄭伯。及齊侯、宋公、衛侯、燕人戰。齊師、宋師、衛師、燕師敗績。左氏曰：「宋多責賂於鄭，鄭不堪命，故以紀、魯及齊與宋戰。不書所戰，後也。」杜氏云：「公後其地期而及其戰。」非也。若宋、鄭相怨，鄭爲此戰者，鄭當序紀上，宋當序齊上，何故反顛倒之乎？公雖不及其會期，而及其戰期，自當没會地而舉戰地，今何故反没戰地乎？以例理推之，前年我師及鄭人伐宋，戰于宋地，故宋人今歲來報怨也。宋雖報怨，齊實主之，故齊序上也。戰于宋時，在其城下，可得言「戰于宋」；今亦戰于城下，不可得言「戰于魯」，故不舉地也。豈鄭以紀、魯戰者乎？豈有魯不及其會地者乎？左氏又曰：「鄭人來脩好。」按：魯、鄭同好，未嘗有隙，何故忽脩之？是見明年會于曹，因説此爾。

十四年，乙亥，嘗。左氏曰：「書，不害也。」非也。記災而書其不害，何益於教乎？火不害粟，此亦物之不爲災者，於例當不書，何故自書於上，又自解釋於下乎？苟令御廩災在乙亥之後，當不復見其不害矣。

〔二〕「故」，明抄本無此字。

十五年，鄭世子忽復歸于鄭。杜氏曰：「稱『世子』者，逆以太子之禮。」非也。忽出奔時非君也，又不言世子，則讀春秋者未知忽之爲正歟？突之爲正歟？然而突稱「鄭伯」矣。突之稱「鄭伯」，非正也；謂忽「世子」者，所以見正也，豈以其用太子之禮逆忽哉？鄭人雖以太子之禮逆忽，及忽之至，豈不君忽乎？其赴於諸侯，故當謂「忽歸爲君」也，豈曰「忽歸爲太子」也？春秋欲貶忽者，寧在其以太子之禮逆忽乎？蓋不知而言之。

郳人、牟人、葛人來朝。杜氏云：「皆附庸世子也。」非也。世子不當攝君朝，凡春秋所書「世子朝」皆貶也，應不没其名。

十六年，伐鄭。按傳例：「與謀曰及，不與謀曰會。」此稱「公會」，則不與謀者也。而正月會于曹，傳云「謀伐鄭」，乃是與謀。與謀而稱「會」，何邪？杜云：「魯諱納不正。」非也。本説與謀與不與謀之例者，欲以微文見褒貶也，所謂「主人習其讀而問其傳，未知己之有罪」者也。而又反易事實，以「會」爲「及」，以「及」爲「會」，則奚知本不設「會」、「及」例邪[一]？春秋，王法也，非苟徇人之情而已。如魯人自知其罪而諱避不言，此固春秋所當正也，何故緣其不肖之意，與之比周掩匿邪？且魯人唯不知義，故伐鄭，豈復稍避與謀之名哉？伐鄭故不恥也，與謀何足恥乎？

〔一〕「知」，明抄本作「如」。

十七年，公會邾儀父，盟于趡。按：隱元年傳曰：「嘉之也〔一〕。」彼時嘉之，似云隱公初即位，繼好息民耳。今與桓公盟，則亦何嘉？若諸侯盟會，每輒見褒，是春秋不譏盟也，何爲獨儀父受褒，他國未嘗受褒乎？明此不知春秋之意，謬説之耳。且鄧、穀皆大國，身自朝魯，反以爲僻陋，名而賤之；邾，附庸也，亢魯而盟，盟輒見褒，何春秋之難曉若此？

蔡季自陳歸于蔡。左氏曰：「蔡人嘉之也。」按：此蔡人嘉之，則必蔡人逆之矣。蔡人逆之，於左氏例當言「入」，不當言「歸」，何故言「歸」乎？

葬蔡桓侯。杜氏云：「稱『侯』，蓋謬誤〔二〕。」豈非不知而作者邪？讀聖人所爲書，己所不曉，因以爲謬矣，苟非不知而作，何以及此？

〔一〕「嘉之也」，春秋左傳正義隱公元年傳作「貴之也」。

〔二〕「誤」，原作「語」，據明抄本、四庫本、薈要本及春秋左傳正義改。

春秋權衡卷第三　左氏第三

莊公

元年，正月。左氏曰：「不稱即位，文姜出故也。」非也。此年三月，文姜始遜於齊，此時未出，何故不即位？原傳此意，當爲文姜與桓俱行，未有「至」文，故云「出」耳。不知夫人行不以正者，至皆不書也。且文姜弑君，自絶於魯，莊公何故不忍即位乎？莊公不忍即位，文姜感之而還，則莊公已忘文姜弑其父矣，何以文姜又遜於齊乎？實説桓公薨于齊，禍起於文姜，而成於齊侯，而死於彭生。魯人知彭生之殺公，而不知齊侯之怒公，故於赴齊曰請以彭生除之。齊人殺彭生，魯人則以謂怨已報矣。久之事泄，乃始責讓文姜，文姜用是遜于齊也。若桓公之喪獨歸，文姜不隨〔二〕，則魯人固以知文姜之殺其君，何有獨請於齊誅彭生而已？又何能

〔二〕「隨」，明抄本作「歸」。

遷延明年三月乃始責文姜而出之？

夫人孫于齊。左氏曰：「不稱『姜氏』，絶不爲親，禮也。」杜氏云：「姜氏，齊姓。於文姜之義，宜與齊絶，而復奔齊，故於其奔，去『姜氏』以示義。」非也。尋左氏之意，似云魯絶文姜，不以爲親，乃中禮。尋杜氏之意，則云文姜絶齊，不以爲親，乃中禮。杜氏非也。夫文姜親弑其君，今事覺出走，假令不奔齊，猶不足以自贖，春秋豈爲此示法哉？今復有一文姜〔一〕，通其兄弟，謀殺其夫，而出奔異國者，寧可爲禮邪？宋襄之母，獲罪於君，歸其父母之國。及襄公即位〔二〕，欲一見之，而義不可得，作河廣之詩以自悲。然宋襄亦不迎而致也，爲嘗獲罪於先君，不可以私廢命也。孔子論其詩而著之，以爲宋姬不爲不慈，襄公不爲不孝。況文姜之罪大，絶不爲親，何嫌於義哉？

單伯送王姬。杜氏云：「命魯爲主，故單伯不稱使也。」非也。若命魯爲主，單伯稱使以見王命之來，乃宜矣；不稱使，非義也。又，十四年經「單伯會齊侯、宋公、衛侯、鄭伯于鄄」，稱單伯會諸侯，單伯則爲魯人明也，猶曰「叔孫豹會晉趙武、楚屈建」矣。若單伯爲周大夫〔三〕，則應書「單伯、齊侯會于鄄」，不得屬

〔一〕「今」，明抄本作「令」。
〔二〕「公」字原無，據明抄本補。按：下文云「襄公不爲不孝」，有「公」字。
〔三〕「周」字原無，據明抄本補。

「會」於單伯也；屬「會」於單伯，單伯非周人審矣。

築王姬之館于外。左氏云：「爲外，禮也。」非也。爲讎主婚而不知辭，乃以「築外」自誣，曰：「我庶幾得禮哉？」是何足以言禮也？按：公羊以爲主王婚者必改築〔一〕，則館爲王姬之舍矣。而據杜氏之説，則館爲親迎之所。二者雖所見不同，竊以謂如公羊之説是。何者？路寢則不可，小寢則嫌，羣公子之舍則已卑，其道必爲之改築，此理之必然者。

王使榮叔來錫桓公命。杜云：「褒稱其德也。」非也。若實然者，王何以去「天」乎？

王姬歸于齊。杜云：「不書『逆』，公不與接。」非也。若不與接，則向者何得云「慮其親迎」、「築館於外」乎？築館於外，本慮其親迎，故避廟中相接耳，非都不與接也。如實都不與接，則「慮其親迎」、「築館於外」之説爲虛；如「慮其親迎」、「築館於外」之説爲實，則「公不與接」之説爲謬。

三年，溺會齊侯伐衛。左氏云：「疾之也。」杜云：「疾其專命。」非也。若專命者，固應如公子豫之例，不書于經矣。公子豫何以都不書？溺何以書名而去氏？賞罰不可知，誰能通之哉？「柔會宋公」，非專命也，「俠卒」，非專命也，又何以不氏邪？如本自當不氏，何以獨謂溺專命邪？

〔一〕「爲」，明抄本作「謂」。「婚」，明抄本作「姬」。

四年，紀侯大去其國。杜氏曰：「以國與季，季奉社稷，故不言滅。」非也。紀國未滅，紀侯去之，勢不得言滅，非爲季也。又曰：「不見迫逐，故不言奔。」亦非也。若不見迫逐，何故去乎？所以去者，正爲齊所迫耳。又曰：「大去者，不返之辭。」亦非也。大去即奔耳，義有所詭，故曰「大去」，非大去之外别有奔也。

齊侯葬紀伯姬。杜云：「齊侯加禮初附，以崇厚義，故攝伯姬之喪，以紀國夫人禮葬之。」如杜此説，謂春秋褒齊得禮也。非也。逐人之君，葬其夫人，此正春秋所貶者，何謂「以崇厚義」固若此乎？凡葬者，臣子之事也，稱「齊侯葬伯姬」，其貶已見矣。

五年，郳犁來來朝。左氏曰：「名，未王命也。」若然，則未王命者當名，何以儀父不名乎？若曰儀父與公盟，繼好息民，故字以貴之，則來朝者豈不欲繼好息民乎？獨不貴之何哉？豈謂朝者不如盟者乎？且禮，諸侯有朝禮，無盟禮，則朝宜受褒過於盟，今反不及盟乎？

六年，衛侯朔入于衛。杜云：「朔爲諸侯所納，不稱『歸』者，朔懼失衆心，以國逆告也。」非也。當是時，公親納朔，朔之入國，公所親也。假令衛不來告，史猶自書之也，何待衛告哉？且衛人惡朔而諸侯强納之，其赴於諸侯固當從諸侯納之之例，以「歸」爲文，明此諸侯之力也，何敢忘諸侯之力而以「國逆」誣諸侯哉？且令朔懼失衆心，故改「歸」爲「入」者，徒足以罔諸侯耳，何足以結衆心乎？衆心之得失，不在於改「歸」爲「入」也。設令以「入」赴諸侯而能使衆心安之，猶有可諉；今雖以「入」赴諸侯，實無預於得衆心也，衛又何爲忘諸侯納己之惠，改「歸」爲「入」乎？用此言之，「歸」不主於諸侯，「入」不主於國逆，故使其説錯亂而不可訓曉者也。

傳曰：「君子以二公子之立黔牟爲不度。」非也。王人子突救衛，春秋貴之，則是黔牟王所欲立也。簒王所立，朔則有罪。今朔不見貶，而黔牟顧先蒙惡，豈春秋意哉？又朔比衎，黔牟比剽，兩兩相似；而左氏君剽而退黔牟，存朔而絶衎，賞罰無章，莫此甚焉。

七年，星隕如雨。左氏曰：「與雨偕也。」非也。吾於穀梁既言之矣。

無麥、苗。左氏曰：「不害嘉穀也。」非也。「大水，無麥、苗」，此聖人爲記災而書耳。言其不害嘉穀，何益於教乎？且隱元年例曰「凡物不爲災不書」，今不害嘉穀，是水不爲災也。水不爲災，不應書「大水」也。大水矣，無麥、苗矣〔二〕，而猶謂不害嘉穀，罔也〔三〕。

八年，師次于郎，以俟陳人、蔡人。甲午，治兵。左氏曰：「治兵于廟，禮也。」非也。凡出曰「治兵」，入曰「振旅」，是以秋治兵，春振旅。今魯以春治兵，治兵非其時，何以爲禮乎？且若中禮，是

〔二〕「麥苗」，原作「苗麥」，據明抄本改。
〔三〕「罔」，明抄本作「妄」。

則常事爾，亦何足書乎？又言「于廟」，夫廟中嚴矣，非治兵之地也。若師之出，先謀於廟，是則可爾。於是焉習號令、鐘鼓、丁寧、旌旗，不乃太瀆乎？又，郎者，魯邑。師次于邑，則其無廟明。是爲已次于郎，又復入城，治兵于廟者乎？

九年，公及齊大夫盟于蔇。左氏曰：「齊無君也。」杜氏曰：「大夫非一，故不稱名。」非也。大夫雖衆，固應名其貴者一人而已。經曰：「及諸侯、晉大夫盟。」豈晉國大夫皆在邪〔一〕？

齊小白入于齊。八月，及齊師戰于乾時，我師敗績。杜云：「小白既定，公猶不退師，歷時而戰，戰遂大敗。」未必然也。夏伐齊納糾，八月復戰耳，何必一事乎？又曰：「不言公敗，諱之。」亦非也。春秋記內戰，惟此不諱敗，當言不諱敗之由，不當言諱敗也。

齊人取子糾，殺之。杜云：「公子爲賊亂則書。」非也。子糾豈賊亂者乎？又曰：「書齊取殺者，時史惡齊志在譎以求管仲。」亦非也。此乃仲尼之意，時史豈暇爲之哉？

十年，公敗齊師于長勺。左氏曰「戰于長勺，曹劌請見」云云。杜氏曰：「齊人雖成列，魯以權譎稽之，列成而不得用，故以未陳爲文。」非也。傳本説「皆陳曰戰、未陳曰敗」之例者，見正不正也。此既皆

〔一〕「豈」上，明抄本有「彼」字。

陳矣，是正也。雖復鼓之有先後，亦何謂之「以權譎稽之，列成而不得用」乎？要是，傳所據者，當時雜記，妄出曹劌及戰事耳，不足以爲據。

齊師、宋師次于郎。杜氏曰：「不言侵伐，齊爲兵主，背蔇之盟，義與長勺同。」長勺之傳曰：「齊師伐我。」杜氏曰：「不書侵伐，齊背蔇之盟，我有辭。」皆非也。凡諸侯爲盟，不曰繼好息民乎？今春盟于蔇，夏公伐齊，秋與戰，其背盟多矣。且蔇之盟，齊大夫之盟也；長勺之師，齊桓之師也。公與齊桓怨讎已深，責齊背盟，非事之理也。且謂「我有辭」則不書侵伐乎？我無辭宜書侵伐矣？十一年「公敗宋師于鄑」，魯有何辭而不書宋侵伐邪？僖元年「公敗邾師于偃」，傳曰：「虚丘之戍將歸者也。」將歸之戍，非所得罪於魯，魯無故背檉之盟，要而敗之，然亦無侵伐之文。安知長勺之敗非偃之敗也〔一〕？長勺之敗，不書侵伐，謂有辭可也；偃之敗，不書侵伐，謂之有辭可乎？今吾試謂：長勺真偃也，偃真長勺也，有以辨之乎？苟無以辨，何得謂「我有辭」則「不書侵伐」乎？

荆敗蔡師于莘〔二〕。杜氏曰：「楚始通上國，告命之辭猶未合典禮，故不稱將帥。」非也。楚來告命，苟不言將帥，當如何爲告命之辭乎？無告命則已，若有告命，勢不能無言將帥也。

〔一〕「敗」，明抄本作「類」。
〔二〕「蔡」，原作「楚」，據明抄本及春秋左傳正義改。

十一年，王姬歸于齊。杜氏曰：「不書齊侯逆，不見公。」非也。魯爲王主婚，若齊侯來逆女而公輒不見，何謂主婚矣？乃常事，自不書者也。

十二年，宋萬弑其君捷及其大夫仇牧。杜氏云：「仇牧書名，無善可褒。」非也。吾於孔父既言之矣。

十四年，單伯會齊侯、宋公、衛侯、鄭伯于鄄。杜氏曰：「齊卒平宋亂，宋人服從，欲歸功天子，故赴以單伯會諸侯爲文。」非也。本單伯者，魯之孤也。左氏見周有單子，遂誤以單伯亦爲周大夫。凡王人出會諸侯，無不序公侯之上者，宰周公、劉子之類是也。既序公侯之上，則是主會之人矣，何必赴以「單伯會諸侯」乃成主會乎？彼見春秋記外之盟會，無分别主會之人者，唯魯公及大夫會之則分别焉。左氏既誤以單伯爲周大夫，杜氏因爲之飾説，欲證單伯使必爲周人，而委曲求合，非解經之體也。

十五年，春，齊侯、宋公、陳侯、衛侯、鄭伯會于鄄。左氏曰：「齊始霸也。」非也。凡霸者，則當主諸侯，諸侯莫先焉。此年秋伐郳，宋序齊上，明年夏伐鄭，宋亦序齊上，齊之未主諸侯明矣。然則齊始霸在十六年十二月，九國同盟于幽之時也，自此始爲諸侯主矣。

十六年，同盟于幽。杜氏云：「言同者，服異也。」按：春秋書「同盟」者凡十餘，或服異，或未嘗服異，大約相半。若一以「服異」解之，則不可通者多，清丘、斷道之類是矣，此吾所不曉也。

十七年，齊人執鄭詹。杜云：「不稱『行人』，詹有罪也。」非也。凡使而被執，稱「行人」可也，非使人而被執，不可稱「行人」也。稱「行人」欲以明使與非使，非以正有罪與無罪也。鄭詹之不稱「行人」，猶蔡仲之不稱「行人」也，不得以「行人」爲解。

十八年，公追戎于濟西。左氏曰：「不言其來，諱之也。」非也。杜云：「戎來侵魯，魯人不知，去乃知之。」非也。戎來侵魯，必有兵衆，魯何由不知其來、不見其來乎？若戎能傅羽翼，不踐地，忽然從空而下，魯可不知耳；若但旅進旅退，魯無緣不知也。凡事有害於義，有恥於國，諱之可也。戎狄無義，以侵伐爲常，魯安得恥之而安得諱之？郎之戰不言侵伐，以爲「我有辭」也；今此不言侵伐，又以爲「諱之」也。若實我有辭乎？實諱之乎？戰與追之一也，不言其伐而言戰，與不言其侵而言追何以異？而相反若此哉？

十九年，公子結媵陳人之婦于鄄，遂及齊侯、宋公盟。杜云：「大夫出境，有可以安社稷、利國家者，則專之可也。結在鄄聞齊、宋有會，權事之宜，去其本職，遂與二君爲盟，故備書之。本非魯公意，而又失媵陳之好，故冬各來伐。」然則杜氏謂結所行是乎？非乎？以爲是，不得云「本非魯公意，而失媵陳之好」也；以爲非，不得云「大夫出境有可以安社稷、利國家者，專之可也」。且齊、宋有會，結權事之宜而與二君盟，何事之權也？安社稷、利國家，專之爲可。今結與二君盟，而三國來伐，是社稷不安、國家不利〔一〕；

〔一〕「利」下，明抄本有「也」字，并重「社稷不安國家不利」八字。

而結去其本職，是專命矣。翬、溺專命，春秋貶去其族；結亦專命，今何故不貶其族也？然則杜氏欲言結之行事，而不得其義者也，是非不決，難以教後世矣。

二十二年，陳人殺其公子禦寇。左氏曰：「殺其太子。」杜云：「陳人惡其殺太子之名，故不稱君父，以國討公子告。」皆非也。陳若惡之，自不以告諸侯矣。且苟殺其太子而赴以公子，則仲尼安得不改而正之？此豈非教之所存、文之所害，而可示勸戒者邪？其即用舊史何哉？

及齊高傒盟于防。杜氏曰：「高傒，齊之貴卿，而與魯微者盟，齊桓謙接諸侯，以崇霸業。」非也。齊桓雖欲謙下諸侯，寧將謂魯人曰「吾請以貴大夫從子微者盟」乎？此理之不然者。則實公盟也。所謂卿不可會公侯，故没公爾。齊桓必不故遣其貴大夫從魯微者盟，亦不請魯遣微者與其貴大夫盟，以邀謙巽之名也。

二十三年，祭叔來聘。杜云：「祭叔爲祭公來聘。」非也。此乃祭叔使人來聘耳。祭叔無臣，故不得言使人也。若曰「祭叔爲祭公來聘」，雖不言使，而叔稱已尊，非祭公所宜也。

荆人來聘。杜云：「不書『荆子使某來聘』者，楚始通，未成禮。」非也。若楚禮不備，妨於聘爾，稱「荆子使某人」者，此魯國史氏所當書也，彼來使者豈其自稱「荆子使某人」乎？

蕭叔朝公。杜云：「叔者，蕭君名。」非也。郳、蕭同是附庸。郳與魯盟，得褒稱字；蕭來朝公，猶不免名，何哉？且「叔」之爲字可不疑矣，專以名解，不亦泥乎？凡春秋褒貶，自有輕重，聖人所以教後世賞罰也。若盟而蒙加等之賞，朝而無勞來之意，則賞罰已亂，於春秋何能教人？

二十四年，公如齊逆女。杜氏云：「禮也。」非也。若其當禮，則常事爾，法當不書。書之是非常者也。

丁丑，夫人姜氏入。杜氏云：「丁丑入而明日乃朝廟。」非也。即朝廟，何以不書「至自齊」乎？文姜初歸，書「至自齊」，此朝廟之文也。哀姜歸寧，而復書「至自齊」，亦致廟之文也。凡公行而書「至」，皆告廟者也，無有言「入」，言「入」非告於廟之意矣。

二十五年，陳侯使女叔來聘[一]。左氏云：「嘉之，故不名。」非也。諸侯相聘，常事耳，亦何可嘉而不名乎？蓋疑書女叔有若字者，因爲此説爾。若使諸侯其卿大夫來聘輒受一褒，春秋之中來聘魯者不可勝紀，則何不一一褒也？

日有食之，鼓，用牲于社。左氏曰：「非常也。唯正月之朔，慝未作，於是用幣於社，伐鼓于朝。」非也。夏書記日食之變，季秋月朔亦有伐鼓之事，豈必正陽之月哉？儻夏禮與周不同乎？然日有食之，變之大者，人君當恐懼修省，以答天意，豈但非正陽之月則安而視之哉？左氏之説繆矣。春秋所以書者，蓋譏其不

〔一〕「女」，原作「汝」，據明抄本、四庫本、薈要本及春秋左傳正義改。下一「女」字同。

鼓于廟朝而鼓于社，又用牲耳。

二十七年，公子友如陳，葬原仲。左氏曰：「非禮也。原仲，季友之舊也。」杜云：「季友違禮會外大夫葬，故具見其事。」皆非也。季友則莊公母弟，度其年不能三十餘，未嘗去魯，何故得與陳國大夫有舊也？且季友違禮逾國以葬其故人，事非公命，應如公子豫不書于策，不然則如叔孫豹、翬、溺之類貶去其族。今一無所貶，何也？且文稱「公子友如陳」，此常使文也，季友爲受命而行，非自行也，何以得貶之？

二十八年，衛人及齊人戰。杜氏云：「實齊侯。稱人者，以賤者告。不地者，史失之。」皆非也。稱人則謂之從赴，不地則謂之史失之，如此無復有春秋矣，何貴於仲尼之爲春秋也？「天王狩于河陽」，獨非晉諱召王，以「王狩」告乎？故春秋之作，正褒貶是非而已；褒貶是非之不能正，而以謂之從赴，亦不足已。

築郿。左氏曰：「邑曰築，都曰城。」非也。築者，作邑耳，詩曰「築室百堵」，「百堵皆興，鼛鼓弗勝」，不謂城邑也。邑之與都相較無幾，欲差邑與都而殊「築」、「城」之名〔二〕，則國亦當殊，京師又當殊。而自都以上通以「城」名之，何邪？

大無麥、禾。左氏曰：「饑。」杜云：「書于冬者，計食不足而後書也。」則未知魯何故饑邪？水當曰

〔二〕「與」，明抄本作「於」。

水，旱當曰旱，蟲當曰螽，三者不作〔一〕，無緣忽饑。無饑而言「大無麥、禾」，此何故也？以謂計食不足而後書之，然則當云「少麥、禾」，不得云「大無」也。夫「不足」者未盡之稱，「大無」者已盡之稱，仲尼豈於此錯亂之哉？

二十九年，春，新延廄。左氏云：「不時也。」非也。廄有壞爛，及民之閑暇新之是也，何害于出入馬乎？杜云：「欲馬未入前修之。」如此，固當在夏末秋初，百姓未去田畝時也，又當勞民，妨其農時，反謂之宜哉？

紀叔姬卒。杜氏曰：「紀國雖滅，叔姬執節守義，故繫之『紀』，賢而録之。」非也。叔姬，魯女，死當有服，禮宜録之，不以賢也〔二〕。又，諸侯雖失國，謂之寓公，寓公自繫其國而稱之。此紀叔姬則寓公之妻，繫「紀」常事耳，又何見其執節守義乎？

三十二年，子般卒。杜云：「先君未葬，故不書葬〔三〕。」非也。未逾年則不成君，不成君則不書葬〔四〕

〔一〕「三」，原作「無」，據明抄本改。遺書本、四庫本、薈要本作「數」。
〔二〕「以」，明抄本作「必」。
〔三〕「書葬」，四庫本、薈要本及春秋左傳正義作「稱爵」。
〔四〕「書葬」，四庫本、薈要本作「稱爵」。

。苟逾年矣，先君雖未葬，固當君之。苟未逾年，先君雖已葬，猶非君也。君則葬之〔一〕，非君則不葬之，所謂一年不二君也。然則以年爲限，不以先君葬爲限。

公子慶父如齊。杜云：「慶父殺子般，懼而適齊，欲以求援。時無君，假赴告之禮而行。」非也。傳云：「成季奔陳。立閔公。」然則立閔公者，必慶父也。慶父雖殺子般，未敢便取其國，利閔公之幼而立焉。其如齊者，真告立君也，又何假矣？若慶父自見無君，假赴告而出，欲以求援，春秋當微著其罪，不當徇賊子之志，書「如齊」也。又，魯既無君，慶父託事而出，非公命審矣。以左氏例考之，非公命應不書，書之應去其族，不得一無所貶也。

閔公

元年，春，王正月。左氏曰：「不書即位，亂也。」杜云：「國亂不得成禮。」皆非也。去年十月，子般卒。子般卒則閔公立，至今已三月，亂亦定矣，言「亂不得成禮」，非也。且必若云，何以能朝廟乎？朝廟豈非即位乎？

〔一〕「葬」，四庫本、薈要本作「爵」。下一「葬」字同。

季子來歸。杜氏曰：「齊侯許納，故曰『歸』。」非也。向者，公及齊侯盟于落姑，請復季子，齊侯許之。然則本復季子者，公也。季子前有位于國，以左氏例考之，應曰「復歸」，不應曰「歸」也。若以齊侯許納，故得言「歸」，向使魯獨召季子，不因齊侯者，用左氏例，當云「季子來入」乎？「入」不可施於季子，來歸亦不緣齊侯也。以此知左氏之例未可用也。

齊仲孫來。杜氏云：「齊大夫以事出疆，因來省難，非齊侯命，故不稱使。」非也。若仲孫無君命而來，是私行也，春秋豈宜賢之？大夫而謀諸侯，禮乎？若以不稱「齊侯使」即自來者，楚屈完豈亦因事私行者乎？杜氏又謂：「仲孫者，湫之字；湫者，仲孫之名。」不審湫者何氏乎？春秋書人之字，則不繫其氏乎？邾儀父也，原仲也，蕭叔也，蔡季也，何以皆氏也？

二年，吉禘于莊公。杜云：「時莊公別立廟。」非也。此直就莊公主耳。即別立廟，無緣不書。

公薨。杜氏曰：「實弒，書『薨』又不地者，皆史策諱之。」然則杜意以謂史當諱國惡矣，諸稱「公薨」者，皆時史之文，仲尼因之也。非也。古者史不諱國惡，惡有不記者其罪死，以直爲職者也。女史典彤管之法，記宮中之事，事有不記者其罪亦死，明史之任一也。董狐書「趙盾弒君」以示於朝，仲尼謂之良史，以其書法不隱。若史本當諱國惡者，董狐不應明趙盾之罪以示朝衆也。董狐明趙盾之罪以示朝衆，而仲尼謂之良史，是史不諱國惡也。崔杼弑其君，太史書之以示於朝，崔子殺之，其弟又書，書而死者三人，然後舍之。若史本當諱國惡者，齊太史爲繆妄輕死干禮之人也，崔杼殺之是矣。然爲左氏者，皆以齊太史非謬妄輕死干禮之人，守職之士也；崔杼殺之，虐也。以崔杼殺齊太史爲虐，齊太史又非謬妄輕死干禮之人，是史不當諱國惡也。齊、晉皆大國，史官皆良士〔一〕，見稱于聖賢，以不諱國惡。爲是知魯之史亦不諱國惡也。魯之史不諱國惡，則所諱由仲尼新意，非史策舊文也。謂之史策舊文〔二〕，仲尼因之，非也。

甯殖將死，謂其子曰：「吾得罪於君，名藏在諸侯之策，曰：『孫林父、甯殖出其君。』」夫甯殖所謂「諸侯之策」，則諸侯之史也。諸侯則齊、魯是矣，史則春秋是矣。今驗春秋，實不言「孫、甯出君」〔三〕，而云「衛侯出奔」者，仲尼改之也，復可謂史策諱之乎？然則魯史實書「公弑」，仲尼改云「薨」；魯史實書「孫、甯出君」，仲尼改云「衛侯出奔」矣。魯史，一官之守，而春秋之法，聖人之志，此其所以不同也。謂諱國惡爲史官之事，是謂董狐非良史也。古者非正直之臣亦不爲史，公子鰌「邦有道如矢，邦無道如矢」，衛人命爲史焉。史之以直爲職，又可知矣。

夫人姜氏孫于邾。杜氏曰：「哀姜外淫，故孫稱『姜氏』。」非也。文姜殺其夫，哀姜殺其子，罪有輕

〔一〕「史」上，明抄本有「其」字。
〔二〕「謂」，原作「諱」，據明抄本改。
〔三〕「實」，原作「絶」，據明抄本改。

重，故文不得一，不爲分別其内淫與外淫也。婦人内夫家而外父母，以文姜爲内淫，哀姜爲外淫，是亂内外之實矣。昭公娶于吴，諱同姓，謂之「孟子」，匿其氏也。以文姜淫其兄，則不稱「姜氏」，是春秋爲齊襄公諱同姓也。夫弑君之賊，而援「吴孟子」之意〔二〕，諱其同姓而已，何春秋不知類，而擬人失其倫乎？

〔二〕「意」，明抄本作「義」。

春秋權衡卷第四　左氏第四

僖公

元年，正月。傳曰：「不稱公即位〔一〕，公出故也。」非也。去年八月，閔公遭弒，僖公自邾入爲君，至此久矣，國内已纚定，不應猶以出奔之故不行即位禮也。即位與朝廟相較何如？朝廟則得，即位則不得，皆非春秋本意，妄釋之者也。

傳曰：「公出復入，不書，諱之也。諱國惡，禮也。」杜氏曰：「掩惡揚善，義存君親，皆當時臣子率意而隱，故無淺深之準。」非也。傳所云者，似言仲尼作春秋，改舊史，有所不書之意也，非當時史官以諱爲禮也。何以知之邪？按：御孫謂莊公曰：「君舉必書，書而不法，後嗣何觀？」以御孫之説論之，君之不法，

〔一〕「公」，明抄本及春秋左傳正義無此字。

無所不書也。既無所不書，則是諱國惡者，非史官之事，春秋之意也。爲之臣子〔一〕，率意爲君父諱，非也。臣之意莫不欲尊其君，子之意莫不欲美其親，如此國史爲無有實事，皆虚美也，謂之史可乎？故春秋一也，魯人記之則爲史，仲尼脩之則爲經。經出于史，而史非經也；史可以爲經，而經非史也。譬如攻石取玉，玉之産於石必也，而石不可謂之玉；披沙取金，金之産於沙必也，而沙不可謂之金。魯國之史，賢人之記，沙之與石也；春秋之法，仲尼之筆，金之與玉也。金玉必待揀擇追琢而後見，春秋亦待筆削改易而後成也。謂春秋之文皆舊史所記，無用仲尼者，是謂金玉不待揀擇追琢而得，非其類矣。

獲莒挐。左氏曰：「非卿也，嘉獲之也。」非也。莒挐與鄭詹二者何異哉？何以必其非卿邪？就令非卿，但是主將，亦當書也。若非卿又非主將，徒一賤者，亦何可嘉而春秋詭正法書之乎？

夫人氏之喪至自齊。杜氏曰：「不稱『姜』，闕文。」非也。春秋之義，以一字爲褒貶，苟所不通者則謂之闕文，春秋何文不闕也？「夫人孫于齊」，不稱「姜氏」，亦闕文邪？知不稱「姜氏」之爲貶，而不知不稱「姜」之爲貶〔二〕，此猶知二五而不知十者也。

〔一〕「爲」，明抄本作「謂」。

〔二〕下「不」字原無，據明抄本補。「姜」下原衍「氏」字，據明抄本删。

二年[一]，城楚丘。杜氏曰：「不言城衛，衛未遷也[二]。」非也。傳云：「封衛于楚丘。」詩序云：「文公徙居楚丘，始建城市而營宫室。」然則先徙而後築城明矣。且詩云：「定之方中，作于楚宫。」定星之中，十月也。夏之十月，周十二月也。今經書「正月城楚丘」，傳曰：「不書所會，後也。」然則衛人以十月築城，而魯以十一月會之，後其期也。魯雖後其期，然衛必先徙而後築城，先城而後營宫室，故詩人美其得時也。營宫室得十月之時，則其徙都在十月前明矣。徙都在十月前，則十一月城楚丘，不得言未遷也。

虞師、晉師滅下陽。杜氏例云：「用大師曰滅。」非也。滅國曰滅，君死其位曰滅，非此二者則不可以「滅」書之别國邑也。若滅邑與滅國同稱，則滅邑與滅國亦同其罪乎？君子之所慎，正名而已矣，安可亂哉？

三年，徐人取舒。杜氏例曰：「勝國而不用大師，亦曰取。」非也。成國重於附庸，附庸重於都邑，春秋凡記禍亂，宜分别此三等之異，知其罪有大小輕重淺深者也。今顧不然，反爲不道者記師行難易而已，何益於褒貶哉？吾又驗之於事，按「衛侯滅邢」，因禮至昆弟，殺其守臣而取之，可謂易矣，何以不書「取」邪？「公以楚師伐齊取穀」，以魯之衆，又加以楚，而公親將，可謂用大師矣，何以不書「滅」邪？然則

[一]「二年」，明抄本作「正月」。按：儒藏本校勘記云：「城楚丘，事在僖公二年正月。」
[二]「衛」字原無，據明抄本及春秋左傳正義補。

「滅」、「取」之名，不爲難易出可也，可知矣。

四年，許男新臣卒。左氏云：「卒于師。」非也。若實卒于師，經何以不記邪？召陵地屬潁川，潁川今許昌郡也，許昌，許國矣。明許男有疾，歸其國而卒，故不得書「卒于師」也。其云「葬之以侯」者，似當時臣子欲歸美君父[一]，故引許男方會諸侯而卒，私以加等之禮葬之，猶漢時羣臣議成帝謚，引其欲作明堂辟雍以褒之矣，其實非禮。左氏謬以爲禮，何以言之？許男卒于師，是則可褒，今卒于國，不足褒也。卒于師者，言其圖義忘身，知命不惑也[二]。已去師而歸其國，此則貪生徇私、不知命人矣，與公子遂至黄乃復，專恣廢命何異？而妄以爲褒之得禮邪？

及江人、黄人伐陳。杜氏曰：「受齊命討陳而以與謀爲文者，時齊不行，使魯爲主。」非也。與謀曰「及」，不與謀曰「會」，或實與謀而不曰「及」，或實不與謀而不曰「會」，皆妄也。又所謂謀者，何謀乎？奇邪之謀乎？謀所侵伐之謀乎？若奇邪之謀也，春秋之中「會」、「及」多矣，不必盡謀奇邪也。若謀所侵伐而已，凡諸侯之會將有所討，在會之國皆與之矣，又安有不與者乎？故曰妄也。

〔一〕「歸」，明抄本作「追」。

〔二〕「命」，原作「義」，據明抄本及下文改。按：下文云「不知命」，則此處作「知命」爲優。

五年，晉侯殺其世子申生〔一〕。左氏傳，去年十二月，太子縊于新城。杜云：「書春，從告。」非也。告雖後時，猶當舉其實月，此則丘明所據史書是用夏正記時者。夏十二月於周爲春，本當書於春，誤之於冬也。

杞伯姬來朝其子。杜云：「朝其子者，因有諸侯子得行朝義，而卒不成朝禮。」非也。若不成朝，何以得書「朝」邪？又，諸侯之子雖有攝其君之説，殆非謂厭事而朝者矣，乃若周公使伯禽就封，而身留周者爾。或者父老傳政其子，猶宗子傳家也，堯老使舜攝，舜老使禹攝之類，是乃可爾。苟厭政事，以國與子，不可也。

晉人執虞公。左氏曰：「晉襲虞，滅之。而脩虞祀，且歸其職貢于王。故書曰：『晉人執虞公。』罪虞，且言易也。」非也。虞、晉同姓，滅之，大罪也。雖其自欲文飾，脩祀歸貢，不足以掩其大惡，春秋曷爲聽之邪？滅人之國，廢王者所封，絶先祖之體，苟能脩祀、歸貢者可無譏矣，天下之强誰不暴弱，天下之衆誰不暴寡哉？此無他，左氏本不受經，不知其義，怪其文理異常，因彫琢遷就爲此爾。

傳曰：「正月辛亥朔，日南至。公既視朔，遂登觀臺以望，而書，禮也。凡分、至、啓、閉，必書雲物，爲備故也。」然則舊史蓋記公之書雲物矣。傳所言「凡」，是解舊史者也。仲尼脩春秋而去之，以謂常事不足書也。以是觀焉，常事不書，於三傳爲通。

〔一〕「世」，原作「太」，據明抄本及春秋左傳正義改。

六年，圍新城。左氏曰：「鄭所以不時城也。」非也。齊桓公會諸侯于首止，正王太子之位，尊王太子，而不敢與盟。其禮甚恭，其義甚高，諸侯莫不受盟〔二〕，獨鄭逃歸，伐之不爲無辭〔三〕，豈强取新城然後達其罪哉？蓋疑伐不言「圍」者，横出此説。

諸侯救許。左氏云：「許男降楚，楚子赦之。」實無此事，皆妄也。何以言之？諸侯救許，許圍已解，何苦自辱追降于楚哉？此非人情也。又，是後許男常與諸侯會，亦足以知其初不降楚也。

七年，盟于甯母。按傳：「鄭伯使太子華聽命於會，言於齊侯曰：『洩氏、孔氏、子人氏三族，實違君命。君若去之，我以鄭爲内臣。』齊侯將許之。管仲曰：『會而列姦，何以示後嗣？記姦之位，君盟替矣。君其勿許。』齊侯辭焉。子華由是得罪於鄭。」尋此諸文，則齊桓爲用管仲之言，不與子華盟也。今甯母之盟，實有子華，與傳異矣，是何故哉？

八年，鄭伯乞盟。杜云：「新服，未與會，故不序列，别言乞盟。」非也。若已與盟，文自當序；若盟畢乃至，當言「如會」，不當但云「乞盟」，又不見諸侯與之盟也，明此乃約之耳。且左氏亦但言請服，不言其來。

〔二〕「受」，明抄本作「與」。
〔三〕「辭」，明抄本作「名」。

禘于太廟，用致夫人。左氏云：「致哀姜也。」哀姜之死，以夫人之禮舉之，諸侯莫不聞，曷爲更八年乃致于廟哉？又曰：「凡夫人，不薨于寢，不殯于廟，不赴于同〔一〕，不祔于姑，則弗致也。」按：哀姜於此四者，唯不薨于寢爾，其餘皆備矣，則是凡國君夫人，於四者一不備，則不致于廟也。設令夫人歸寧而死，亦將不致乎？

天王崩。前年傳曰：「惠王崩。襄王惡太叔帶之難，懼不立，不發喪而告難于齊。」今年，「盟于洮，謀王室也」。然則盟于洮之時，諸侯已知王崩矣，不應練而告諸侯也。假使當時有難，亦不能匿喪彌年，況實無難，但欲假外援者乎？然則洮之會本不謀王室也。左氏既誤謂王以前年閏月崩，則遂謂洮之會謀王室矣。以洮之會謀王室，見經書「王崩」在今年十二月，則謂襄王定位而後發喪矣〔二〕。皆不可信。

九年，會于葵丘。按：去年十二月，王崩，此會宰周公臨之。然則七年傳所云「告難于齊」者，實八年十二月事也。八年「會于洮，謀王室」者，實今葵丘事也。古記不同，以故差互云。

十年，正月，晉里克弒其君卓。左氏傳云〔三〕，去年十一月，里克弒卓子。此據夏正，十一月即周

〔一〕「同」下，四庫本、薈要本有「姓」字，誤。按：春秋左傳正義無「姓」字，且杜預注曰「同，同盟」，非同姓也。

〔二〕「謂」，原作「會」，據明抄本改。

〔三〕「云」字原無，據明抄本補。

正月矣。采獲兩書，誤其前後爾。杜云「從赴」，非也。

及其大夫荀息。杜氏曰：「荀息稱名者，雖欲復言，本無遠謀，從君于昏。」亦非也。南容三復白圭，孔子以其兄之子妻之。徒口誦之爾，猶見褒擇，況如荀息身踐之者乎？夫復言者，信也。責其遠謀，非也。又曰「從君于昏」，若謂息從君殺申生之昏邪？殺申生時，荀息但傅奚齊爾，非執政大臣也，息不當坐其責。若謂息從君立奚齊之昏邪？申生已死，國無冢嗣，君命立奚齊〔一〕，是則君矣，何以爲昏？然則荀息之名，非貶之也，吾既言之矣。

晉殺其大夫里克。杜云：「稱名，罪之。」按：里克弑君，不宜與申侯、國佐等同例，何不若欒盈、無知之類，稱人以殺之乎？

大雨雪。杜據傳例云：「平地尺也。」非也。平地尺雪，常事耳，何足稱「大」而異之乎？

十一年，晉殺其大夫丕鄭父。按傳，去年冬，晉殺丕鄭。今經不同者，杜云「從赴」，非也。傳所據者，簡牘所記，以夏正記時，故使春冬錯，不自知誤矣，乃復以爲晉晚來告。來告雖晚，史所書自應正之，不容顛倒時月也。

〔一〕「命」，明抄本作「明」。

十四年，季姬及鄫子遇于防，使鄫子來朝。左氏曰：「鄫季姬來寧〔一〕。」非也。按經，季姬不繫鄫，此未嫁之文也。又是後有「季姬歸于鄫」，始嫁之文也。若實來寧，何故再書其歸乎？「杞伯姬來」，亦來寧也，何以不書歸乎？

十五年，公孫敖帥師及諸侯之大夫救徐。按傳例，與謀曰「及」，不與謀曰「會」。而「叔孫僑如會士燮、齊人、邾人伐郯」，本實與謀，杜云：「受盟主之命，非匹敵和成之類，不得言及也。」然則此公孫敖亦受盟主之命，應不言「及」者，何故獨言「及」邪？

季姬歸于鄫。杜云：「來寧不書，此書者，明中絶。」非也。去年傳云：「公怒止之。」「止之」者，豈絶之哉？魯人爲國諱醜，彫斲「止之」之説，以求掩其迹〔二〕。仲尼之作經，推例以知義，因文以盡情，繫而不憂亂，變而不憂惑者也。主人習其讀而不知，學者原其事而知之，此類是也。傳既不可信，注因追其妄，皆非矣。

震夷伯之廟。左氏云：「展氏有隱慝。」如此，則「夷」爲展氏之謚，非也。春秋，國史也。君前臣名，縱不可名之，猶當繫字於氏，寧有稱其謚，遂舍其族哉？經曰：「葬桓王。」不繫「周」者，王至尊也。

〔一〕「鄫」，原作「鄭」，據明抄本、四庫本、薈要本及春秋左傳正義改。
〔二〕「求」，明抄本作「救」。

又曰：「吉禘于莊公。」不繫「魯」者，君至尊也。唯此二者可以爵、謚通。其餘雖大國必繫謚於國，别内外也；雖貴臣必繫字於氏，别尊卑也。齊桓、晉文皆繫國，原仲、高子皆繫氏，臣無舉謚於君側者也。君之謚通於國，臣之謚通於家。魯非夷伯之國，夷伯非魯國之君，春秋非展氏之私譜，仲尼非展氏之家臣。如欲記夷伯之事，應舉其氏而繫字焉，不應直著謚去族，以侵亂至尊之名稱也。

戰于韓，獲晉侯。杜云：「得大夫曰『獲』。貶晉侯，故下從衆臣之例，而不言『以歸』。」非也。「獲」者，獲得之也。「以歸」者，非獲得之也。觀文自了矣。「以歸」何可以「獲」言之？「獲」何可以「以歸」言之？大凡君死其位曰「滅」，生得曰「獲」；大夫生死皆曰「獲」。此所以異君臣之詞也，不限獲於臣也。杜氏又云：「不書敗績，晉師不大崩。」亦非也。君將，不言帥師者，君重於師也；君傷，不言師敗績者，亦君重於師也；君獲，不言師敗績者，亦君重於師也。此三者異文同義。杜氏信其一，不信其二，亦不知類矣。且傳曰「三敗及韓」，又曰「寇深矣」，庸非大崩乎？

十六年，公子季友卒。杜云：「稱字者，貴之。」非也。前此公子友見經者多矣，何不悉貴乎？春秋褒貶各以其事，故獲莒挐雖有功，猶不稱字。季子來歸，以知權見褒。其餘無稱字者，死何獨貴乎？若以賢故當貴之，則仲遂又何賢矣而貴之乎？若以謂時君賢之，故史字之，按：公子彄卒，隱公曰「叔父有憾於寡人，寡人不敢忘」，葬之加一等，是隱公賢彄也，何以不字之乎？季文子卒，大夫入斂，公在位，宰庀家器爲葬備。無衣帛之妾，無食粟之馬，無藏金玉，無重器備，君子是以知季文子之忠於公室也，最賢矣，亦何以不字之乎？

十七年，夏，滅項。左氏曰：「淮之會，公有諸侯之事，未歸，而取項。齊人以爲討，而止公。」按：此自相伐也。去年十二月，會于淮，傳曰：「城鄫，役人病。有夜登丘而呼曰：『齊有亂！』不果城而還。」則是諸侯之事已畢矣，諸侯已歸矣。滅項在今年夏，何故云「有諸侯之事未歸」乎？即此傳是，彼言「不果城而還」非也；即彼傳是，此言「有諸侯之事未歸」非也。然則公自會還過項，因而擊取之事定乃還也。春秋諱其惡，故滅不言公，非不言滅矣〔一〕。

十八年，邢人、狄人伐衛。杜云：「狄稱人者，史異詞，傳無義例。」非也。自是傳無義爾，何足爲史異詞乎？

十九年，宋人執滕子嬰齊。杜云：「稱人執者，宋以罪及民告。」非也。宋爲無道，誣人之君以告諸侯，而春秋不爲辨，則是春秋同其惡也。若苟赴者而書之，不擇真僞焉，又何以爲孔子？又曰：「傳例不以名爲義，書名及不書名皆從赴。」亦非也。自是「傳例不以名爲義」爾，何足謂「書名、不書名皆從赴」乎？按：「穀伯綏來朝，鄧侯吾離來朝」，傳曰：「名，賤之也。」「衛侯燬滅邢」，傳曰：「同姓故名。」尋此二

〔一〕「非」，原作「至」，據明抄本、四庫本、薈要本改。

者，傳亦以名爲義也。記事駁雜，是非混淆，例不能推，此傳之大病。所以自伐賊其學，其本在不受經於仲尼也。學者因謂傳不以名爲義矣，不亦妄乎？

鄫子會盟于邾。己酉，邾人執鄫子，用之。左氏曰：「宋公使邾文公用鄫子于次睢之社。」此大妄也。六月會于曹南，此自一會。是時雖有邾人，即非邾子。今此會盟于邾者，詳驗經文，是邾國自爲盟會，鄫子往參之，因見執耳，非復會向者曹南之盟也。若即會向者曹南之盟，應但云「如會」，實未嘗盟，何得言「會盟」邪？又宋爲伯主，而使邾子用鄫之君，罪乃在宋，不在邾也。杜氏以爲「不書『宋使邾』者，南面之君，善惡自專，不得託之他命」，非也。「季姬使鄫子來朝」，鄫子亦南面之君，春秋著季姬使之者，兩見其惡也。今春秋亦宋公使邾人執鄫子用之，亦兩見其惡，豈不可乎？以此推之，知宋公未嘗使邾人執鄫子也。若實宋公使邾人執鄫子者，理無不書宋公也。若宋公使邾人執鄫子，而春秋越宋理邾者，是爲首惡者不誅而脅從者見討也。夫邾之於宋可謂脅從矣，宋能執人之君而用之，其暴强孰甚焉？邾，微國也，不得不畏而從之。即有不畏不從者，宋能用鄫之君〔一〕，獨不能用邾之君乎？以是觀焉，邾乃所謂脅從也。夫脅從者坐應輕，不得反重而代宋受惡也。春秋原心定罪，豈其若是哉？吾固曰宋不使邾用鄫子也。杜氏又云：「稱人執者，宋以罪及民告。」吾向者既言之矣。

〔一〕「能」上，明抄本有「猶」字。

二十一年，楚人使宜申來獻捷。杜氏云：「不言宋捷者，從可知。」非也。齊侯伐山戎，後來獻捷，閒亦無戰事，則曷爲不從可知，而復云「戎捷」乎？又曰：「不稱楚子，使來不稱君命行禮。」亦非也。若不稱君命，則賓主如何爲詞？楚人者，即楚子爾。稱使者，即君使臣爾。若本不稱君命，當曰「楚宜申來獻捷」而已，不當復加「楚人使」也。加「楚人使」，爲楚子明，豈不稱君命者乎？

傳曰：「邾人滅須句，須句子來奔。」若然，經何以不書邪？杜氏曰：「須句雖別國，而削弱不能自通，爲魯私屬，若顓臾之比，謂之社稷之臣，故滅、奔及反其君，皆不備書。」非也。顓臾雖謂之社稷之臣，然受王命爲魯附庸，自不得見經爾。須句非附庸，又傳曰「實司太皞與有濟之祀，以服事諸夏」，非魯私屬明矣。假令爲魯私屬，亦不得稱「來奔」。奔者，皆列國也。今傳稱「須句子來奔」，是非私屬也。且魯亡其私屬，則自宜救之，又何待成風爲之言哉？成風爲之言，是又見非魯私屬也。須句非魯私屬，其國滅，其君來奔，經不宜不書也。以經不書，知無有此事也。然則是須句前滅於邾，其國爲邑矣。其民不服，故魯人往伐取之爾，無他也。

二十二年，公伐邾，取須句。左氏曰：「反其君焉。」非也。若誠有之，經何以不書哉？得國而反其君，義事也，齊桓、晉文所難也。今而不書，是不將順其美乎？

及邾人戰於升陘。杜云：「邾人獲公冑，懸之魚門，故深恥之，不言師敗績。」非也。如杜所說，苟不深恥則不諱敗矣。所以深恥者，以公喪胄，危辱切近也。然則乾時之戰，公喪戎路，左右皆止，反獨不恥而書敗績，何哉？喪胄之辱，孰與喪路之深？升陘之恥，孰與乾時見逼脅之急？是大不然者也。

宋師敗績。按傳：「宋公傷股，門官殲焉。」然則當書「宋公敗績」，不當云「宋師」也。成十六年楚子敗績，杜云：「楚師未大崩，以楚子傷目而退，故曰楚子敗績。」若是則楚子身敗，楚師不敗，猶曰「楚子敗績」。今宋公身敗，宋師又敗，何以但記「宋師敗績」邪？即以謂楚師不敗，楚子身敗，得言「楚子敗績」；宋師既敗，宋公亦敗，不得言「宋公敗績」者。按傳例，大崩曰「敗績」。楚子雖傷，實非大崩。大崩者，師衆之稱，不得施於楚子之身。今施於楚子之身者，明是乃楚衆敗也。且楚師豈非大崩者乎？其言曰「敗者壹大」，又曰「薄於險」，又曰「覆師徒」，又曰「臣之卒實奔」，微大崩也，胡以當之？然則宋、楚大崩類也，宋、楚之傷亦類也，一言師敗，一言君敗，其不類何也？妄謂君敗師不敗，是反於傳而謬於經。經之言「敗績」，乃大崩也。若謂君敗師不敗者，是未嘗大崩，豈得云「敗績」哉？

二十三年，杞子卒。左氏云：「杞，夷也。」杜云：「仲尼以文貶之[二]。」非也。仲尼作春秋，雖以文褒貶乎，猶不擅進退諸侯也。諸侯之惡，有甚於杞者，仲尼無所貶，蓋不以匹夫侵天子之事，豈若是顯之，亂名實哉？

[二] 「貶」，明抄本作「賤」。按：春秋左傳正義作「貶」。

二十五年，衛侯燬滅邢。左氏曰：「同姓也，故名。」非也。晉滅虢，又滅虞，齊滅紀，楚滅夔，皆同姓也，何以皆不名邪？

公會衛子、莒慶，盟于洮。杜云：「衛文公既葬，成公不稱爵者，述父之志，降名從未成君，故書子以善之。」非也。諸侯逾年即位，即位稱君，未即位不稱君〔一〕，此乃常禮。以年爲限，不以葬爲限。若即以葬爲限，葬畢可以稱君，何待明年乃改元邪？春秋之時，禮法放絶，見諸侯葬畢輒稱君，因謂禮矣。此衰世習俗之敝，何足據邪？如杜所言〔二〕，天子、諸侯喪制皆若此，非古法也，吾向者既言之矣。

二十六年〔三〕，楚人滅夔。杜云：「夔有不祀之罪，故不譏楚滅同姓。」非也。夔雖有罪，楚亦非得專滅也。如此，是征伐自諸侯出乃可矣。且楚乃使人滅夔，勢不得比衛侯。「衛侯燬滅邢」，此親之之文也。且夔不祀祝融、鬻熊，禮也，非所以爲罪也。衛祖康叔，不敢祀后稷；魯祖周公，不敢祀公劉。祝融猶后稷，鬻熊猶公劉矣，寧可復責此二國邪？

二十七年，楚人、陳侯、蔡侯、鄭伯、許男圍宋。杜云：「子玉也。書人者，恥不得志，以微

〔一〕「未」，原作「不」，據明抄本改。
〔二〕「如」，原作「諸」，據明抄本改。
〔三〕「六」，原作「四」，據明抄本及春秋左傳正義改。按：楚人滅夔，事在僖公二十六年。

者告。」非也。傳云：「楚子及諸侯圍宋。」此則非子玉矣。杜又云：「楚人序上者，主兵故。」亦非也。趙盾主兵，序諸侯下。凡云主兵序上者，皆謂班列同者爾〔一〕。如侯伯與大夫，其尊卑不嫌，雖伯主之卿，猶序君下也。又按經：「公會諸侯，盟于宋。」若楚人非楚子者，應如扈之盟，書云「公會諸侯、楚大夫」乃可矣。

二十八年，晉侯侵曹。晉侯伐衛。杜云：「再舉『晉侯』者，曹、衛兩來告。」非也。使晉人又自來告者，寧可復書「晉侯侵曹、伐衛」乎？

公子買戍衛，不卒戍，刺之。左氏曰：「公懼於晉，殺子叢以說焉。」然則魯公妄以罪惡誣殺買耳，非買之實不戍也，則春秋曷爲遂從其誣辭，真以不卒戍罪買哉？疑買見機設權，不卒戍事，而公貪與楚歡，遂以不卒戍罪買，不復計其有權也。按此經，殺公子買畢，楚人乃救衛。而傳云：「楚人救衛，不克。公乃殺子叢。」與經相背也。其言詎可盡信哉？

及楚人戰。杜云：「楚子玉恥敗，告文略，故稱人。」非也。赴告者豈有常哉？或以白爲黑，曲爲直，寧可亦不正邪？又此下有「楚殺其大夫得臣」，此必楚人來告其敗軍違命也。尚告子玉之罪，豈諱子玉之敗乎？足知子玉稱人，非從赴而已。

〔一〕「班」字原無，據明抄本補。

盟于踐土。左氏曰：「王子虎盟諸侯于王庭。」今按：經無王子虎，如左氏之説，則爲天子已在是也，諸侯應先朝後盟。今按：盟訖，公乃朝于王所。用此推之，必知盟時王未來也。若盟時王已來者，諸侯豈得先盟後朝哉？其所言「作王宫」及王子虎要言之事皆虚也。

衛侯鄭自楚復歸于衛。左氏曰：「晉人復衛侯。」然則於例爲諸侯納之也，當曰「歸」，不當曰「復歸」。書「復歸」，是衛人復之，非晉人也。杜氏以謂：「晉人感叔武之賢，故復衛侯。衛侯之復，由於叔武，故以國逆爲文。」然則蔡季自陳歸于蔡，由蔡人召之，傳有明文，何故不曰「入」，而從諸侯納之之例書「歸」也？晉人感叔武之賢而復衛侯，有以異於陳人順蔡人之召而納季乎？書蔡季則遺其本意，書衛侯則探其本情，又未必與傳合也。傳無「晉人感叔武」之語，杜氏何由知之乎？然則傳與注皆謬亂，不足以解經。

元咺出奔晉。左氏曰：「叔武聞君至，喜，捉髪走出，前驅射而殺之。公知其無罪也，枕之股而哭之。歂犬走出，公使殺之。元咺出奔晉。」非也。如傳此言，殺叔武者，衛侯爲不知情，又以爲叔武報殺其讎，又親枕之股而哭之，兄弟之恩篤矣，元咺何緣奔晉愬其殺弟乎？假令咺欲誣其君，至其訟也，咺當不勝，衛侯何故反不勝乎？假令咺爲人矯虔强辯，足以飾非，晉人豈不知其嘗爲叔武殺歂犬乎？用此推之，衛侯真殺叔武者也。故元咺往愬于晉矣，故衛侯與之訟而不勝矣。不然，則咺無義以愬其君；就令愬之，必無説以勝其君，不亦顯然乎？

天王狩于河陽。左氏曰：「晉侯召王，且使王狩。仲尼曰：『以臣召君，不可以訓。』故書曰：『天王狩于河陽。』」吾謂左氏迷惑此説，心未能了。何者？本但晉侯召王，自嫌不順，故使王狩以匿其罪耳。狩不當書，今故書者，所以起狩爲晉侯召也，其義已足。而左氏既云「晉侯使王狩」矣，又云仲尼爲其不可以訓，故書「狩」。即實使王狩，非仲尼故書也；即實仲尼書之，非使王狩也。其言首尾相反，由迷惑故也。又曰：「言非其地，且明德也。」亦非也。晉文召王，意在尊周，其禮雖悖，其情甚順，仲尼原心定罪，故寬其法耳，亦何德之明？然則左氏固暗于王道，而非仲尼之徒者邪？吾聞仲尼之徒乃恥言五伯。

元咺復歸于衛。杜云：「從國逆例者，明衛侯無道於民，國人與元咺。」非也。假令國人與元咺，實非國逆，從諸侯納之例自足，何强變易彼此哉？且左氏本設此納入例者〔一〕，非爲褒貶也，乃以存事實也。今更棄事實〔二〕，横就褒貶，誰能知之哉？

二十九年，春，介葛盧來。按：隱元年傳，改葬惠公，衛侯來會葬，不見公，故不書。然則葛盧來亦不見公〔三〕，何以反書邪？杜云：「雖不見公，國賓禮之，故書也。」然則當隱元年，衛侯來會葬，都不賓禮

〔一〕「設」，原作「説」，據明抄本、四庫本、薈要本改。
〔二〕「棄」字原無，據明抄本補。
〔三〕「葛」上，明抄本有「此」字。

之邪？所謂賓禮之者，即傳所云「餼之芻米」者也。方衛侯之會葬也，魯之臣子曾不誰何聽其所爲乎？如是何謂「會葬」矣？吾以此推之[一]，隱元年之説妄也，非實事也。

會王人、晉人、宋人、齊人、陳人、蔡人、秦人，盟于翟泉。左氏曰：「公會王子虎。卿不書，罪之也。」非也。若公不應會王大夫，爲之諱者，沒公可矣，乃貶王大夫，使從人稱，何哉？且是會也，必王子虎受王命而盟矣。是則非魯侯所能制，魯侯能身從之，方存乎見褒，又曷爲諱貶？

三十年，衛殺其大夫元咺及公子瑕。左氏云：「元咺立公子瑕。」然則瑕已爲君，當與衛剽同，不當冠「公子」而名之也。即以謂國人不與、諸侯不助者，當與陳佗同，不當仍冠「公子」也。瑕冠「公子」，此其不君明矣。假令元咺實立瑕者，猶當書云「衛殺其公子瑕及其大夫元咺」。元咺以瑕爲君，瑕以元咺爲臣，正其君臣，則非罪惡明矣，無爲先咺以及瑕也。衛剽稱侯，陳佗不氏，皆出左氏義，何忽至此而迷亂其説哉？

衛侯鄭歸于衛。杜氏云：「魯爲之請，故從諸侯納之例。」今按傳文，魯但能請免衛侯於獄，而周歂、冶廑逆衛侯歸耳，遂從諸侯納例，與傳不合，傳又與其例不合。要之，左氏「歸」、「入」之例蓋不可通。其幸而合則説曰「例如此」，其有不合則説曰「從某例」[二]。假令本書「衛侯鄭入于衛」，吾知杜氏必曰「周、冶納

[一]「吾」，明抄本作「若」。
[二]「某」，原作「其」，據明抄本改。

之，故書入」矣。苟以是推之，則何不可通哉？「衛侯衎復歸于衛」，事又與此相類。彼言「復歸」，此獨言「歸」，了不可知也。

公子遂如京師，遂如晉。杜氏云：「公既命襄仲聘周，又令自周聘晉。」非也。凡言「遂」者，皆大夫生事專命耳〔一〕，非素受命者也。即以「遂」爲受命之辭者，公子結亦爲受命行，非權事也。一以爲權，一以爲非權，何哉？

三十一年，取濟西田。左氏曰：「使臧文仲往。」非也。若實臧文仲往，不應不書。注謂「文仲但請田，非聘饗會同，故不書」，亦非也。告糴、乞師、弔葬、致女皆書。不獨彼四事書，請田非常，自應書。又，叔孫豹、鄫世子巫如晉亦書，即請田之比也。禮曰：「卿非君命不越境，越境則書之。」何限請田獨不書哉？明此請田者，即去年公子遂，非臧文仲也。遂既聘周，聞晉人頒諸侯之田，因便宜聘晉，以故得濟西田也。魯人憎遂而好臧文仲，推遂之美附著臧氏，左丘明承虛記之爾；不然，經無緣不言臧孫辰如晉也。又曰：「分曹地自洮以南，東傅于濟。」若然，當謂之「取曹田自濟水」，不得云「取濟西田」而已。

四卜郊，不從，乃免牲。左氏曰：「非禮也。禮不卜常祀，而卜其牲日。」按：如此說是也。所謂

〔一〕「命」，明抄本作「行」。按：除此處外，權衡「專命」凡九見，「專行」凡二見。

「不從」者，即謂日不吉耳。不吉則不敢郊〔二〕，故免牲也。又曰：「牛卜日曰牲。牲成而卜郊，上怠慢也。」非也。繫者即牲，牲之名久矣，豈必卜日哉？且魯人亦必不先卜牲日而後卜郊。卜郊者，卜其日吉否也，非卜其郊可否也。左氏疑魯之卜卜郊可否也，是以誤之爾。

三十三年，晉人及姜戎敗秦師于殽。杜云：「晉諱背喪用兵，以微者告。」非也。若亂常廢禮而諱可以免，則春秋褒貶安所施哉？又曰：「晉人角之，諸戎犄之，不同陳，故言『及』。」亦非也。戎子駒支雖爲此語，正以捕鹿爲譬耳，非必異地而戰也。且凡戰者，豈嘗同陳乎？成十六年「戰于鄢」，傳曰「鄭陳而不整」，是異也。然而經書「楚子、鄭伯」，不加「及」，以絶也。

晉人敗狄于箕。左氏曰：「晉侯敗狄于箕。」又曰：「先軫入狄師，死焉。」然則敗狄者，晉侯、先軫也，其曰「人」何邪？杜氏曰：「郤缺稱人者，未爲卿。」杜之此言據傳有「郤缺獲白狄子」耳。按：經不言「白狄」，又不言「獲狄子」也。傳既與經違，注又與傳違。經但云「狄」，傳云「白狄」；經但云「敗」，傳云「獲其君」；傳謂襄公、先軫親之，注乃引郤缺而已，皆二三不可曉者也。

傳曰：「葬僖公，緩作主，非禮也。」杜氏讀「緩」字以上爲一句，「作」字下爲一句，非也。僖公以十二月薨，以明年四月葬，凡五月也，不得云「緩」。杜氏本欲遷僖公之薨在十一月，僖公之薨在十一月，則除喪

〔二〕「則」，明抄本作「故」。

在文二年十一月，因以文納幣爲十二月。文納幣爲十二月，則與傳合矣，而不顧理乖也。傳云「葬僖公緩作主」者，「緩」以下乃當爲一句，言葬僖公而作主緩，即文二年經書「作僖公主」是也。今欲屬「緩」於葬僖公，以明僖公爲十一月薨，獨不顧「作主非禮也」之語無所繫，是傳譏葬緩，又譏不當作主乎？苟欲遂己之說，黨其所附，不求於道〔二〕，真可怪也哉！

〔二〕「於」，原闕，據四庫本、薈要本補。明抄本作「之」。

春秋權衡卷第五　左氏第五

文公

元年，公即位。杜氏曰：「先君未葬而公即位，不可曠年無君。」然則稱「公」者，固以年爲限，不以葬爲限審矣，何獨至於他國則云以葬爲限乎？

天王使毛伯來錫公命。杜氏云：「諸侯即位，天子賜以命圭合瑞爲信。」然則杜氏謂「禮然也」〔一〕。非也。諸侯喪畢，以士服見于王，王乃於廟命之。古者五十而命，至周喪畢則命矣。喪未畢而命，非禮也。

晉侯伐衛。按傳，實伐衛者，先且居也。衛人伐晉。按傳，實伐晉者，孔達也。杜氏曰：「先且居

〔一〕「謂」，原作「爲」，據明抄本改。

而稱晉侯者，從告辭也。孔達而稱衛人者〔一〕，貶之也。」安知「衛人」非當時之告乎？一則云「告」，一則云「貶」，苟便其説而已，何經之有？

公孫敖如齊。左氏曰：「始聘焉，禮也。」杜云：「明諸侯諒闇，則國事皆用吉禮。」皆非也。左氏見時諸侯廢喪而聘，故推以爲禮；杜氏見左氏有得禮之言，遂推以爲當喪而吉。皆反經越禮，不可以教後世者也。此又明丘明不聞道於仲尼矣。仲尼不云乎：「三年之喪，自天子達。」

傳曰：「晉師獲衛孫昭子。衛人使告于陳。陳共公曰：『更伐之，我辭之。』衛孔達帥師伐晉。君子以爲古。古者越國而謀。」非也。古者雖越國而謀，所謀者必義事也。今陳與衛何謀哉？謀畔命侵小者也。謀畔命侵小，是非古矣，何以謂之古？

二年，及晉處父盟。杜云：「處父不能匡君以禮，而親與公盟，故貶其族。」非也。既沒公如晉，又沒公於盟，諱義備矣。復去處父氏，反不明，豈其然乎？

晉人、宋人、陳人、鄭人伐秦。左氏曰：「卿不書，爲穆公故，尊秦也。」非也。於經何以知其非微者稱「人」乎？

〔一〕「者」字原無，據明抄本補。

公子遂如齊納幣。左氏曰：「禮也。」則是以喪娶爲禮，不亦悖乎？杜預遷僖公薨月以就傳說。然文公此年大事于太廟，則已自除喪矣。彼尚能逆祀，何故不能於此娶乎？明此傳誤，無爲歸過于經而疑之也。

四年，逆婦姜于齊。左氏曰：「卿不行，非禮也。」非也。假令卿行，獨可謂之禮乎？

五年，王使榮叔歸含且賵。王使召伯來會葬。左氏曰：「禮也。」非也。庶子爲君〔一〕，爲其母無服，不敢貳尊者也。妾母稱夫人，王不能正，而又使公卿會之葬，何禮之有？

六年，晉殺其大夫陽處父。左氏曰：「侵官也。」按左氏，此事始末罪處父，獨有稱趙宣子爲能耳。改蒐易將，凡出晉侯，何以謂處父侵官邪？人君任賢不稱，必將致敗。苟食禄者，舉當諫君〔二〕，況處父晉國太傅邪？事有不便言之宜矣〔三〕。以此爲侵官，是教大臣拱默也。左氏又曰：「陽子，成季之屬也，故黨於趙氏。」此欲致其法，必以侵官塗污處父耳。凡言黨者，謂其陰私比周，不以正舉者也。若舉不失人，亦何謂黨乎？如處父之舉趙盾，趙盾卒爲良大夫，其退賈季，賈季卒爲亂而奔，皆可謂當矣，非故有所厚薄也。春秋豈忽于此貶之邪？如使大臣見賢而舉謂之侵官，見賢而不舉乃其職矣，不亦謬乎？

〔一〕「庶」，明抄本作「妾」。
〔二〕「君」，明抄本作「爭」。
〔三〕「宜」，原闕，據明抄本補。

七年，公伐邾，取須句。左氏曰：「寘文公子焉。」非也。僖公取須句，反其君，義事也，經不褒。今文公取須句，以封叛臣，惡事也，經不貶。不唯不褒貶而已，又略無所見，豈春秋之實邪？

晉人及秦人戰于令狐。杜氏曰：「趙盾廢嫡而外求君，故貶稱『人』。晉諱背先蔑而夜薄秦師，以戰告。」按：如此説，安知稱「晉人」者，非趙盾諱無信而以微者告乎？在春秋中，杜氏所注若此者多矣，何獨至此「晉人」而謂之春秋貶乎？此乃見事在可以説之域，則説之；事在不可説之域，則不説也。智足以紿學者矣，亦何解經之有？

公會諸侯、晉大夫，盟于扈。左氏曰：「公後至，故不書所會。」非也。按經，公與盟矣，何謂後會乎？杜云：「公後其會而及其盟。」此飾非之言爾。會、盟同地，會所以爲盟也。今及其盟，不得云後會。且盟重會輕，不當獨責其輕[一]。又，已稱「公會諸侯」矣，豈不及其會者乎？若實不及其會而及其盟者，書「公及諸侯、晉大夫盟」乃可耳。左氏又曰：「凡會諸侯，不書所會，後也。」按：十五年會于扈，亦不序諸侯，寧復魯侯後會邪？未可以類推也。

徐伐莒。杜云：「不書將帥，徐夷告辭略。」非也。傳云：「徐伐莒。莒來請盟。」然則莒來告也。且

[一]「獨」，明抄本作「稱」。

徐不來告則已，苟其來告，若不稱君，必當稱將帥，豈亦自云「徐」而已乎？杜氏之意，固以謂從赴告而已。向者晉人戰于令狐，又何以云貶趙盾稱「人」哉？

八年，公子遂會雒戎，盟于暴。左氏曰：「珍之也。」言遂權與戎盟，得事之宜，故褒稱「公子」。非也。若兩稱「公子」爲褒者，僖三十年「公子遂如京師，遂如晉」則貶矣。彼不謂貶，何邪？

公孫敖如京師，不至而復。丙戌，奔莒。杜云：「不言出者，受命而出，自外行。」按：敖以乙酉出，以丙戌奔，此豈「自外行」者邪？又，「歸父還自晉，至笙〔一〕，遂奔齊」，杜云：「笙在境外，故不言出。」然則境内者當言「出」矣。敖之奔未能出境，曷爲不言「出」乎？昭十二年，公子憖及郊而奔，亦言「出」也。

宋人殺其大夫司馬。宋司城來奔。左氏云：「司馬握節以死，司城效節以出〔二〕。公以其官逆之，故皆書官。」非也。計司馬握節，未如仇牧之手劍；司城奉身以退，不及荀息之死之。而左氏推彼二人爲貶，申此兩人爲賢，輕重貿易，賞罰昏錯，莫甚于此。且身居亂兵之中，苟棄節偷生，則爲大罪。握節而死，人臣

〔一〕「笙」，原作「檉」，據四庫本、薈要本改。

〔二〕「城」，原作「成」，據明抄本、四庫本、薈要本及春秋左傳正義改。

之常耳〔二〕。既無智力以禦亂，又欲負節而私逃，亦大罪也。效節而出，自求免罪而已，未見可貴之美也。魯公庸人，不識大義，則妄以其官逆之，春秋亦何爲珍之邪？

九年，毛伯來求金。傳云：「王未葬也。」杜云：「雖逾年而未葬，故不稱王使。」非也。諸侯逾年尚稱公，王者逾年不宜反不稱王。毛伯來求金，非王命可知也。書顧命曰：「伯相命士須材。」此則冢宰當國之文矣。

二月辛丑，葬襄王。杜云：「卿共葬事，禮也。」非也。諸侯爲天子三年，禮無「使卿共葬」之文。使卿共葬，周末之陵替也〔三〕，非典之正也。

秦人來歸僖公成風之襚。杜云：「追贈僖公，并及成風。」非也。「僖公成風」即妾母繫子而言耳。諸侯無二嫡，故妾母繫子爲重，所謂「母以子貴」者也。必謂「僖公成風」二人也者，則是母序子下，亂上下之次，豈春秋之情邪？

十一年，叔孫得臣敗狄于鹹。傳以爲長狄也。按：經無「長」字，安知其是長狄哉？赤狄也，白狄也，山戎也，姜戎也，陸渾戎也，春秋書之未嘗略，何至於長狄而獨不書哉？傳又曰：「鄋瞞由是遂亡。」

〔二〕「人」，明抄本作「大」。「常」下，明抄本有「事」字。

〔三〕「陵」，原作「淩」，據四庫本、薈要本改。

杜云：「長狄之種絶。」按外傳，仲尼對吴使者云：「周爲長狄，今爲大人。」「今」即孔子時也。孔子之時，長狄更爲大人。大人、長狄一意也，不得云「亡」，不得云「絶」〔一〕。杜氏云「絶」，據何見哉？左氏云「亡」，則自相反也。

十二年，郕伯來奔。左氏曰：「郕太子以夫鍾與郕邽來奔。公以諸侯逆之。故書曰：『郕伯來奔。』不書地，尊諸侯也。」皆非也。即實郕伯來奔，又何以辨哉？且魯但以諸侯逆之，便謂之郕伯；春秋又遂沒其專土叛君之罪，反謂之諸侯而尊之，則何以稱「不登叛人」哉？意者，先郕伯以去年卒，太子即位而不能自安〔二〕，遂出奔，此乃真郕伯矣。以其即位日淺，或謂之太子，而左氏則誤以爲太子出奔也。

子叔姬卒。左氏云：「不言杞，絶也。書叔姬，言非女也。」此事當在成九年，而誤置于此，陸淳已言之矣。

秦伯使術來聘。杜氏云：「術不稱氏，史略文。」非也。内大夫不氏，或以爲貶，或以爲未賜族。未賜族者，在内猶不氏，安知此術非未賜族者，而以爲史文略也？若有以明術非未賜族者，吾聽其説；若無以明之，直妄説耳，非實論也。

〔一〕「不」上，明抄本有「亦」字。
〔二〕「即」上，明抄本有「今」字。

十四年，晉人納捷菑于邾，弗克納。左氏云：「晉趙盾以諸侯之師八百乘納捷菑。」按：如傳説，經不應但言「晉人」也。杜云：「趙盾雖有服義之善，然所興者廣，所害者衆，故貶稱人。」又安知非趙盾恥不能納，而以微者告乎？

甲申，公孫敖卒于齊。按傳例曰：「公不與小斂，則不書日。」今敖卒于齊，公之不與小斂審矣，何爲反日邪？敖本有罪出奔，幸而死得復録，公又實不與其小斂，何足謹詳其日月而書乎？

單伯如齊。左氏云：「王使單伯如齊。」非也。若單伯爲周大夫，何以明年書「單伯至自齊」乎？

十五年，宋司馬華孫來盟。左氏云：「宋華耦來盟，其官皆從。書曰『宋司馬華孫』，貴之也。」杜云：「華孫奉使鄰國，臨事制宜，至魯而復定盟，故不稱使。」皆非也。周之禮經，諸侯相聘，其使介有常數矣，不聞其官皆從以爲典也。又，宋、魯無怨，華孫無故不待君命而自來，以爲臨事制宜〔一〕，則當先有可制之事，今此安平無變，多從官屬而自尊大者也，何云「制」乎？以此爲貴，豈春秋意哉？

曹伯來朝。左氏曰：「禮也。諸侯五年再相朝，以脩王命，古之制也。」非也。按：尚書周官：「六年，五服一朝。又六年，王乃時巡。」則諸侯於天子，五年一朝矣。於天子五年一朝，不得於諸侯亦五年一朝

〔一〕「爲」，明抄本作「謂」。

也。且以春秋時事考之，曹，小國也，魯既當朝，晉亦當朝，宋、衛亦當朝，楚、鄭、秦、杞、陳、齊、蔡、滕又皆當朝，朝無已乎？其禮安在〔一〕？其制安在？周禮大行人之職曰：「凡諸侯之邦交，歲相問也，殷相聘也，世相朝也。」此爲得中焉。

齊人歸公孫敖之喪。左氏曰：「齊人送之。」非也。若實齊人送之，應曰「齊人來歸」矣。杜云：「大夫喪還不書。書者，善魯感子以赦父。」亦非也。若如杜言，但書「公孫敖之喪至自齊」以善魯可耳，今書「齊人歸公孫敖之喪」，豈善魯者乎？

諸侯盟于扈。傳曰：「無能爲也。」又曰：「凡諸侯會，公不與不書，諱君惡也。」予謂：若諱而不書與貶而不書同，則二者相亂，不復可辨矣。

十六年，公四不視朔。杜云：「十二公以疾不視朔非一也，義無所取，故特舉此以表行事，因明公之實有疾〔二〕，非詐齊。」非也。若史欲爲公解紛于齊而書此，乃可云爾已矣。今史雖書「公不視朔」，齊侯未之曾見，則其書之無以異於不書。又〔三〕，齊侯唯不信公，故不肯盟，今魯史雖書「公不視朔」，齊侯亦未肯信也。

〔一〕「在」，明抄本作「出」。
〔二〕「因」，原作「以」，據明抄本及春秋左傳正義改。
〔三〕「又」，明抄本作「之」，屬上讀。

縱史書之欲以取信齊侯爲可，仲尼亦何爲書之乎？

宋人弑其君杵臼。左氏曰：「宋昭公無道，國人奉公子鮑，因襄夫人殺之。」如傳所説，則公子鮑爲不臣，襄夫人爲不母，而宋公未有無道之實也。且公子鮑欲盜其國而先施於民，襄夫人欲通于鮑而遂殺其君，春秋宜推公子鮑使首惡，不得輕此兩人之罪，反專惡宋公也。傳曰：「君雖不君，臣不可不臣。」於此何獨異哉？晉靈公、楚靈王皆極惡而貪殘，然其弑也，春秋明書趙盾、公子比之名，何者？盾、比皆賢，賢宜責之備，以謂賢而弑君，則開篡亂之門也。今鮑私爲惠以結民情，僞爲禮以事公卿，如此而弑其君，春秋忽其罪，則亂臣賊子無所懼而勸矣。

十七年，晉人、衛人、陳人、鄭人伐宋。左氏曰：「卿不書，失其所也。」按：襄二十五年，齊崔杼弑其君光。公會晉侯、宋公、衛侯、鄭伯、曹伯、莒子、邾子、滕子、薛伯、杞伯、小邾子于夷儀，以伐齊。齊人賂晉，晉師遂解。杜云：「不譏晉受賂者，齊有喪，師自宜退也。」與此相反矣。夫宋、齊俱弑君，而一以不伐喪，雖受賂猶免於譏；一以不伐喪，雖不受賂不免于貶。是受賂者賢乎？何其頗哉！

葬我小君聲姜。傳云：「有齊難，是以緩。」今按：聲姜薨後乃無齊難，聲姜既葬而有齊師耳。且何用爲若解？

十八年，子卒。杜云：「先君既葬，不稱君者，魯人諱弑，以未成君書之。」非也。假令不諱，遂書

「公薨」乎？一年不二君之義何所施？此乃明稱君者之不以葬爲限者果矣。

莒弑其君庶其。左氏云：「莒太子僕因國人弑之。」如傳所言，則子弑其父也。父雖無道，子可弑乎？子之弑父，可匿其罪乎？宣公賴僕之賂，則欲授之邑而寵之，春秋亦豈賴僕之賂哉？曷爲蔽其惡名？曾謂仲尼不如季孫行父乎？其以君無道書，庶幾也。

宣公

元年，公子遂如齊逆女。三月，遂以夫人婦姜至自齊。左氏曰：「遂不稱族，尊夫人也。」非也。此所謂一事而再見，卒名耳。君之使臣固有稱族不稱族，史之書之所謂實録也，非尊君命夫人之謂也。且必若云，「公子結媵陳人之婦，遂及齊侯、宋公盟」，此權事而非受命者也。非受命何以亦稱族邪？豈尊以爲君命哉？豹、婼、意如其往也氏，其至也皆不氏，無有夫人居閒也，何以亦舍族邪？豈尊以敵夫人哉？杜云：「不稱『姜氏』，史闕文。」亦非也。寧知莊元年不稱「姜氏」非闕文者乎？以莊元年推之，寧知闕文非仲尼意乎？

二年，趙盾弑其君夷皐。左氏敘孔子之言曰：「惜也，越竟乃免。」非也。君臣之際，當以義爲斷。

使盾遂去晉國，雖未越竟，不能討賊，非其責也。今盾還爲大夫，雖已越竟〔一〕，苟不能討賊，此則罪矣。然則盾之免與不免，在乎討與不討，而不在越與不越也。杜云：「越竟則君臣義絶，可以不討賊。」如杜此言，於左氏之説未能自合，何也〔二〕？哀八年，公山不狃曰：「君子違，不適讎國。未臣而有伐之，奔命焉，死之可也。」安在越竟則君臣之義絶乎？吾以爲此非仲尼之言。

七年，公會齊侯伐萊。左氏曰：「凡師出，與謀曰『及』，不與謀曰『會』。」非也。古者行師，初無奇術秘策以紿人者也〔三〕，諸侯相率而討罪伐畔，則是與謀已焉。有連兵合衆、人君親將，而曰「不與謀」者哉？且用左氏考之，凡先謀而後伐者稱「會」多矣，不必云「及」也。此其自相反者，吾既言之矣。

八年，仲遂卒于垂。杜云：「稱字，時君所嘉。」非也。春秋之作，褒貶出于仲尼，故曰「其義則丘竊取之」，未有窺時君之意以爲上下也。如春秋之作，褒貶無所在，苟唯時君所悦而已矣，又何以爲仲尼？

九年，取根牟。左氏曰：「言易也。」非也。根牟雖小，不以兵革不能取也。能取其國，何謂易乎？不分别國、邑、「取」、「滅」之名，而苟記其難易而已，豈春秋意哉？

〔一〕「已」，原作「以」，據明抄本改。
〔二〕「何」，明抄本作「例」。
〔三〕「初」，原作「非」，據明抄本改。

十年，崔氏出奔衛。左氏云：「書曰『崔氏』，非其罪也，且告以族，不以名。」非也。齊雖告以族，春秋固當正之。若曰崔杼無罪，又舉族出奔，故春秋因舊史而書之，則欒盈亦無罪，亦舉族出奔，何以不曰「欒氏出奔」邪？且春秋所記，大事而已，故使舉上介，戰舉元帥，雖有衆大夫不與焉者，略所微也，今何爲區區崔氏之族邪？

天王使王季子來聘。杜云：「季子，字也。」非也。審季子爲王之母弟字季子者，宜若叔服稱「季子」而已。即欲分别其爲王母弟者，宜冠「弟」于字，不當冠「王」也。「王」者尊稱，非所以冠大夫之字也。冠大夫者稱「王子」、「王孫」，以屬爲重，不以王爲貴。去屬而著「王」，是季子王也。妨於文而害于實，不可爲教矣。

十一年，晉侯會狄於欑函。杜云：「晉侯往會之，故以狄爲主。」非也。文不可得言「晉侯、狄會于欑函」，故云「會狄」耳，譬如曰「公會戎于潛」，尚何可疑哉？而以謂使狄爲主也？即以此爲使狄爲主者，「公會戎于潛」，亦使戎爲主乎？

十二年，晉荀林父帥師及楚子戰于邲，晉師敗績。按經文，晉、楚爲成列而戰者也。今左氏以謂晉人自使軘車逆趙旃，而楚人疑以爲晉師且至，遂車馳卒奔而乘晉軍。晉中軍桓子不知所爲，士爭渡河，而遂大敗耳。若此，則晉軍未嘗成列，何以得書「戰」邪？杜氏雖云「晉上軍成陳，故得書『戰』」，按傳文所敘，無上軍成陳之事，惟云「使師七覆于敖前」，又云「晉師右移，上軍未動」，是則上軍深溝高壘，備不虞耳，蓋未嘗出陳也。且經云：「荀林父及楚子戰。」若緣上軍不動，故得稱「戰」，則經又不應指言荀林父也。荀林父實不戰，隨會自戰，戰之事當舉隨會，不當舉荀林父也。今經稱「荀林父及楚子戰」，若林父之師初不成陳，何得書「戰」乎？又，長勺之役，齊、魯成列，唯以魯侯鼓之差後，左氏謂春秋惡其譎，譏〔二〕，不以偏戰爲文。今此楚師乃出不意以乘晉師，其譎甚矣，反謂之「戰」，何邪？

晉人、宋人、衛人、曹人同盟于清丘。左氏曰：「卿不書，不實其言也。」予謂：春秋之世，不實其言者衆矣，奚獨此邪？設本微者〔三〕，又何以辨之？且華椒無惡，不宜被貶。杜氏云「華椒承羣僞之言，以誤其國」，故亦不免于譏。予以謂凡盟誓者，所以結信也，寧能早知彼將背之乎？背盟者自當貶爾，守盟者亦何貶乎？

十三年，楚子伐宋。左氏曰：「清丘之盟，唯宋可以免焉。」然則十二年不當貶華椒稱人也，以謂「不實其言」，又曰「唯宋可以免」，自相伐矣。

十五年，宋人及楚人平。杜氏曰：「平者，總言二國和，故不書其人。」非也。凡平者，舉國而已。

〔二〕「譎」上，明抄本闕。「譏」，明抄本無此字。「譎譏」，乙卯本作「幾譎」。
〔三〕「設」，原作「説」，據明抄本、四庫本、薈要本改。

「公及齊侯平莒及郯」，又曰「曁齊平」，又曰「及鄭平」，無稱「人」者。今此獨稱「人」，是書其人矣，固當解書其人之意，不得反謂之「不書其人」也。若「平莒及郯」、「曁齊平」、「及鄭平」，此三者乃可云「不書其人」耳。

蝝生。左氏云：「幸之也。」杜云：「幸其冬生，不爲物害。」若然，則有蜚不爲災，亦何不幸而書之乎？且經之書之，固爲其害也，而傳以爲不害；所以爲害者，固爲其生也，而注以爲死矣，是何其戾也！

十七年，公弟叔肸卒。傳曰：「凡太子之母弟，公在曰『公子』，不在曰『弟』。」如傳此言者，是謂母弟稱「弟」也。母弟稱「弟」，「公子友如陳」，不稱弟何邪？

成公

元年，作丘甲。杜云：「長轂一乘，戎馬四匹，牛十二頭，甲士三人，步卒七十二人，此甸所賦，而魯今使丘出之。」予謂：丘者十六井爾，甸乃六十四井，使丘供甸賦，是加四倍之斂，魯亦必不爲也；且經當云「丘乘」，不當云「丘甲」。

二年，季孫行父、臧孫許、叔孫僑如、公孫嬰齊會晉郤克、衛孫良夫、曹公子首及齊侯戰于鞌。杜云：「魯乞師於晉，而不以與謀之例者，從盟主之令，上行於下，非匹敵和成之類。」非也。魯雖從伯主之命，其實與謀矣。且本殊「會」、「及」者，非爲襃貶，正爲與謀不與謀耳〔二〕。今真與謀者，又以不與謀書之，誰能辨哉〔三〕？「宋公使邾人用鄫子」，左氏以謂「南面之君，善惡自專」，故不貶宋公也。晉雖盟主，然魯亦其等儕耳，以與謀書之，尚何不宜，而必推而遠之乎？「臧孫辰如楚乞師」，此内接外之辭也；「晉郤錡來乞師」，此外接内之辭也。聖人作春秋，無不輕外而重内；至於乞師，則内外同之者，以兵爲重也。伯主之尊，猶以「乞師」爲文，則其記師行與謀曰「及」，何足多嫌哉？

六年，立武宮。左氏曰：「聽於人以救其難，不可以立武。立武由己，非由人也。」然則丘明以武宮爲武軍矣。杜氏知其謬妄，因護曰：「既立武軍，又作先君武公之宮。」然傳無「先君武公」之語。要之，二説者皆非是。左氏欲解經，誤以武宮爲武軍；杜氏欲解傳，遂取武軍爲武宮，此難以通者也。

傳曰：「晉遷于新田。」又曰：「季孫如晉賀遷。」然則晉之遷也，必告于魯，魯則往賀矣。使晉不告魯，魯安得而賀之？今晉告遷而經不書，何邪？衛遷于帝丘，蔡遷于州來，魯無賀者，猶書于策。晉爲盟主，魯所服事，遷國而賀，何以不書也？意者晉實無遷事乎？

〔二〕「爲」，原作「謂」，據明抄本改。

〔三〕「哉」上，明抄本有「之」字。

八年，宋公使公孫壽來納幣。左氏曰：「禮也。」予謂：若誠禮者，常事耳，春秋何書乎？

晉殺其大夫趙同、趙括。左氏曰：「趙莊姬譖之。」杜云：「原、屏，咎之徒。明本不以德義自居，宜其見討。」予謂：春秋，聖人所作也，褒貶進退不宜不明，浸潤之譖，膚受之愬，不行焉，乃所謂明矣。今二子者既已罹於讒佞之口，而春秋又不察焉。苟縱莊姬之賊，橫被原、屏之咎，詩云「取彼譖人，投畀豺虎」，曷其然哉？

天子使召伯來賜公命〔一〕。杜云：「諸侯即位，天子賜之命圭。八年乃來，緩也。」非也。諸侯喪畢，以士服見王，乃受命於廟耳。不親受命，諸侯之汰也。賜以命圭，天子之弱也。即欲責其緩者，當責諸侯之不往，不當責王賜之晚來也。且此又非錫命〔二〕。按：桓公、文公皆稱「天王」「錫命」，唯此言「天子」，又言「賜命」，聖人以一字爲褒貶者也，其必異物矣。不原其異而以謂通耳，若是其汰哉？我則不敢。

衛人來媵。左氏曰：「凡諸侯嫁女，同姓媵之，異姓則否。」非也。諸侯三歸，歸各一族，自同姓耳。若嬴、曹、郲姓。媯、弋之君，嫁女者必同姓媵之，則諸侯之媵或不能備矣。天子之妃百二十，又可一姓乎？

九年，二月，伯姬歸于宋。杜云：「宋不使卿逆，非禮也。」非也。凡春秋諸侯逆女而不書者，君

〔一〕「賜」，原作「錫」，據明抄本及下文改。

〔二〕「錫」，原作「賜」，據明抄本及下文改。

自逆也。君自逆則常，常則不書矣。「王姬歸于齊」，齊侯實來而不見于經，是其明驗也，豈以卿逆爲禮乎？

十年，公會晉侯、齊侯、宋公、衛侯、曹伯伐鄭。左氏曰：「晉侯有疾，立太子州蒲以爲君而會諸侯。」予謂：今按經但言「晉侯」也，無以明其是州蒲。若欲貶晉，書其名乃明耳〔二〕。此大事也，仲尼豈忘之哉？

傳曰：「鄭伯討立君者，殺叔申、叔禽。君子曰：『忠爲令德，非其人猶不可，況不令乎？』」予謂君子之言陋矣。叔申豈能忠者哉？君執而立其子，反使晉人得緣其隙以殘其國。爲叔申謀者，不若謹脩守備，而和其民人，以義讓晉，使曲在彼，諸侯之好我者莫不動心，則君必歸矣。若是，奚有殺身之禍歟？

十一年，晉侯使郤犨來聘。己丑，及郤犨盟。左氏曰：「郤犨來聘，且涖盟。」季孫行父如晉。左氏曰：「報聘，且涖盟。」然則經何以不云「涖盟」邪？杜云：「郤犨、文子交盟，晉、魯之君，其意一也。故但書來盟，舉重略輕。」不識聘禮重邪？盟禮重邪？若聘禮重，盟禮輕，略盟可也，向者郤犨之盟又何故不略乎？若盟禮重，聘禮輕，是不得略盟矣。若盟與聘均重，書「如晉涖盟〔三〕」豈不明白哉？

十二年，公會晉侯、衛侯于瑣澤。左氏曰：「宋華元克合晉、楚之成。鄭伯如晉聽成，會于瑣澤，

〔二〕「書」字原無，據明抄本補。
〔三〕「盟」字原無，據明抄本補。

成故也。」然則瑣澤之會，本以合楚、鄭也。今楚、鄭不至，魯、衛自盟，何邪？且合晉、楚者，宋也，宋亦不與，又何邪？凡晉、楚爲平，則應大合諸侯，以申成好。今三國會而已，又何邪？然則傳之言未足信也。

十三年，公自京師，遂會晉侯伐秦。左氏亦有劉康公、成肅公，而經不書。又云：「戰于麻隧。秦師敗績。」而經不說。皆虚也〔二〕。

〔二〕「皆」上，明抄本有「然則」二字。

春秋權衡卷第六　左氏第六

十四年，叔孫僑如如齊逆女。九月，僑如以夫人婦姜氏至自齊。左氏曰：「稱族，尊君命也。舍族，尊夫人也。」非也。一事而再見者卒名之，此春秋之常耳，非爲尊君命故舉氏，尊夫人故舍族也。杜云〔一〕：「成公逆夫人，最爲得禮。」亦非也。諸侯親迎，今成公使卿，豈曰禮乎？且使得禮，則應不書，書者，以其非常者也。

十五年，晉侯執曹伯，歸于京師。左氏云：「書『晉侯執曹伯』，不及其民也。凡君不道于民，諸侯討而執之，則曰『某人執某侯』，不然則否。」非也。負芻殺太子而篡之，國人不義，舉欲隨公子欣時而亡，此非不道而何？且大者天地，其次君臣，有人殺其君，反輕於不道其民乎？有忍其君而非不道其民乎？夫負芻之惡未見於經也，晉侯執之，然後可見其罪。今以左氏例推之，則負芻非不道其民〔二〕，而晉侯妄執之爾，豈

〔一〕「云」，原作「氏」，據明抄本改。
〔二〕「其」，明抄本作「於」。

其然邪？

宋華元自晉歸于宋。杜云：「華元欲挾晉以自重，故以外納告。」非也。如左氏之説，則魚石止華元耳。大凡奔者在外，而内無形援〔一〕，則有挾大國之勢以重其身，求入而已。今華元内有魚石之援，則不待挾晉以爲勢而自入也，尚何求而挾晉哉？杜氏嫌傳與經牾〔二〕，故左右遷就以成其説，此可謂信傳，未可謂通經也。

宋殺其大夫山。左氏曰：「不書氏，言背其族也。」非也。柔、折〔三〕、鄭詹、莒慶、紀履綸，皆直舉名，若其見殺者，則亦背其族乎？左氏又曰：華元自止魚石五大夫。予謂此傳未可信也。華元賢臣，討其一族，何乃及彼五子？且經又無之，非必信之語也。

會吴于鍾離。杜氏曰：「晉帥諸侯大夫而會之，故殊會，明本非同好。」非也。當是之時，晉爲伯主，雖齊、秦、楚之强皆畏焉，其肯帥諸侯大夫以就吴會乎？蓋不知文不可直稱「吴」耳。

十六年，楚殺其大夫公子側。按左氏，楚師既敗，王使讓子反，子反因自殺，王使止之，弗及。此則非楚殺之，經何以書「楚殺」乎？

〔一〕「形」，明抄本作「引」。
〔二〕「經」字原無，據明抄本補。
〔三〕按：「折」，諸本無異文，然春秋實無此人。權衡多「柔」、「俠」并舉，以爲大夫不氏者之例，疑「折」爲「俠」之誤。又按：左傳作「挾」，公羊、穀梁作「俠」。權衡多用「俠」字。

曹伯歸自京師。左氏以晉侯赦之。予謂：經云「歸自京師」，則非晉侯專之矣。杜云：「或書名，或不名，或言『歸自某』，或言『自某歸』，傳無義例，從告辭。」予謂：傳自無義例爾，何必從告辭邪？

晉執季孫行父，舍之于苕丘。左氏以舍之者，處之云爾。按：昭二十三年〔二〕，晉執叔孫婼，因之于箕。共是晉地，共是魯卿，共是執之，彼何以不云「舍之于箕」？此何以獨云「舍之于苕丘」乎？

叔孫僑如出奔齊。左氏云：「出叔孫僑如而盟之。」若然者，乃當書「放叔孫僑如」，不當書其自奔也。

十七年，九月辛丑，用郊。杜云：「書『用郊』，從史文。」非也。史之記事雖甚質，不應加「用」於「郊」。雖史加「用郊」，仲尼猶當削筆焉，不然，則是苟因史之謬也。苟因史之謬，又何以稱「游、夏之徒不能措一辭」？

十八年，宋魚石復入于彭城。左氏曰：「凡去其國，國逆之曰『入』，本無位者。復其位曰『復歸』，亦國逆。諸侯納之曰『歸』，以惡曰『復入』。」今按左氏，國逆之未必言「入」，言「入」者未必國逆，復其位者未必言「復歸」，諸侯納之者未必言「歸」，以惡入者，或言「復入」，或不言「復入」。事與例合者少，而

〔二〕「三」，原作「六」，據春秋左傳正義改。按：晉執叔孫婼，事在昭公二十三年，經曰：「晉人執我行人叔孫婼。」

與例違者多，不託之「從赴」，則諉以「從某例」，唯注者推言之而已，不復可信也。

襄公

元年，圍宋彭城。左氏曰：「非宋地，追書也。」由是言之，則孔子作春秋，所筆削多矣，豈專用舊史者乎？

四年，冬，十月，傳曰：「邾人、莒人伐鄫。臧紇救之，敗於狐駘〔一〕。」然則經何以不書邪？杜曰：「敗不書，魯人諱之。」非也。升陘之戰，邾人獲公冑，至恥矣，諱公不諱戰。乾時之戰，公喪戎路，左右皆止，至危矣，諱公不諱敗。彼皆公親之，猶著其文，不喪其實。此乃臧紇耳，何足諱之而都不書乎？意者，春秋爲君諱淺，爲臣諱深乎？不然，喪冑、逃遁之恥，不若直敗者甚乎？何其詳略異也？

五年，楚殺其大夫公子壬夫。傳曰：「楚人討陳叛故，曰：『由令尹子辛實侵欲焉。』乃殺之。書曰『楚殺其大夫公子壬夫』，貪也。」此傳解經所以書壬夫名之意，言壬夫貪，殺之當也。又曰：「君子謂：『楚共王於是乎不刑。』」夫共王殺壬夫，春秋謂之貪而當，是共王之刑無失也。如令共王之刑有失，則春秋不

〔一〕「狐」，原作「壺」，據四庫本、薈要本及春秋左傳正義改。

應名壬夫以見其罪，傳指言貪以著其惡也。春秋名壬夫以見罪，傳指言貪以著其惡，共王殺之，何謂不刑乎？然猶謂共王不刑，則是春秋亦不刑也。解經若此，取舍安從哉？

六年，季孫宿如晉。左氏曰：「晉人以鄫故來討，曰：『何故亡鄫？』季武子如晉見，且聽命。」非也。五年夏，叔孫豹、鄫世子巫如晉，鄫始屬魯。其年秋，穆叔以屬鄫爲不利，使鄫人聽命于會，故經書「吳人、鄫人」，是則魯已辭鄫矣，晉已知之矣。今鄫之滅非魯責也，晉人何以來討邪？又曰：「莒人滅鄫，鄫恃賂也。」若鄫與魯有屬無絶〔一〕，或恃賂慢莒，以取滅亡。今魯已絶鄫〔二〕，鄫無賦於魯矣，尚何所恃而取滅邪？然則傳所言皆不實也。

七年，會鄬。鄭伯髡頑如會，未見諸侯。丙戌，卒于鄵。左氏曰：「子駟使賊殺之，而以瘧病赴於諸侯。」言經所以從赴而書也。非也。凡議春秋者，必曰「亂臣賊子懼」。亂臣賊子懼者，以其書法不隱而善惡明也。左氏亦云：「求名而亡，欲蓋而彰。善人勸焉，淫人懼焉。」夫臣殺其君，欲蓋者也，春秋順其欲而不彰，則何懼矣？彼亂臣賊子知僞赴之可以免於貶絶，則又毋乃勸乎耳〔三〕？是由春秋啓之也，奈何哉？

〔一〕「與」，明抄本作「於」。
〔二〕「已」，原作「以」，據明抄本改。
〔三〕「耳」，明抄本作「且」，屬下讀。

八年，鄭人侵蔡，獲蔡公子燮。杜云：「鄭子國稱人，惡其無故生患。」以佗日合之，安知非告辭略乎？

會于邢丘。左氏云：「大夫不書，尊晉侯也。」安知非貶大夫會公侯者乎？爲例若此，誰能識哉？

九年，公會晉侯、宋公、衛侯、曹伯、莒子、邾子、滕子、薛伯、杞伯、小邾子、齊世子光伐鄭。十有二月，己亥，同盟于戲。杜云：「伐鄭而書『同盟』，則鄭受盟可知。」未必然也。成公十七年，公會單子、尹子、晉侯等伐鄭，而同盟于柯陵。如杜此注，則柯陵之盟，鄭亦受盟矣。考之左氏，鄭實未服，不得云「同盟」也。且春秋記同盟甚多，而左氏以謂「書同者，由服異也」。服異雖似可信，校之前後，則不能盡通。宣十二年，同盟于清丘，是時無新服者。十七年，同盟于斷道，亦無新服者。成九年，同盟于蒲，亦無新服者。十五年，同盟于戚，亦無新服者。十八年，同盟于虛朾，亦無新服者。僖七年，盟于甯母，鄭始服于齊，而不言「同」。二十八年，盟于踐土，諸侯始服于晉，而不言「同」。襄二十年〔二〕，盟于澶淵，齊請成，而亦不言「同」。如此者衆甚，則「同」不爲服異發明矣。他日稱「同盟」，其新服之國猶列於會；至伐鄭，則但以「同盟」見鄭亦與盟而已。設令鄭不與盟，如柯陵者又不可知〔三〕。襄公二十五年，會于

〔二〕「十」下原衍「五」字，據明抄本删。按：澶淵之盟，事在襄公二十年。
〔三〕「如」，明抄本作「與」。

夷儀，無伐齊之文也；盟于重丘，而稱「同」。若以「同」爲齊受盟出乎，則未有伐齊之文；若以爲服異出乎，則諸侯無新服者，書「同盟」何哉？

傳曰：「晉侯以公宴于河上，問公年，季武子對曰：『會于沙隨之歲，寡君以生。』晉侯曰：『十二年矣！大夫盍爲冠具[一]？』武子對曰：『君冠，必以裸享之禮行之，以金石之樂節之，以先君之祧處之。今寡君在行，未可具也。請及兄弟之國而假備焉。』晉侯曰：『諾。』公還，及衛，冠于成公之廟，假鐘磬焉，禮也。」夫武子言君冠必具禮樂可矣，言及兄弟之國假具而冠，無乃亟乎？衛與魯壤地相接，能冠于衛，不能冠于魯乎？衛君之廟非先君之祧也，成公之神非裸享所宜也，則武子所得者，金石而已矣。魯豈無金石乎？何亟于冠而以他國之廟爲己君之祧，他廟之神爲己君之先？而傳又謂之禮，不亦過乎？

十年，會吳于柤。杜云：「吳子在柤，晉以諸侯往會之，故曰『會吳』。」非也。晉爲伯主，悼公其賢君也，軍師方强，豈肯帥諸侯以會吳乎？黄池之會，晉弱于吳，猶爭盟焉，況其方强哉？又曰：「吳不稱子，從所稱也。」亦非也。吳子豈自稱「吳」而已乎？凡「吳子」、「鄭伯」之類，亦皆人稱之爾，非其君自稱也。且若從其所稱而稱之乎？則吳當稱王，楚亦當稱王，必不但曰「吳」也。

[一]「盍」，原作「曷」，據明抄本、四庫本、薈要本及春秋左傳正義改。

遂滅偪陽〔一〕。左氏曰：「以偪陽子歸，獻于武宫，謂之夷俘。偪陽，妘姓也。使周内史選其族姓，納諸霍人，禮也。」夫偪陽子竟何罪乎？欲取其國以封向戌耳。既已擅滅諸侯，又擅以其地予人，罪孰大焉！謂之禮，何哉？即以選其族姓、納諸霍人爲禮者，諸侯誰不樂滅國乎？苟滅國矣，取其子孫，償以一邑，誰不樂爲此乎？且經書「滅偪陽」，君死其位也，傳云「以偪陽子歸」，安得此子乎？偪陽一國有二君，可爾？

十一年，公會晉侯、宋公、衛侯、曹伯、齊世子光、莒子、邾子、滕子、薛伯、杞伯、小邾子伐鄭。秋七月，同盟于亳城北。杜氏曰：「伐鄭而書『同盟』，鄭與盟可知。」非也。吾於九年既言之矣。

十二年，吴子乘卒。左氏曰：「臨於周廟，禮也。凡諸侯之喪，異姓臨於外，同姓於宗廟，同宗於祖廟，同族於禰廟。」杜氏曰：「周廟者，文王之廟。」皆非也。禮，諸侯不祖天子，大夫不祖諸侯。則文王之廟，魯何得以有之？孔子曰：「公廟之設於私家，非禮也，自三桓始也。」然則魯君僭上而立周廟，三桓僭魯而設公廟矣。丘明不知，又習見之，遂真謂禮然，豈不誤哉？以實言之，凡諸侯之喪，異姓臨於外，同姓於祖廟，同族於禰廟，於義足矣。

〔一〕「偪」，原作「逼」，據明抄本、四庫本、薈要本及春秋左傳正義改。按：下文亦均作「偪」。

十三年，取邿。左氏曰：「凡書『取』，言易也。用大師曰『滅』〔一〕，弗地曰『入』。」非也。春秋之興，褒善貶惡，所以示後世法，非記難易而已也。難易何足紀乎？且滅國言「滅」者，言既殺其君，又泯其社稷，故君死其位亦曰「滅」。如滅國而謂之「取」，則未知君死其位歟？如取邑而謂之「滅」，則未知邑安取，君死其位乎？如是，是春秋記滅國也略，記用師難易也詳，豈然也哉？

十四年，會于向。傳曰：「將執戎子駒支。范宣子親數于朝，曰：『今諸侯之事我寡君不如昔者，則言語漏洩，職汝之由。』」此皆不實也。諸侯解體，非此戎之過審矣，范宣子豈不知邪？何以誣之哉？去年蒐于緜上，傳曰：「晉國由是大和，諸侯遂睦。」到此一年爾〔二〕，何故遽有「言語漏洩」、「不如昔者」之事邪？言與事不相應矣。又曰：「宣子辭焉，使即事於會，以成愷悌。」然則是姜戎列于會矣，經何以不序乎？杜氏曰：「戎爲晉屬，不得特達。」非也。近上魯人請屬鄫，已而以爲不利，使鄫大夫聽命于會，則經亦書「鄫人」，誠以鄫既與會，則列國故也。今范宣子亦使戎子即事於會，去私屬、比諸侯矣，與「鄫人」相似，何故不書乎？即以姜戎微，法不當書者，殽之戰何以書也？即以殽戰時姜戎未爲晉屬，故得書者，按：戎子自云

〔一〕「曰」上，明抄本及春秋左傳正義有「焉」字。
〔二〕「到」，明抄本作「則」。

「爲先君不侵不叛之臣」，乃在文公之前，不得云殽戰時未屬晉也〔一〕。推此數者，知傳所敘都非信實。

伐秦。左氏曰：「齊、宋大夫不書，惰也。北宮括書於伐秦，攝也。」非也。於春秋何以辨之？且又無大體，非春秋本意也。

衛侯出奔齊。按：左氏云：「名藏在諸侯之策，曰：『孫林父、甯殖出其君。』」今經書乃如此〔二〕，此明仲尼作春秋，皆刪掇大義，不與衆史同也。然則謂春秋「即用舊史」、「從史文」、「從赴告」者，皆繆妄矣。

十六年，公會晉侯、宋公、衛侯、鄭伯、曹伯、莒子、邾子、薛伯、杞伯、小邾子于溴梁。左氏曰：「宴于温，使諸大夫舞，曰：『歌詩必類！』齊高厚之詩不類。荀偃怒，使諸大夫盟高厚。」然則高厚在會矣，經何以不序邪〔三〕？杜氏云：「高厚逃歸，故不書也。」按：僖五年，夏，公及齊侯、宋公、陳侯、衛侯、鄭伯、許男會王世子于首止。八月，諸侯盟于首止，鄭伯逃歸不盟。夫鄭伯之逃與高厚之逃無以異也，鄭伯逃盟猶記其會，高厚逃盟何以不記其會邪？或者鄭伯逃盟不逃會，故得記其會；高厚乃逃會者，故不得記其會。近上七年，公會晉侯、宋公、陳侯、衛侯于鄬，陳侯逃歸，亦逃會者，何以得會記邪？且驗傳

〔一〕「時」字原無，據明抄本補。按：上文亦云「殽戰時」。
〔二〕「書乃」，明抄本作「乃書」。
〔三〕「序」，明抄本作「書」。

文，高厚非逃會也，已與於會矣，忿荀偃之盟己，故逃盟耳。然則方其會時，厚不得不書也。然而不書，獨奈何哉？

晉人執莒子、邾子以歸。左氏曰：「以我故，執之，且曰：『通齊、楚之使。』」然則非爲不道於其民矣[二]，以左氏例考之，當云「晉侯執」耳，何以得稱「晉人」邪？杜氏患苦其不合，因以不道誣二國之君，文過乎哉？罔人乎哉？

叔老會鄭伯、晉荀偃、衛甯殖、宋人伐許。左氏云：「書曰『會鄭伯』，爲夷故也。」言諸侯之卿可以會伯、子、男，故示之義云爾。非也。主兵者居上，自其班列同者也。諸侯與諸侯相從，卿大夫與卿大夫相從。若名位不敵，卿雖主兵，猶序諸侯之下，貴王爵也。去諸侯而言，主兵者自可見爾，何疑哉？

十八年，白狄來。杜云：「不言朝，不能朝也。」非也。聖人固不責夷狄禮耳，來朝者則謂之朝，何待其與中國均，然後謂之朝哉？且若必待其與中國均，然後謂之朝，是無賓享也。

十九年，晉人執邾子。杜云：「稱人以執，惡及民也。」予謂：傳敘其事，自爲伐我故執之耳，未嘗有惡及民之實也。杜氏惡其與例不合，則以「惡及民」罔之，非也[三]。

[二]「不」，明抄本作「無」。「矣」，明抄本無此字。

[三]「非也」，原作「非誠然也哉」，據明抄本改。

二十年，仲孫速帥師伐邾。左氏曰：「邾人驟至，以諸侯之事，弗能報也。孟莊子伐邾以報之。」按：邾人驟至，謂十五年、十七年也。至十九年盟于祝柯，晋人執邾子，又取邾田自漷水，歸之于我，則亦報舊怨矣〔二〕，何謂未報乎？然則仲孫速自以他故伐邾，不爲報其驟至也。

二十三年，陳殺其大夫慶虎及慶寅。左氏曰：「慶氏以陳叛，役人相命，各殺其長。」然則何以不曰「陳人殺慶虎」邪？又，稱「及」者，杜氏云「史異辭」，則是春秋非復仲尼之法也，專用史而已，豈其然哉？

叔孫豹帥師救晉，次于雍榆。杜云：「待命于雍榆，故書『次』。」非也。「救」者，赴急之師也，受命以出，又何待焉？即待晉命者，豈救人之急，方待命而行哉？言之遠理莫甚於此矣。

十月，乙亥，臧孫紇出奔邾。杜氏云：「書名者，阿順季氏，爲之廢長立少，以取奔亡，罪之。」非也。如杜之意，以爲名則貶矣〔三〕，字則褒矣，獨不計名不必皆貶，字不必皆褒乎？謂字者皆褒，猶之可也，顧不當引凡無罪者，一以字見之耳。且褒者當字，貶者當名，如善不足褒、惡不足貶者，奈何？

二十四年，會于夷儀。楚子、蔡侯、陳侯、許男伐鄭。左氏曰：「諸侯還救鄭。」然則何以不

〔二〕「報」上，明抄本有「既」字。
〔三〕「爲」，明抄本作「謂」。

書於經邪？諸侯相會而救患，義事也，春秋豈諱之哉？且必若云〔一〕，救許、救徐何以得書也？

二十五年，會于夷儀。左氏有「晉侯伐齊，慶封如師」之文，而經無之，何邪？又言：「齊人賂晉侯，及其六正、五吏、三十帥、三軍之大夫、百官之正長、師旅及處守者，皆有賂。」是成亂也，亦不譏，何邪？杜氏曰：「不譏受賂者，齊有喪，師自宜退。」非也。若齊侯以壽沒，師退可也；今臣弑其君，爲惡大矣，何故退乎？假使晉遂討齊，破其城，殺其賊〔二〕，汙其宮，未可謂之伐喪也。且夫弑君而謂之喪，諸侯其無討賊者矣。

鄭公孫舍之帥師入陳。左氏曰：「陳侯免，擁社，使男女別而纍，以待於朝。子展執縶而見。子美入，數俘而出。祝祓社，司徒致民，司馬致節，司空致地，乃還。」若是，則陳已服罪矣，何爲其冬公孫夏復帥師而伐陳乎？且數俘而出，是無獲虜也，則子產何用獻捷乎？捷者，俘獲也。何以知之哉？成二年傳曰：「蠻夷戎狄則有獻捷，兄弟甥舅告事而已，不獻其功。」今傳謂子產獻捷，則非告事矣，如曰「數俘而出」，是安得捷而獻歟〔三〕？

〔一〕「云」字原無，據明抄本、乙卯本補。
〔二〕「殺」，原作「弑」，據明抄本、四庫本改。
〔三〕「得」，明抄本作「取」。

二十六年，公會晉人、鄭良霄、宋人、曹人于澶淵。左氏曰：「趙武不書，尊公也。向戌不書，後也。鄭先宋，不失所也。」予謂此皆不足信，於經無以見之。

晉人執衛甯喜。左氏云：「使女齊以先歸。」若實爾者〔一〕，經何故不云「以歸」乎？

二十七年，豹及諸侯之大夫盟于宋。左氏曰：「不書其族，言違命也。」非也。蔡、沈失位，左氏貶之。今魯欲自同人之私，失位甚矣。貢賦雖重，所不得已也。大夫出境，有可以重社稷，猶曰「專之」。今命出季氏而以爲不可違〔二〕，何哉？誠使豹徇季氏之命，輕貢賦之數，雖偷得一時之益，而其貶魯國之秩已多矣，反不當疾之邪？又，是會也，楚先晉歃，而經先書晉，左氏以謂仲尼追正之也。今此視邾、滕之事，仲尼亦必知其非公命審矣。苟舊史不知而貶豹焉，仲尼猶宜正之，況知之乎？夫知其非公命，且辱國，而猶責豹以不從命者，是開强臣挾君以令於國而莫之亢也〔三〕，不亦悖乎？

十二月，乙亥，朔，日有食之。左氏曰：「於是辰在申，司曆過也，再失閏矣。」明年春，無冰。杜氏曰：「頓置兩閏以應天正，故正月建子，得以無冰爲災。」皆不然也。曆家之術，求閏餘易，求交朔難。

〔一〕「爾」，明抄本作「然」。
〔二〕「爲」，明抄本作「謂」。
〔三〕「亢」，明抄本作「違」。

今司曆能正交朔，反不能置閏乎？此非人情也。閏有常準，率三十二月必一逢之。如傳所言「再失閏」者，則司曆廢閏殆七十月，彌五年矣，亦非人情也。頓置兩閏，詭聽駭俗，亦非人情也。且必若云，其亂天時多矣，春秋何能不譏乎？故曰未然。

二十九年，公在楚。左氏曰：「釋不朝正於廟也。」非也。苟爲不朝正而書乎，他日公在外，不朝正多矣，何爲不悉書邪？去年公如楚，未有至之文也，公之不朝正亦審矣，雖不釋於此，猶足知也，曾何春秋之憚煩？

三十年，宋伯姬卒。左氏曰：「君子謂：『宋共姬，女而不婦。女待人，婦義事也。』」非也。如共姬之守禮死義，不求生以害仁〔一〕，亦可免矣，反謂之不婦乎？易曰：「恒其德，貞，婦人吉。」共姬恒之謂矣〔二〕，所謂婦也。

鄭良霄出奔許，自許入于鄭。左氏曰：「伯有聞鄭人之盟己也怒，聞子皮之甲不與攻己也喜，曰：『子皮與我矣。』晨，自墓門之瀆入，因馬師頡介于襄庫，以伐舊北門。」然則是惡入也。惡入之例，當書「復入」，曷爲但書「入」乎？杜氏云：「不言『復入』，獨還無兵。」非也。所謂以惡入曰「復入」者，以其意

〔一〕「仁」，原作「生」，據明抄本改。
〔二〕「謂」字原無，據明抄本補。

害也。意害矣，以兵入與雖不以兵入而盜兵作亂等耳，豈特以兵入者惡，而盜兵鬬者無惡乎？即以謂獨還無兵得不稱「復入」者〔二〕，是良霄之入，爲直入國中，無有惡也。夫伯有入鄭與欒盈入晉，有以異乎？欒盈空身，因曲沃之兵以與君鬬；伯有徒還，資馬師之衆以伐國門，竟無異也。欒盈書「復入」，以明其惡，伯有獨不言，何哉？

會于澶淵，宋災故。左氏曰：「謀歸宋財。既而無歸，故不書其人。」非也。他日會而厦盟，雖惡之，未有舉其事者，直貶其人而已矣。今獨舉其事，又貶其人，何邪？由是論之，此非特惡，失信而已也。失信者，如清丘及蜀之盟是也。

三十一年，莒人弑其君密州。左氏曰：「莒犂比公生去疾及展輿，既立展輿，又廢之。犂比公虐，國人患之。展輿因國人以攻莒子，弑之，乃立。」如是則子弑其父也。子弑其父，春秋不書乎？又曰：「書曰『莒人弑其君買朱鉏』，言罪之在也。」如是則父有罪，子得而弑之也。蔡世子般弑其君固，固之惡最甚矣，何以亦貶乎？且經曰「密州」，傳曰「買朱鉏」，吾誰適從哉？亂天地之性，莫甚於斯言矣！此固左氏不受經之蔽也。

傳曰：「鄭裨諶能謀，謀於野則獲，於邑則否。」此不然也。語曰：「爲命，裨諶草創之，世叔討論之，

〔二〕「謂」，原作「爲」，據明抄本改。

行人子羽脩飾之，東里子産潤色之。」亦朝廷之常耳。傳者不知，以爲「草野」之「草」〔一〕；記者不辨，遂增適野之事。

昭公

元年，三月，取鄆。傳曰：「季武子伐莒，取鄆。」杜氏注經云：「不稱將帥，將卑師少。書『取』，言易也。」此則注與傳異矣。經但言「取」，傳又言「伐」，此則傳與經異矣。紛錯如此，誰能聽之哉？

秦伯之弟鍼出奔晉。左氏曰：「其車千乘。」又曰：「后子享晉侯，歸取酬幣，終事八反。」予謂：出奔者勢不得以千乘行〔二〕；又一日之享，取幣八反，非朝夕所可望〔三〕，皆不近事實者也。蓋舊說秦伯以千乘之富而不能容其母弟。傳者不知，則以謂鍼以千乘出奔矣；記者不辨，又增取幣八反之事。

莒展輿出奔吴。左氏曰：「展輿立，而奪羣公子秩。公子召去疾於齊。齊納去疾，展輿奔吴。君子

〔一〕「以爲草野之草」，明抄本作「以爲草也」。
〔二〕「得」字原無，據明抄本補。
〔三〕「望」，明抄本作「至」。

曰：『莒展之不立，棄人也！』」若是，末哉君子之言也！夫展輿親弑其君而不譏，棄人而譏之，是謂棄人重於弑父也。藉使展輿但勿棄人，以濟其不義之身，則固以爲賢矣，不亦害天下之教乎？

楚子麇卒。左氏曰：「公子圍入問王疾，縊而殺之〔一〕。」杜云：「楚以瘧疾赴，故不書『弑』也。」楚公子比出奔晉。左氏曰：「遂殺其二子幕及平夏。右尹子干出奔晉。」杜云：「書名，罪之。」皆非也。若臣弑其君，託於瘧疾而可以免，則亂臣賊子何懼矣？而公子比又何罪哉？彼君弑國亂，不忍其惡而出奔者也，方存乎見褒，又何貶焉？且如傳言，則是公子圍罪大而經爲之諱，公子比無罪而經致其貶，輕重失序，非仲尼意矣。

三年，北燕伯款出奔齊。杜氏曰：「不書大夫逐之而言奔，罪之也。」非也。如傳言者，款多嬖寵，欲去諸大夫而立其寵人，故大夫比而殺其外嬖，公懼而奔齊耳。此則公之自奔焉，有逐之者乎？又曰：「書名，從告。」亦非也。穀伯綏、鄧侯吾離以名爲賤，衛侯燬、楚子虔以名爲貶，此傳又云「書曰『北燕伯款出奔齊』，罪之也」，是謂款之名者乃罪矣〔二〕，杜氏獨以爲從赴，何哉？即以名爲從赴而已，衛侯燬何用知其非從赴乎？

〔一〕「殺」，春秋左傳正義作「弑」。

〔二〕「謂」，原作「爲」，據明抄本改。

四年，大雨雹。左氏曰：「季武子問於申豐：『雹可禦乎？』對曰：『聖人在上，無雹；雖有，不爲災。古者，日在北陸而藏冰；西陸，朝覿而出之。其藏之也周，其用之也徧。則冬無愆陽，夏無伏陰，春無淒風，秋無苦雨，雷出不震，無災霜雹，癘疾不降。今藏川池之冰，棄而不用。雹之爲災，誰能禦之？』」夫豐言聖王在上無雹，可也。言雹之爲災由藏冰故，非也。魯雖藏川池之冰，未爲不藏冰。如今之天下莫有藏冰，何故雹不輒降乎？且豐之爲人，姦佞人也，黨於季氏，不敢端言其罪，故推雹災歸之藏冰，欲以諂媚强臣，抹摋災異，此與張禹、谷永何異哉？所以使昭公死于外者，未必非此人也。

楚人執徐子。杜云：「稱人以執，以不道於民告。」非也。春秋爲褒貶是非作也，如苟從赴而已矣，是誣善者無所理也，賊亂之人何所懲而畏乎？

遂滅賴。左氏曰：「賴子面縛銜璧。」非也。經所謂「滅」者，固謂君死其位者矣。既曰死其位，尚能面縛乎？又曰：「成王克許，許僖公如是。」是亦不然，吾既言之矣。

取鄫。左氏曰：「莒亂，著丘公立而不撫鄫，鄫叛而來〔二〕，故曰『取』。凡克邑不用師徒曰『取』。」非也。若鄫自來，則非魯取，不可書「取鄫」矣。且鄫之叛者誰乎〔三〕？上大夫也，固當見經；下大夫微者也，亦當如

〔二〕「叛」，原作「亂」，據明抄本、四庫本、薈要本及春秋左傳正義改。
〔三〕「叛」，原作「亂」，據明抄本、四庫本、薈要本改。

郲庶其書之，何故匿其名也？杜氏曰：「不書『奔』者，潰散而來，將帥微也。」亦非也。杜惡傳所説不與例合，又恥左氏有不傳春秋之名，遂爲文飾爾。且傳言「叛」，不言「潰」。潰者在下，叛者在上，可知也。縱其微甚，猶當書之，所謂「雖賤必書，重地也」，何遽違例而掩叛人乎？所謂「不登叛人」之義安在哉？

五年，舍中軍。左氏曰：「卑公室也。毁中軍於施氏，成諸臧氏。」然則非公意也。以左氏凡例推之，非公意者則當不書；就令書之，猶應有貶。今左氏言「作三軍」、「舍中軍」之事，可謂甚害矣，而經無所貶，何也？杜氏又云：「季氏稱左師〔一〕，孟氏稱右師，叔孫氏則自以叔孫爲軍名。」如是竟未嘗舍中軍也。徒以軍爲師，名號之少異耳，何謂「舍中軍」乎？

六年，宋華合比出奔衛。杜云：「合比事君不以道，自取奔亡，書名罪之。」非也。杜氏信以謂苟無罪而出者舉字之乎，則彼有殊絶之美者宜以何書？夫春秋非其所褒不加字焉，非謂苟奔而無罪者皆字之也。

叔弓如楚。左氏曰：「楚令尹子蕩帥師伐吴，師于豫章。吴人敗其師于房鍾，獲宮廄尹棄疾〔二〕。子蕩歸，罪于薳洩而殺之。叔弓如楚聘，且弔敗也。」非也。若如傳言，吴真敗楚，經何以不書乎？杜氏曰：「歸罪於薳洩，不以敗告，故不書。」非也。若楚不赴於魯，則魯亦不敢弔矣。今魯弔之，是楚嘗赴敗於魯也，經何

〔一〕「氏」，春秋左傳正義作「孫」。
〔二〕「宮」，原作「公」，據明抄本及春秋左傳正義改。

得無其事乎？

七年，暨齊平。左氏云：「齊求之也。」杜云：「齊伐燕，伐燕在六年末〔二〕。燕人賂之，反從求平也。」予謂：杜氏之説與傳意錯。傳所云「齊求之」者，似指齊求與魯爲平也，其下乃云「癸巳，齊侯次于虢。燕人行成」。若謂齊已暨燕平，則齊侯無緣更進次虢，而燕乃行成也。且齊侯伐燕，燕人賂之，則傳當云「燕求之」，經當書「暨燕平」，不當反云「齊求之」、「暨齊平」也。杜又注經曰：「前年冬，齊伐燕，閒無異事，故不重言燕，從可知。」此杜欲引「州公寔來」爲比。彼「州公寔來」之文，卓詭非常乃可爾，非此之類也。試覆以事推之，自昭公即位以來，未嘗與齊通好。此年三月，叔孫婼如齊莅盟，此則魯與齊平之驗矣，亦猶定十一年「冬，及鄭平〔三〕，叔還如鄭莅盟」云。其文也，其理也，其事也，三襲焉，章灼不疑。

八年，蒐于紅。傳云：「大蒐。」與經不合矣。

葬陳哀公。左氏曰：「輿嬖袁克，殺馬毀玉以葬。楚人將殺之，請寘之。既又請私，私於幄，加絰於顙而逃。」此則葬陳哀公者，袁克也，非諸侯也，何以得書於經乎？若曰魯往會之，是又不然。楚尚不聽袁克葬其君，豈聽諸侯赴其葬乎？且魯何能不畏楚也？

〔二〕「六」，明抄本作「去」。
〔三〕「鄭」，原作「齊」，據明抄本、四庫本、薈要本及春秋左傳正義改。

十年，季孫意如、叔弓、仲孫貜帥師伐莒。杜氏曰：「三大夫皆卿，故書之。」非也。使舉上客，師言元帥，此乃春秋之常，所謂「尊無二上」，亦此之謂也，豈卿則悉書之哉？晉嘗爲六軍，六軍之將，蓋命卿十有二人，未常有得並書者，何邪？

十一年，楚子虔誘蔡侯般，殺之于申。杜云：「蔡大夫深怨楚，故以楚子名告。」非也。即如所言，春秋爲無褒貶，苟從赴告而已。「衛侯燬滅邢」，寧非邢大夫怨之邪？

十二年，公子憖出奔齊。杜云：「書名，謀亂故。」予謂：憖本患季氏强，公室弱，是以與公謀去季氏也，此則季氏之仇，而魯忠臣矣。謀泄事變，卒爲强臣所逐，豈謀亂者哉？苟使憖無罪而奔，遂書其字乎？黨於季氏，失君臣之義。

晉伐鮮虞。杜云：「不書將帥，史闕文。」予謂：以殽之戰推之，安知非晉恥以詐襲人而不以將帥告乎？在殽之戰則以爲晉恥背喪用兵，在鮮虞則以爲史自闕文，春秋之義，何其駮且至於此也？

傳曰：「公如晉，晉人辭公。公子憖遂如晉。」按：經無「憖如晉」之文也。杜云：「憖還，不復命而奔，故史不書於策。」非也〔二〕。「公孫歸父如晉，還自晉，至笙〔三〕，遂奔齊。」此亦不復命者，何以書其「如晉」

〔二〕「非也」，明抄本作「如所云」。

〔三〕「笙」，原作「檉」，據四庫本、薈要本及春秋左傳正義改。下「笙」字同。按：左傳作「笙」，公羊傳、穀梁傳作「檉」。

乎？笙地在境外，慭奔在郊，不得獨不書也。「公孫敖如周，丙戌，奔莒。」此亦自外奔者也，亦先記其如周，不以不復命而略其出時也。且史之記事，始遣使則書矣，何待其復乃書於策邪？欲爲傳文過，而不知例有相反不可通者，不亦誣乎？

楚殺其大夫成虎。傳曰：「或譖成虎於楚子，成虎知之而不能行。書曰『楚殺其大夫成虎』，懷寵也。」杜云：「解經所以書名。」皆非也。人譖成虎，成虎不行者，自恃無罪，或冀君不信讒也。但當譏楚子信讒[一]，專殺大夫，不當貶成虎不能行也。成虎不能行，小過耳；楚專殺大夫，大罪也。大罪不見詰，小過先受貶，此豈春秋旨哉？傳徒以名爲貶、字爲褒，不知輕重有權，未可一概也。

十三年，楚公子比自晉歸于楚，弑其君虔于乾谿。左氏曰：「觀從以蔡公之命召子干。」以傳例推之，則比宜以國逆例書「入」耳，今書「歸」，何邪？杜云：「依陳、蔡以入，言陳、蔡猶列國。」非也。陳、蔡是時滅而爲邑矣，楚公子守之矣，豈可復爲國哉？正令可號以爲國，其召公子比者，實楚人也，書國逆而立當矣，書諸侯納之不亦放哉[二]？以杜氏「華元歸」例推之，又安知非比欲假晉爲援，以赴於諸侯者乎？

八月，甲戌，同盟于平丘。傳曰：「齊服也。」非也。在此以前，齊未嘗不服。以「同盟」之文，

[一]「讒」，明抄本作「貶」。
[二]「放」，明抄本作「悖」。

强云齊服，欲以成其説，妄矣。

蔡侯廬歸于蔡。陳侯吴歸于陳。杜氏不解二君稱名之意，直云：「受封于楚，故稱爵；諸侯納之，故曰『歸』。」予謂：二國前滅，二君復封，義有卓詭，春秋所辨也。又，諸侯納之曰「歸」，謂本有國者爾，若社稷已除，一旦復立，此則非歸，不得以「歸」爲例也。

吴滅州來。左氏云：「州來，楚邑。用大師曰『滅』。」非也。國滅曰「滅」，君死其位曰「滅」，「滅」之名施於國審也。國有宗廟社稷，此「滅」之義所爲施也，言若滅火，絶其後也，非縣邑所得亢也。邑雖大，必謂之邑；國雖小，必謂之國。夫「滅」、「取」之不可貿易，乃國、邑之不可相亂也。州來小國，世服於楚，爲楚執事，未嘗特與諸侯盟會，世皆謂州來固楚邑也。以此而謂州來真楚邑，則背於經矣。且春秋記「滅」、「取」者，爲襃貶也；正其所爲名者，所以正其罪也。取人之邑，滅人之國，是以爲罪，大師小師何分别焉？

春秋權衡卷第七　左氏第七

十四年，春，意如至自晉。傳曰：「尊晉罪己也。」以舍族。非也。此亦一事再見，卒名耳。魯本無罪，何罪己之有？且春秋假魯事以達王義，非專爲魯記其憂樂之情而已也。假使魯當時不敢怨晉，安於受辱，固非春秋所特書也，況魯本無罪乎？

莒殺其公子意恢。杜云：「意恢與亂君爲黨，故書名，惡之。」非也。傳所言意恢死時事，無有黨於亂君者，正爲君自與意恢善，而亂臣忌之，欲先殺意恢，乃逐其君耳。且意恢與君兄弟也，雖黨無惡。詩人同姓之義，猶曰「不能奮飛」，況但善之，何傷？若君有小惡，不務親輔，而同姓之臣先懷異心，欲肆其虐，如是自謂不黨乎？宋督有無君之心，而後動於惡，故先書弑君。此親左氏義，非異人説也。今公子鐸及蒲餘侯亦皆懷無君之心，而先殺意恢者，春秋不録其罪，既異孔父矣，又專疾意恢，何哉？孤君之勢，成臣之亂，不亦甚乎？若曰莒子不慼，國人不順〔二〕，此其罪有甚大者，則又不然。自殷祖甲不能無不順，故伊尹放諸桐宫，三

〔二〕「不」，明抄本作「弗」。

年復歸于亳，卒爲興王。今鐸與蒲餘非有伊尹之心欲其君善者也，直忮很犯上，出君以自便耳。如是，春秋何以不貶鐸與蒲餘乎〔一〕？

傳曰：「南蒯奔齊，侍飲酒於景公。公曰：『叛夫！』對曰：『臣欲張公室也。』子韓晳曰〔二〕：『家臣而欲張公室，罪莫大焉。』」又：「南蒯之初叛也，盟費人。司徒老祁、慮癸二人南氏家臣。僞廢疾，使請於南蒯曰：『臣願受盟而疾興。若以君靈不死，請待閒而盟。』許之。二子因民之欲叛也，請朝衆而盟。遂劫南蒯，復歸費於季氏。」然則南蒯以家臣張公室而爲罪，二子以私臣謀卿邑而爲功者也。若南蒯信有罪，則二子亦固有罪；若二子信有功，則南蒯亦固有功。今季氏專魯，南蒯叛；南蒯專費，二子叛。所以爲家臣同也，所以謀公室同也，一臧一否，孰爲合於義邪？曰：俱不合也。臣而叛之，則非所謂臣矣〔三〕；從而爲惡，又非所以事君也。知其不善，則莫若正之，正之不能得，則莫若去之。君子之道，如此而已矣，叛非義也。

十五年，蔡朝吴出奔鄭。杜云：「朝吴不遠讒人，所以見逐而書名。」非也。如傳所述，則無極讒之，蔡人妬之，朝吴非有罪也，乃所謂禍出於不意者，朝吴安能防之哉？且必若云是，管、蔡流言，周公居東，亦爲有罪乎？夫春秋，以字爲褒，褒者未必皆字也，字者亦未必皆褒也；以名爲貶，貶者未必皆名也，

〔一〕「何以」二字原無，據明抄本補。
〔二〕「晳」，原作「晢」，據春秋左傳正義改。
〔三〕「臣」字原無，據明抄本補。

名者亦未必皆貶也。如謂字者皆褒，則邾儀父何褒矣？如謂褒者皆字〔二〕，則凡諸侯之善，何不字而褒之也？如謂名者皆貶，則公子友及凡大夫之名何貶矣？如謂貶者皆名，則仲遂之字何爲書也？夫諸侯之不以字爲褒，猶大夫之不以名爲貶，諸侯可以爵通，不可以字通，大夫可以名通，不可以字通故也。欲一以名爲貶、字爲褒，則必不合。患其不合，則誣人之惡以納之，飾人之善以出之，可謂義乎？

十七年，六月，日有食之。傳曰：「唯正月朔，慝未作，日有食之，於是乎有伐鼓、用幣。」又引夏書以證之。今按：夏書乃季秋月朔，非正陽之月。詩云：「十月之交，朔日辛卯，日有食之，亦孔之醜。」然則古人不獨以正月日食爲醜矣，傳之所言未可信也。

十八年，傳曰：「鄭子產爲火故，簡兵大蒐，將爲蒐除。子大叔之廟在道南，其寢在道北，其庭小，使除徒陳於道南廟北，曰：『子產過女，而命速毁〔三〕，乃毁於而向。』子產朝，過而怒之。除者南毁。子產及衝，使從者止之。」按：近上十二年，「鄭簡公卒，將爲葬除，及游氏之廟，將毁焉。子大叔使其除徒執用以立，而無庸毁，曰：『子產過女，而問何故不毁，乃曰：「不忍廟也。諾，將毁矣。」』既如是，子產乃使辟之」。竊謂此兩傳實一事也。魯、鄭異國，説者不同，或謂葬時事，或謂蒐時事，而丘明則兩記之。何以明其然邪？

〔二〕「褒」，原作「貶」，據明抄本、四庫本、薈要本改。
〔三〕「毁」，春秋左傳正義作「除」。

曰：其忸忕小數而不知已，非子大叔事也；前既不忍毀，以爲惠矣，俄而又自墮之，亦非子産事也。

二十年，曹公孫會自鄸出奔宋。按：春秋大夫之奔多矣，未有言其「自」者，獨此言「自鄸」，是變例也。而左氏無説，杜氏不解，何哉？

盜殺衛侯之兄縶。左氏曰：「齊豹殺之，求名而亡。」非也。齊豹不名者，儻未爲大夫耳。設春秋欲見豹罪而書其名，不愈於汎謂之「盜」乎？且豹亦何求名之有？此夫殺人不忌者也，而曾以是求名乎〔一〕？

二十一年，宋華亥、向寧、華定自陳入于宋南里以畔。按左氏例，以惡入曰「復入」。此三大夫乃畔也，何故不書「復入」邪？豈以畔非惡之謂乎？

蔡侯朱出奔楚。左氏曰：「費無極取貨於東國，而謂蔡人曰：『朱不用命於楚，君王將立東國。若不先從王欲，楚必圍蔡。』蔡人懼，乃出朱。」此非必然也。君重矣，蔡人雖畏楚，獨能不審其同異是非，而信單辭無驗之語，以逐其君乎？若讒人之言一再至而君可逐也，方城以北無定君矣。此乃惡無極之爲人，而多爲之罪，以深其惡者，不然不至於此。

傳曰：「日有食之。公問於梓慎，梓慎對曰：『二至二分，日有食之，不爲災。』」非也。詩云：「十月之

〔一〕「求」，原作「爲」，據明抄本改。按：上文言「亦何求名之有」，則此處應作「求」。

交，朔日辛卯，日有食之，亦孔之醜。」周之十月，夏之仲秋也。若不爲災，曷爲醜之？

二十二年，叔鞅如京師，葬景王。王室亂。杜云：「承叔鞅之言而書之，未知誰是，故但曰『亂』。」非也。左氏凡例，常以據簡書赴告而録，故曰「滅不告敗，勝不告克，亦不書也」，未有詢于使者之口而書之者也。此其説自相賊矣。且王室雖亂，景王已葬，王猛在喪位矣，叔鞅豈得不知其是非哉？又，傳稱：「閔子馬聞叔鞅之言，而稱曰：『子朝必不克〔一〕。』」則是叔鞅已知子朝之非正矣，非獨叔鞅親見其事者知之也。閔子有言，是魯國之人亦通知之也，何謂「未知誰是」邪？

劉子、單子以王猛居于皇。杜氏曰：「王猛書名，未即位也。」是也。此明未即位，雖先君已葬，猶未得稱王者也。及其論諸侯之禮，則以謂先君既葬，其子得稱君矣，又何戾哉？夫諸侯稱君，猶天子稱王也。天子稱王必待踰年，諸侯稱君亦待即位。獨謂諸侯既葬可以稱君者，不識類也。

二十三年，正月，叔孫婼如晉。左氏曰：「取邾師，獲徐鉏、丘弱、茅地。邾人愬于晉，晉人來討。叔孫婼如晉。」此不然也。按：是年正月，有壬寅朔，有庚戌，有癸丑。傳敘邾事在庚戌之後，經記叔孫如晉在癸丑之前。夫庚戌、癸丑四日耳，邾人已能訴于晉，晉人已能來討，何其神速也？故曰不然。

〔一〕「克」，原作「免」，據春秋左傳正義改。

吳敗頓、胡、沈、蔡之師于雞父。傳曰：「楚師大奔。」又曰：「不言戰，楚未陳也。」予謂楚未陳，而吳以詭謀動之，使至於大奔，此乃正當從「未陳而敗」之例，不書戰而已，不書楚何哉？杜云：「不書楚，楚不戰也。」非也。

傳曰：「薳越帥師及諸侯之師奔命救州來。」又曰：「七國同役而不同心。」然則楚與頓、胡等皆實在也，但自不得成列，爲吳所詐耳，法當不書戰，不當不書楚。向若楚師獨完，諸侯俱敗，書諸侯之敗而不書楚，猶有可諉。今楚等敗耳，吳之詐乘人一也，曷爲偏有所遺乎？推驗事理，疑楚本與諸侯同救州來，既而令尹卒，楚軍留，而諸侯先至，故吳得獨敗之，楚師實未與相接，則經無緣書楚也。傳所云「七國同役」、「楚師大奔」、「楚未陳」之類，皆不與經合，似是而非者也。

尹氏立王子朝。按：左氏諸稱氏者皆曰舉族，此豈舉族立王子朝邪？何不云「尹圉立朝」乎[一]？杜雖云「尹氏，周世卿」，亦不云「氏」爲世卿發也。意欲私取公羊之説，而又牽於左氏，不忍訟言之[二]，説經者乃如此，可憫笑也。

傳曰：「楚囊瓦爲令尹，城郢。沈尹戌曰：『子常必亡郢。苟不能衛，城無益也。』」或曰：昔子囊將死，

[一]「圉」，原作「園」，據四庫本、薈要本及春秋左傳正義改。
[二]「訟」，明抄本作「誦」。

遺言城郢，君子以爲忠。囊瓦其孫也，城郢之意，亦豈易乎〔一〕？而沈尹譏之，何哉？曰：子囊之時，其國事治，其民親上，其鄰國無虞，所以城郢，欲防患也。今囊瓦之時，其國事不治，其民甚上，其鄰國多怨，所以城郢，欲外民也。是善惡之趨異也，故設險者强，恃險者亡，子囊之慮安得不忠，而囊瓦之名安得不陋哉？

二十四年，吴滅巢。杜氏曰：「巢，楚邑。」非也。勝國曰「滅」，君死其位曰「滅」，國大而君重也。如取邑可以同滅國之號，是獲臣亦可以同滅君之稱乎〔二〕？書曰：「巢伯來朝。」巢爲諸侯審矣，非楚邑也。

二十六年，尹氏、召伯、毛伯以王子朝奔楚。傳曰：「召伯盈逐王子朝。」杜云：「『召伯』當言『召氏』，經誤。」皆非也。召伯既逐王子朝而歸敬王矣，又何爲以子朝奔乎？若云「召伯」當作「召氏」者，則又不與經合。且召伯既自歸周，則其族亦必隨之，何故猶奉子朝爲亂乎？且召伯尊也，召族卑也。今召伯不奔，召族自出，法不當書於經而敘毛伯之上也。又不得以尹氏爲比。尹氏所以書者，以有尹固也，固尊，自得書耳。召族無盈則卑〔三〕，卑何故書乎〔四〕？

〔一〕「易」，明抄本作「異」。
〔二〕「以」字原無，據明抄本補。按：上句言「可以」，則此句應言「亦可以」。
〔三〕「卑」上，明抄本有「必」字。
〔四〕「卑」，明抄本無此字。

二十七年，楚殺其大夫郤宛。杜云：「無極，楚之讒人，宛所明知而信近之，以取敗亡，故書名罪之。」非也。周公遭變，孔子被逐，如有不幸而死，則亦罪之乎？今讒人之惡不見理，而不幸之人反見收，非仲尼作春秋懲勸之本心也。

二十八年，公如晉，次于乾侯。傳曰：「公使請逆于晉。晉人曰：『君淹恤在外。亦不使一介辱在寡人。』」非也。去年，「會于扈」，傳曰：「謀納公。」若魯不告于晉，晉何納之謀？其謀納公也，是魯既告晉矣，晉且爲公謀納，豈得誣其不告哉？

三十年，公在乾侯。傳曰：「不先書鄆與乾侯，非公，且徵過也。」非也。向者公雖去國，然猶居鄆，古人所謂「若在境内，則猶君」者也，是以不歲歲書鄆耳。去年，「公如晉，次于乾侯」，但是暫時止次之名，猶以鄆爲居，自然不得書「公在乾侯」也。今鄆又潰散，公無所入，羈旅他國，國非其有，故書「公在」以繫一國之事。是聖人至意深淺各有所出，豈但徵過哉？公雖有過，猶不若季氏之悖也。仲尼謂「八佾舞於庭，是不可忍」。春秋無不略外而詳内〔二〕，尊君而卑臣，其寧縱失季氏，專攻公身而已？

吴滅徐，徐子章羽奔楚。杜云：「徐子稱名，以名告也。」非也。若必從赴告者，安知「衛侯燬」

〔二〕「無不」，明抄本作「之作」。

非當時以名告諸侯？而左氏謂其「滅同姓」，何邪？

三十一年，黑肱以濫來奔。左氏因此推言春秋之美〔一〕，且曰衛齊豹欲求名而不得〔二〕。非也。豹挾怨儲憤，發泄爲亂耳，本無不畏强禦之名，不畏强禦之名亦非豹所求也。欲言春秋之美，何患無有，而止舉此難信不通之語乎〔三〕？予謂齊豹作亂，不能不心媿，此正欲蓋者，非求名者。又曰：「若艱難其身，以險危大人，而有名章徹，攻難之士將奔走之。」予謂：設春秋書「齊豹殺衛侯之兄縶」，其貶甚於稱「盜」矣，人亦未肯奔走其名也。

三十二年，公在乾侯。傳曰：「言不能外内〔四〕，又不能用其人也。」非也。公以三十年始居乾侯，春秋歲歲書之，傳亦歲歲爲説，説之盡異，此明不知春秋本意也。設公今歲未死，明年正月亦書之耳，復欲以何事爲解乎？

定公

元年，春，王。杜云：「不書『正月』，公即位在六月故。」然則正月所以正即位也。即位則書「正

〔一〕「因」，原作「曰」，據明抄本改。
〔二〕「曰」字原無，據明抄本補。
〔三〕「止」，原作「正」，據明抄本改。
〔四〕「外内」，原作「内外」，據春秋左傳正義改。

月」，未即位則不書「正月」矣，如隱公初不即位，何故亦書「正月」邪？

三月，晉人執宋仲幾于京師。傳云：「執仲幾以歸。三月，歸諸京師。」杜云：「知不可，故復歸之京師。」若然，則晉人求掩其不義於諸侯者也，何以不告於諸侯乎？

立煬宮。傳云「季平子禱于煬公」〔二〕，故立其廟。按左氏例，苟非公命，則事無載於策者。立煬宮既本由季孫，何以得書邪？

二年，楚人伐吴。傳云：「囊瓦伐吴，師于豫章」。杜云：「囊瓦稱人，見誘以敗軍。」非也。安知非囊瓦恥敗，以微者告乎？且經又不言其敗也，何以知經之貶其敗乎？

四年，三月，會于召陵。五月，公及諸侯盟于臯鼬。杜謂：「此共是一會。復稱公者，會、盟異處故也。」非也。襄二十五年，會于夷儀，盟于重丘，亦會、盟異處矣，何不别出「公及」邪？推驗傳文，召陵之會，本爲蔡謀楚也，范獻子聽荀寅之言，遂辭蔡侯，則諸侯亦自此散矣，不得至五月乃盟也。且既辭蔡侯，則亦無緣重盟。又，傳敘召陵之事曰：「反自召陵，鄭子太叔卒，趙簡子哭之。」言「反自召陵」，則無臯鼬矣。其下乃云：「沈人不會于召陵。晉人使蔡伐沈。」亦不言臯鼬及盟時事，明此非一會也。蓋傳不記

〔二〕「公」，原作「宫」，據明抄本及春秋左傳正義改。

皐鼬之盟耳，實説召陵之會，晉辭蔡人，不爲伐楚，故蔡人憤怒，伐滅沈國，并殺其君。晉見蔡侯怨，亦恐失蔡，故相與復爲皐鼬之盟也。今傳但云「伐沈」，經云「滅沈」，已自不同。傳云「晉辭蔡侯」，又云「晉使蔡伐沈」，復未可信。且沈又常役屬楚，未嘗通晉，晉不當責其不會也。反覆推之，沈所以滅者，由蔡侯怨楚而已。

蔡侯以吴子及楚人戰于柏舉。杜云：「囊瓦稱人，貪以致敗。」是也。但於左氏例則無由知之。

吴入郢。杜云：「不稱子，史略文。」非也。公、穀是矣。

六年，季孫斯、仲孫何忌如晉。左氏曰：「季桓子如晉，獻鄭俘也。陽虎强使孟懿子往報夫人之幣。晉人兼享之。」審如左氏言者，何忌之行非公命也。非公命而行，以左氏例推之，不書於經矣。然且書經者，謂仲尼不惡陽虎，可視以爲公命乎？其異於公子豫奈何？

城中城。杜云：「公爲晉侵鄭，故懼而城之。」按：傳無此説。當時或自以他故築城，又可必乎？

八年，從祀先公。左氏曰：「陽虎欲去三桓，順祀先公而祈焉。」非也。傳有常例，非公命者，不書於策。若虎欲作亂而順祀，祀雖禮，非公命審矣，何以得書邪？且虎之謀三桓，宜使三桓不知，今明白而祈，三桓聞矣，虎何以能集其意邪？意者虎實惡季氏，季氏以臣而陵君，猶僖公以子而先父矣，不敢察察言，故先正逆祀，以微諭其意，功成事立，而後其指可見耳。虎既敗走，魯人又薄其行，則謂虎之順祀，祈作亂也。其實不然。何以知之？曰：祈則謀泄，謀泄則事危，虎必不爲也。

九年，齊侯、衛侯次于五氏。杜云：「不書『伐』者，諱伐盟主，以次告。」非也。春秋亂世，至於定、哀之閒，又亂之尤也，至於弒君而無恥，何諱伐盟主之有？

得寶玉、大弓。左氏曰：「書曰『得』，器用也。凡獲器用曰『得』，得用焉曰『獲』。」非也。向曰「竊」者，失之也；今曰「得」者，得之也。失、得相對言，得所以見失也。若器必言「得」，郜大鼎何以云「取」乎？器用不專言「得」亦明矣。

十年，宋公之弟辰暨仲佗、石彄出奔陳。杜云：「稱弟，示首惡也。」按：隱元年之例，「段不弟，故不言弟」，然則辰亦不弟者，不稱弟可也，反以見首惡稱弟，何哉？段不言弟矣〔二〕，反非首惡乎？

十三年，晉趙鞅入于晉陽以叛。傳云：「范氏、中行氏伐趙氏之宫，趙鞅奔晉陽。」然則鞅不叛也，范、中行逼之耳，經何以得言其叛乎？春秋之原情定罪固有如此邪？

晉趙鞅歸于晉。杜云：「韓、魏請之，故曰『歸』。言韓、魏之强猶列國。」非也。仲尼曰：「必也正名。」韓、魏猶爲大夫，而列國視之，則何正名矣？大雅曰：「不畏强禦。」如韓、魏以强而視列國，是畏之也。

〔二〕「弟」字原無，據明抄本補。「矣」，四庫本、薈要本無此字。

傳云：「荀躒言於晉侯，曰：『君命大臣，始禍者死。今三臣始禍，而獨逐鞅也，刑已不鈞，請皆逐之。』」予謂：尋傳前云董安于勸趙孟先爲備，孟不肯，曰：「不欲始禍。」則始禍者非鞅也，可言二臣始禍，不可言三臣也。此事三傳説之雖各不同〔一〕，然公羊似真。

十四年，衛世子蒯聵出奔宋。左氏敘蒯聵事曰：「蒯聵欲殺夫人，夫人啼而走，公執其手以登臺。太子出奔宋。」予謂蒯聵雖不善謀，安有此事哉？且殺夫人，蒯聵獨得全乎？彼所羞者，以夫人名惡也。如殺其母，爲惡愈矣，反不知可羞乎？蓋蒯聵聞野人之歌，其心慙焉，則以謂夫人。夫人惡其斥己淫，則啼而走，言「太子殺余」以誣之。靈公惑於南子所言，必聽從，故外則召宋朝，內則逐公叔戍、趙陽。彼不恥召宋朝，固亦不難逐蒯聵矣。此其真也，不當如左氏所記。又，蒯聵出乃奔宋。宋，南子家也。蒯聵負殺南子之名而走，又入其家，使真有其事者，敢乎哉？此亦一證也。

邾子來會公。杜因上「大蒐」之文而解之曰：「會公于比蒲。」非也。如杜之説，謂「大蒐」，則公在矣。按：昭十一年，齊歸薨，大蒐于比蒲。叔向譏之曰：「君有大喪，國不廢蒐，不忌君也。」以叔向之言觀之，大蒐之時，魯君不在明矣。桓四年，公狩于郎。隱五年，公觀魚于棠。漁獵之事，出非其地，皆明書公。而大蒐不言公，公不在故也，不得言「邾子來會于比蒲」。莊公遇齊侯于穀，蕭叔朝公，不言「來」者，朝在外也，杜已言此

〔一〕「事」，原作「是」，據明抄本改。四庫本、薈要本作「據」。

矣。設公在比蒲而邾子會之，其在外與穀等，固當言「會」，不當言「來」，言「來」非在外辭也。

十五年，姒氏卒[一]。左氏云：「不稱夫人，不赴，且不祔也。」非也。安有夫人卒而不稱「夫人」者乎[二]？凡夫人始卒，則史書之，書之固云「夫人」矣，不待赴、祔而書其「夫人」也。此姒氏要爲哀公之母，定公之妾。哀公未成君，故亦未敢謂其母夫人耳。

葬定姒。左氏云：「不稱小君，不成喪也。」非也。若姒氏實夫人者，固當書「夫人姒氏薨」，已而曰「葬定姒」。不稱小君，明不成喪，以責臣子可也。今曰「姒氏卒」，此非夫人也。非夫人而書「葬定姒」宜矣，何足以見不成喪乎？欲責不成喪而薨不稱「夫人」，是適足貶小君之尊，而不足見臣子之罪也。

哀公

三年，齊國夏、衛石曼姑帥師圍戚。杜云：「曼姑爲子圍父，知其不義，故推齊使爲兵首[三]。」

[一]「姒氏」，原作「定姒」，據春秋左傳正義改。按：下文既云「此姒氏」，則此處應爲「姒氏」。

[二]「稱」，明抄本作「書」。

[三]「首」，原作「者」，據明抄本、四庫本、薈要本及春秋左傳正義改。

非也。「虞師、晉師滅夏陽」，左氏以謂虞受賄，有惡，故使首之，是春秋褒貶之辨也。今何故苟從赴，爲不義者飾非乎？

四年，晉人執戎蠻子赤，歸于楚。杜云：「晉恥爲楚執諸侯，故稱人以告，若蠻子不道於民也。」非也〔一〕。晉苟不恥則已矣；若猶有恥，彼則諱而不告矣；不然，則雖告而匿其歸于楚矣，豈當誣人以不道，而自發揚其歸于楚之恥乎？此事勢之不然。且凡告執諸侯者，必曰「某侯爲某罪」。既執之矣，而春秋考其真僞而爲之辭，或稱侯，或稱人，此皆出於孔子也，豈告者自稱「某人執某侯」哉？如之何謂「稱人以告」也？且天下雖亂，不義者反取義者而執之，此春秋所當辨也。如苟取赴告而書之，彼不義者何難誣人以惡矣？

十年，吴救陳。左氏曰：「延州來季子也。」推驗其年，季子僅百歲矣。以彼其清高不污，寧貪將亂國之兵者邪？似異時事，傳附著其説耳。

十一年，公會吴伐齊。按左氏例，不與謀曰「會」，此則不與謀也。去年傳曰：「吴子使來儆師。」則是與謀矣，文不當稱「會」。然而稱「會」，傳與例乖也。

傳曰：「冉求帥左師，樊遲爲右。季孫曰：『須也弱。』有子曰：『就用命焉。』」按：「有子」當爲「子有」。子有者，冉求字也。仲尼門人字多云「子某」者，不得云「有子」也，傳寫誤之矣。

〔一〕「非也」二字原無，據明抄本補。

大率左氏解經之蔽有三：從赴告一也，用舊史二也，經闕文三也。所以使白黑混淆，不可考校。按：史雖待赴告而録，然其文非赴告之辭也〔一〕。春秋雖據舊史而作，然其義非舊史之文也〔二〕。簡牘雖有闕失，其失非聖人所遺也〔三〕。如謂史之記從赴告而已，則亂臣賊子何由而書？如謂春秋用舊史而已，則何貴於聖人之筆削也？且春秋書「良霄入于鄭，鄭人殺良霄」，「欒盈入于晉，晉人殺欒盈」，其文同也。至哀十四年，非仲尼所脩矣，其記陳宗豎，乃曰：「陳宗豎入于陳，陳人殺之。」明史之所記與仲尼之所脩異矣。又仲尼所脩，無記内邑叛者，哀十五年獨記「成叛」，此亦史文不與仲尼相似，仲尼不專用史文驗也。如謂經之闕文皆聖人所遺者，苟傳有所説而不與經同，盡可歸過於經，何賴於傳之解經哉？故春秋者，出於舊史者也，而春秋非舊史之文也。舊史者，出於赴告者也，而舊史非赴告之辭也。傳者，出於經者也，而傳非經之本也。今傳與經違，是本末反矣〔四〕，安得哉？明於此者，可以無惑於春秋矣。

〔一〕「辭」，原作「詞」，據四庫本、薈要本改。按：下文亦作「赴告之辭」，而諸本無異文。
〔二〕「非」字原無，據明抄本、四庫本、薈要本補。
〔三〕「失」，原作「史」，據明抄本改。
〔四〕「是」，明抄本作「者」，屬上讀。

春秋權衡卷第八　公羊第一

公羊之所以異二傳者，大指有三。一曰「據百二十國寶書而作」，二曰「張三世」，三曰「新周，故宋，以春秋當新王」。吾以此三者皆非也。以謂夫子作春秋，祖述堯舜，下包文武，又爲大漢用之訓世，故不專據魯史而已。然則「齊高偃帥師納北燕伯于陽」，公羊以爲公子陽生也，文當曰「齊高偃帥師納北燕公子陽生于北燕」，有所誤，有所闕，故云爾。不知百二十國寶書悉爾書謬乎？若悉爾書謬，信公羊之説可也。若百二十國寶書有一二不同，仲尼何不去彼取此乎？且百二十國之書衆矣，不容悉謬，又不宜悉同，今奈何不革？其不革也，然後知所據魯史而已。且公羊見晉晚入春秋，則曰「後治同姓」。同姓之先治者，又不可遽數，皆泥于百二十國寶書，而不知本據魯史而作。魯史所書有詳有略，仲尼止考核是非、加褒貶而已，非必百二十國書也。

又，所謂「張三世」者，本無益于經也。何以言之？傳曰：「所見異辭，所聞異辭，所傳聞異辭。」則是言仲尼作經，託記傳聞而已。説者乃分裂年歲，參差不同，欲以蒙澒其説，務便私學。假令推日月之例，書之詳而中其義，則曰「當若此矣」，適不中其義〔一〕，則猥曰「此傳聞」；若所聞，若所見，故略、故詳也。以是通之，以是扶之，無往而不入，要之無益于經，而便于私學而已。捨三世而言春秋，豈不明乎？又，傳曰：「隱亦遠矣，曷爲爲隱諱？隱賢而桓賤也。」然則本說三世，欲辨遠近，近者諱而遠者不諱也。今更不然，賢者諱之，不肖者不諱之，通春秋之內無不如此，亦何用分三世乎？公羊以謂：「國君以國爲體，故先君之恥猶今君之恥，雖百世猶可復讎。」而言春秋之義，遠則不諱，豈不横出三世，反戾其言乎？

又，所謂「新周，故宋，以春秋當新王」者，亦非也。聖人作春秋，本欲見褒貶是非，達王義而已。王義苟達，雖不新周，雖不故宋，雖不當新王，猶是春秋也。聖人曰：「不怨天，不尤人，知我者其天乎！」今天不命以王天下之任，而聖人因懟而自立王天下之文，不可訓也。且周命未改，何新之說？傳既以百二十國寶書爲據，又見記「成周宣榭火」，則謂「外災不書，今忽書者，新周也」。既無足以輔經，而厚誣聖人，不亦甚乎？說者又謂作春秋爲漢制，迷惑讖書，以僞爲真，其端出于欲干合時君、排抵二傳也。今而觀之，而不掩口笑也，幾希矣。又曰：「變周之文，從殷之質。」夫春秋，褒貶本也，文質末也，車服、器械、封建、制度，皆春秋所後言也。居周之世，食周之粟，擅合其爵，伯子男。擅易其時，田獵用夏時孟〔二〕。豈仲尼所謂「非天子，

〔一〕「其」字原無，據明抄本補。按：上句言「中其義」，則此句應言「不中其義」。

〔二〕「孟」，疑誤，明抄本作「立」。

不制度，不議禮，不考文」者乎？此不可通之尤者。而儒者世世守之，意乃欲尊顯仲尼，而不知陷于非義也。雖然，爲章句者則守之矣，爲道者則未之守也。

隱公

「元年」者，公羊以謂：「諸侯不得改元，春秋王魯，故託稱元。」非也。元者，始爾。君之始年謂之元年，猶歲之初月謂之正月，非有天子、諸侯之辨也。説者以謂「變一爲元。元者，氣也」，言天地由之始生。夫人君即位，何乃遠及天地未生之前乎？又曰：「上無所繫，故使春繫之。」夫制元年者，人君也，非實太極也。以一爲元氣，何當于義哉？其過在必欲成「五始」之説，而不究「元年」之本情也。「上無所繫」者，文勢當然，聖人雖欲損之不可損，雖欲益之不可益，又何云云乎？

「王者孰謂？謂文王也。」亦非也。公羊言王者正受命是矣，其言文王則非矣。春秋者，王政之本，故假「王」以正萬事，置之「春」、「正」之間者，明天子受命于天，諸侯受命于君，不但指文王也。又，公羊以謂「黜周、王魯」，即指文王，非黜周也。又，公羊以謂「王道三統」，即指文王，非三統也。此其自相背也。

「曷爲先言王而後言正月？」此問之非也，文不可先「正月」而後「王」也。則問曰：「曷爲先言春而後言王？」據春隨時王之正。則可謂云爾已矣。又，公羊以爲：春者天之所爲，正者人之所爲，所以先「春」而後

「王」也。亦非也。「元年」獨非人之所爲乎，何以獨在「春」上？大凡「元年春正月公即位」此八字者，文理相須，苟載事者，必皆庸焉，非聖人新意也。唯「王」一字在「春」、「正」之閒，爲聖人新意耳。則所謂「五始」者，殆虚言乎。何休又言：「諸侯不奉春王之正[一]，則不得即位。」按：桓公書「即位」，非能奉王正也。此皆蔓衍其辭，飾春秋焉可矣，非傳道必信之語也。

「公何以不言即位？」公羊以謂桓貴隱卑。然則國非隱公之國也，隱公亦僭而有之耳。始僭而有之，終辭而反之，可謂知過矣，未可謂能讓也。今公羊美隱公善讓，非其義矣。苟爲非己有而有之者，又可謂之讓，豈春秋之意乎？故讀春秋則多隱之讓，推公羊則所謂讓乃非讓也。然則公羊必欲謂隱公讓，則宜先正隱公始有國；必欲謂桓公賤，則宜先正桓公始無國。則隱得讓名，桓得賤號矣。今隱本無國，則讓非其名也；桓本有國，則賤非其號矣。隱無讓名，則何賢之有？桓無賤號，則何惡之紀？又桓既本正，當與商人同例，不當春秋深絶之。又曰：「子以母貴，母以子貴。」何休因曰：「妾母得稱夫人。」所以使漢室多母后之亂者，由此言也。嗚呼，可不慎乎！

公及邾婁儀父盟于眛[二]。公羊以謂：「及，言汲汲也，我欲之也。」非也。按：「公會齊侯，盟于

[一]「奉春王之正」，明抄本作「上奉王之正」。按：春秋公羊傳注疏作「上奉王之政」。

[二]「眛」，原作「昧」，據四庫本、薈要本改。

柯」，當是時，曹子手劍劫齊侯以復汶陽之田，可謂我欲之矣，而反書「會」，則「及」者非我欲之也。且公羊説春秋進儀父者，爲其慕義，首與公盟也。今按文，欲盟汲汲者魯也，而受褒者邾也，不亦反施之乎？且公羊謂「及者，我欲之之辭」，即外欲之，當如何書？外欲之，我不欲之，書「暨」容可；若外欲之，我亦欲之，當如何書？曰「會」者，無淺深之辭，書「會」容可，然而柯之盟則不通也。按：春秋有相與及者，此是也；有相次及者，「及其大夫孔父」是也；有逮及者，「公追齊師，弗及」是也。文爲事出，不專汲汲而已，汲汲已無義矣。「儀父」者，公羊以謂褒之也，言以魯爲新王，故褒儀父于先至也。非也。假令春秋誠以魯爲新王者，儀父猶不應褒，何以言之？本汲汲者，魯也，非儀父也。魯汲汲，儀父不汲汲，如有新王，亦勿誅儀父則幸矣，又何褒之敢望？豈有王者作而汲汲從人盟乎？有汲汲從人盟而得爲王者乎？

鄭伯克段于鄢。「克」者，公羊以謂殺也，曰：「謂之克，大鄭伯之惡。」何休因云：「以『弗克』大郤缺之善，知加『克』大鄭伯之惡。」非也。彼「弗克納」者，猶曰「弗果納」云爾，非「克段」之比也。即以「弗克」爲善，「弗克葬」有何善乎？即以「克」之爲惡，「弗克葬」有何惡乎？大凡春秋之文，與事推移，非拘一而廢百也，是何異求鄭人之璞于周人者哉？鄭人謂玉之未剖曰璞，周人謂鼠之未腊曰璞，知其同名而不知其異物也。故吾謂：克之者，戡之也。戡之者，殺之也。不直言「殺」而言「克」者，段有徒衆，非直殺一夫者也。

「于鄢」者，公羊謂當國而在外也，曰：「在内，雖當國不地也。不當國，雖在外亦不地也。」何休曰：

「明當國者在外乃地爾。爲其將交連鄰國，復爲内難，故録其地，明當急誅之。」然則諸傳所稱者，討賊例也，地與不地皆已殺而後見，又何説將「交連鄰國，復爲内難」乎？死乃復有爲難者乎？休又曰：「其當國者，殺于國内，禍已絶，故亦不地。」若然，殺于國外者，禍獨未絶乎？均之禍絶而已，則國内猶國外也。

天王使宰咺來歸惠公仲子之賵。何休云：「稱天王者，王不能自正，而上繫于天。」非也。周雖微，豈自嫌于楚、越哉？周雖自嫌于楚、越，春秋亦豈嫌周于楚、越哉？楚、越稱「王」，春秋正之爲「子」；周自繫天，春秋可勿正乎？且理必無自稱「天王」之義。此乃諸侯尊天子之號耳，不如何休言也。「宰咺」者，公羊以謂「中士當以官録」，非也。「宰」者尊稱，非中士所當冒。又設非宰士，可云司徒、司馬、司寇、司空咺乎？「來歸」者，公羊以謂「來者，不及事也」，而分别之曰：會葬、奔喪稱「來」者，常文也；歸賵、含、襚稱「來」者，不及事也。其及事者，宜去「來」。而「王使榮叔歸含且賵」者，又實不及事，則公羊所説都不信也。吾以謂喪有早晚，著之于經，其及事、不及事可見也。假令去「來」而不及事，不可强通以及事；假令不去「來」而及事，不可强排以不及事。其情易明，何假委曲爲例乎？然則有來而歸者，有歸而不來者，此其所以文異也。會葬也，奔喪也，歸賵也、襚也、含也、衛竇也、公孫敖之喪也、濟西田也，有何異乎？

「惠公仲子」者，公羊以謂：仲子，惠公之妾。非也。此與「僖公成風」同耳，成風豈僖公之妾乎？又曰「兼之，非禮也」，是又以「惠公仲子」分兩人也，亦非也。妾母因子而得賵，故舉母冠子，明其以子得賵，非兩人也。公羊以妾母得稱夫人，故爲此說。苟知道者，皆足以知其非矣，又足辨乎？

及宋人盟于宿。公羊以謂兩微者，非也。盟者，國之大事，豈兩微者所定乎？苟有兩微者盟，春秋固不書之，然則此自公也，諱之，沒公矣。

祭伯來。公羊以謂「奔也」，不及奔者，「王者無外」也。非也。周人未滅，降以爲國，魯人不王，進以爲君，脩虚文而害實義，仲尼豈爲之乎？且王者無外，言「奔」不言「出」足矣，亦猶言「入」不言「歸」也。又欲不言「奔」，則與「祭公來」何以異乎？

公子益師卒。公羊以謂：「何以不日？遠也。」何休曰：「所見之世，恩己與父之臣尤深。大夫卒，有罪無罪，皆日録之。」吾謂己與父之臣雖誠有可恩者，若有罪如季孫意如者又可恩之，何以訓後世乎？彼實逐其君，得以小恩妨大義乎？又曰：「於所聞之世，王父之臣恩少殺。大夫卒，無罪者日録，有罪者不日。」吾謂公孫敖非無罪者，實著甲申。叔孫得臣傳無罪惡，卒而不日。何休乃引公孫敖以爲諱恥，而排叔孫得臣以見知，不亦誣乎？又曰：「所傳聞之世，高祖、曾祖之臣恩淺，大夫有罪無罪皆不日。」吾謂春秋治十二世之事，善善惡惡，今如所言，是使善惡混淆，善不見旌，惡不見貶也。且公羊謂春秋以隱公當新王也，有王者作，方治内之時，而忘恩於其卿佐乎？故事在可以然之域則歸之三世，在不可以然之域則致之新王，使其言如循環而不可訓，以迷世罔民也。此學者之禍也。故辨者能惑人以言而不能服人之心，此之謂歟！

二年，無駭帥師入極。公羊以謂：「入者，滅也。無駭不氏者，疾始滅也。」非也。春秋雖爲國諱，然皆使其文不害實，今更「滅」爲「入」，則是文害實也。且無駭不氏，亦非疾始滅也。滅人之國重矣，始滅、終滅，其坐應同。且公羊以春秋王魯，「所傳聞之世，治起於衰亂之中，用心尚麤」，豈非謂刑新國用輕典乎？今貶無駭反特重，貶鄭游速反故輕，殊不可曉也。按：春秋之初，接近西周，先王餘法猶存，諸侯僭佚猶鮮。故魯卿執政多再命，翬、俠、無駭皆是也。公羊不知，見無駭不氏，因謂貶也。又惡貶之過例，因謂「入者，滅也」。此皆求其義不得而强爲之詞也〔一〕。

紀履緰來逆女。公羊以謂：「不稱使，昏禮不稱主人。」非也。按禮，國君求昏之辭曰：「請君之玉女與寡人共有宗廟之事。」豈非主人乎？又，公羊外使文稱「使」，内使文稱「如」。若昏禮不稱主人，履緰不稱「使」可也，爲養廉遠恥也。「公子遂如齊逆女」，何故稱使乎〔二〕？豈聖人於佗國之君則欲使養廉遠恥，於己國之君則欲使勿養廉遠恥乎？此其不通也。

夫人子氏薨。公羊以謂：「隱之母也。」此公羊以妾母得稱夫人，故謂隱母爲夫人也。然妾母實不得稱夫人。當此之時，禮法尚少存，「惠公仲子」是也。而隱公又賢，豈其違禮私貴其母哉？

〔一〕「皆」字原無，據明抄本補。
〔二〕「何」字原無，據明抄本補。

三年，二月，己巳，日有食之。公羊以謂：「或日，或不日；或失之前，或失之後。」非也。公羊以日月爲例，故爲此説。然聖人據魯史以作經，是以稱曰，「其事則史，其序則主會者爲之，其義則丘有罪焉」。若夫日月有詳略，此皆史文也，聖人所不得改之；又非不欲改也，無所據也。事有善惡，史文雖不實，聖人則正之。何則？事故與日月不同也。假令舊史無日月，今例當日，横增之則不信，不增之則反於例。如此者，聖人所無可奈何也，是以春秋不取日月也。若夫人事之善惡，政令之得失，聖人嘗上考三五之世矣，與天下共之，故加其意而損益焉，不疑故也。故吾論春秋不以日月爲例，豈不然乎？

天王崩。公羊以謂：「記崩不記葬，必其時也。」非也。公羊據百二十國寶書，故云「不及時書」、「過時書」、「我有往者書」。不知凡書者，皆爲我有往者耳。其名氏著者，命卿也；其名氏不著者，微者也；其不志葬，則公自往也。春秋常事不書，故奔喪、會葬、朝京師皆不書也。若以必其時則不書，是無以見公自往與不自往。

葬宋繆公。公羊以謂：「不及時而日，渴葬也。渴，急也。不及時而不日，慢葬也。過時而日，隱之也。過時而不日，謂之不能葬也。當時而不日，正也。當時而日，危不得葬也。」予謂「渴」之與「慢」，同施於葬先時耳，若謂「慢」與「渴」有别，則何不出「過時而慢」之例？又所謂「過時而日」者，直指齊桓公而言爾。當是時，公子爭國，隱之可也。若夫衛穆公、宋文公，成三年。無齊桓之賢，無爭國之患，過時而日，有何可隱之乎？若如傳所言者，衛穆公、宋文公無他患難，而過時乃葬，宜不日以見其慢，無爲乃隱之也。又所謂「過時而不日」者，謂平安無故，而懈緩不能葬者也。若國有憂亂，嗣子放弑，雖復過時，豈臣子本情，而當責以不能葬乎？諸如此義，不可勝紀，故稍舉焉。其蔽在於以日月爲例也，吾既言之矣。

四年，莒人伐杞，取牟婁。公羊以謂：「外取邑不書，疾始取邑，故書。」非也。公羊以百二十國寶書言之，故云爾。不知佗國取邑，有赴有不赴也〔一〕，赴者書之，不赴者不書之。其書之，則春秋所有也；其不書之，則春秋所無有也。且伐人取邑，要爲不可，則疾始與久等耳，長葛爲久。等爲取邑，而書何必分別「外取邑」哉？何休又云：「外小惡不書，故此處見疾始也。」然則傳聞之世，外小惡不書，則所聞、所見之世應治外小惡。諸取邑者何不據百二十國寶書悉書之，而獨汎謂「外取邑不書」乎？

衛州吁弑其君完。公羊以謂：「不稱公子，當國也。」非也。諸弑君而稱「公子」，公子而爲大夫者也。公子而不稱「公子」，公子而未爲大夫者也〔二〕。大夫弑君，其三命稱氏，其再命稱名，其不命稱「盜」，通乎春秋，亦不待說已〔三〕，當國與不當國何足辨乎？公子、公孫弑其君，有不當國乎？非公子、公孫弑其君，

〔一〕上「赴」字下，明抄本有「也」字。

〔二〕「而」，明抄本作「之」。按：上文云「公子而爲大夫者也」，則此應云「公子而未爲大夫者也」。「之」非是。

〔三〕「待」字原無，據明抄本補。

有當國乎？宋督、宋萬豈當國爲君者哉？公子商人豈不當國爲君者哉？乃曰：「宋督爲馮取國，故使氏國。」然則齊陳乞亦爲陽生取國，何不使乞氏「齊」哉？又曰：「商人次正當立，故氏公子。」然則陽生亦本正當立，何不氏「公子」哉？以謂陽生爲諼〔二〕，故去「公子」，商人豈不先諼舍而後弒之哉？其諼之同，而氏不氏異，何也？以謂陽生諼成于乞，商人已自諼之，則是諼成他人者，不得次正之名而已。自諼之者，猶冒次正之號，當使其罪差輕，不亦失輕重乎？且春秋書「陳乞弒君」，見諼成於乞足矣，何不氏陽生以「公子」，少明其次正乎？此皆非聖人本意也。

公及宋公遇于清。何休云：「言及者，起公要之。」其意謂及，汲汲也。非也。及者，與耳。義不可稱曰「公會宋公，遇于清」，若爾，便似「遇」者别一「朝」、「會」之名〔三〕，非卒然相遇也。公羊既無以釋「及」，遂强云「一君要之」，必欲使有汲汲之意居閒，以符元年之言。而何休因就成之，其去道不亦遠乎？

翬帥師會宋公伐鄭。公羊以謂：「翬不氏者，與弒公，貶也。」非也。當此之時，翬未弒君，可得貶乎？且公羊說仲遂卒，不於弒時貶者，曰：「於文則無罪，於子則無年。」是明不貶人於無罪也。今此雖在隱年，而固在無罪之時，如何乃貶之乎？又，何休以謂：桓三年乃無王者，三年之前未無王也。然則必及其已

〔二〕「謂」，原作「爲」，據明抄本改。按：下文亦作「以謂」。
〔三〕「似」，明抄本作「以」。

無王而後貶也。於此貶翬，可謂當乎？是皆公羊、何休之說，而忽自違之，謂他人何？

五年，考仲子之宮。公羊以謂：仲子，桓母。非也。說已見元年「歸賵」。初獻六羽。公羊以謂「僭諸公」，近之矣，而未合也。魯祭周公宜用八佾，祭魯公宜用六佾，祭羣公宜四佾。今祭仲子用六佾，是以仲子僭魯公。以仲子僭魯公，則且以羣公僭周公矣。言六羽之僭而不言八佾之僭者，在春秋之中而不可言也，此所以季氏得僭八佾也。

宋人伐鄭，圍長葛。公羊以謂：「邑不言圍。」非也。圍之爲義，施於塹守而已，無擇於國與邑也。苟有過告者則書之，何爲不言乎？且春秋之所以不擇於國與邑而悉書之者有說，爲害民傷財也，何謂「邑不言圍」？

春秋權衡卷第九　公羊第二

六年，春，鄭人來輸平。公羊以謂：是時戰于狐壤，隱公獲焉。本當言「獲」，爲諱大惡，則當言「戰」。而君獲不言「敗績」，故不得言「戰」，而言「輸平」也。非也。先是，翬與諸侯伐鄭，未有「平」文，何謂吾成敗乎？何休乃以外平不道。按：魯之公子與鄭爲平，理無不道者。且元年宰咺來歸賵，何休云：「外小惡不書，書『歸賵』者，接内故也。」今此翬及鄭平，可得不以接内書乎？又，且置此「平」虛論之，戰而見獲而謂之「輸平」，喪失實，文與義乖，非聖人本心也。又曰：「稱人，爲共國辭。」且就公羊解之，何以能必其非將卑師少乎？文何以異于「齊人來歸衛寶」，而横出於「共國」之語乎？大凡國君使卿大夫，嫌其逼君，故常加「某君使某人」以厭之。若使微者，位卑無嫌，故汎稱「人」耳。歸衛寶、歸成風之襚、歸汶陽田，皆與此一類也，汶陽田有不言「來」者〔一〕，魯公及魯人自從齊國内受之也。何以異哉？

〔一〕「有」，明抄本無此字。

七年，叔姬歸于紀。公羊以謂：「叔姬者，伯姬之媵也〔一〕。」非也。媵賤不書，春秋之通法。假令實後爲嫡，有賢行者，書「葬紀叔姬」及「紀叔姬歸于酅」足以見矣。雖然，猶恐非也，何乃又爲書其初歸哉？且公羊以謂「許人臣者必使臣，許人子者必使子」，今叔姬非實嫡也，伯姬死而攝嫡耳。於攝嫡之時，既已撓法書其賢〔二〕，又欲上及初歸之日，文與伯姬並矣。無乃許人媵者乃不使媵乎？嫡、媵之法，自春秋亂之，何哉？

滕侯卒。公羊以謂：「不名者，微國也。」非也。公羊説「蔡侯考父卒」，隱八年。曰：「卒從正，葬從主人。」然則滕雖小國，可獨不從正乎？計許與滕，大小猶等。許爵爲男，在傳聞之世卒且書名，僖四年「新臣」。況滕侯乎？何休又云：「春秋王魯，託隱公以爲始受命王，滕子先朝隱公，春秋襃之以禮，嗣子得以其禄祭，故稱侯。」是何迂僻也？若嗣子得以其禄祭，則先君得稱侯，而嗣子豈不得以其禄傳世？而後君何以獨不得稱侯？迷妄至此，可悲也哉！且滕君猶以其子故故稱侯，則豈不得以其子故故書名哉？吾謂假令滕侯卒，忽有名，何休必且曰：「其子朝魯，其父應見録〔三〕，故從大國例。」以是説經，又何往而不得？

〔一〕「媵」，原作「娣」，據春秋公羊傳注疏改。按：下文言「媵賤不書」，則「媵」當爲是。又按：本句爲何休之注文，非公羊之傳文。

〔二〕「已」，原作「以」，據明抄本改。

〔三〕「錄」，原作「禄」，據明抄本改。按：「禄」蓋涉上而誤。

齊侯使其弟年來聘。公羊以謂：「母弟稱弟，母兄稱兄。」非也。天子、諸侯絶期者，族人不得以其戚戚君也，致爲親親則有矣，何得以其屬通哉？「公子慶父伐于餘丘」、「公子牙卒〔一〕」，則以謂貶不稱弟也。「公子友如陳」，莊二十七年〔二〕。則無以説之，不亦二三乎？

八年，我入邴。公羊曰：「言『我』者，非獨我也，齊亦欲之。」非也。經但言「我」，實不言齊，誣齊亦欲，失其真矣。

宿男卒。何休曰：「宿男先與隱公交接，故卒褒之也。不名、不書葬者，與微者盟功薄，當褒之爲小國，故從小國例。」按：宿當是時真小國矣，又何説「從小國例」乎？若宿本無國，今褒爲小國，可矣。宿自有國，無説褒乃爲小國也。有王者作，必不比天下之諸侯而誅之，況肯比天下之諸侯而廢之乎？諸侯不廢，國固其國也〔三〕。宿雖不與公盟，猶是小國君也，何强紛紛乎〔四〕？

公及莒人盟于包來。公羊以謂：實莒子，「稱人則從不疑也」。非也。無故貶莒子爲「人」，意以謂當使微者隨公，不使公隨小國之君也。夫公及小國君盟何不可，而反欲隨微者卑稱乎？欲爲隱公張義，其實乃

〔一〕「牙」字原無，據明抄本補。
〔二〕「七」，明抄本作「五」。按：此兩年均有公子友如陳之事。
〔三〕「固」，原作「故」，據明抄本改。
〔四〕「强」，明抄本作「須」。

損之耳。

無駭卒。説已見二年。

九年，俠卒。公羊以謂：「未命大夫。」近之矣，未合也。俠者，再命爾。

十年，壬戌，公敗宋師于菅。公羊以謂：「偏戰也。」非也。按：公羊以日月爲例，故云爾。若「衛師、燕師敗績」，豈非偏戰而内勝乎？言「戰」言「敗」，明偏戰乃得言「戰」也；言「敗」而不言「戰」，明彼乃獨敗〔二〕，非偏戰也。覩文自了，亦不假日月爲例矣。故魯與諸侯偏戰而勝，則言「戰」言「敗」；偏戰而不勝，則言「戰」而不言「敗」。詐戰而勝，則言「敗某師」；詐戰而不勝，春秋無其文，未知偶無之邪？亦其諱詐而不勝者邪？難「衛師、燕師敗績」處自在本經。又，公羊以謂「内不言戰」，亦非也。内不言，戰而敗耳；戰而勝，何故不言？即不當言，乾時之戰何以言也〔三〕？

辛未，取郜。辛巳，取防。公羊以謂：言其日者，「一月而再取，甚之也」。非也。公既詐勝宋師，用二十日閒得其兩邑。若不著日，則似同時取之。此理當然，非所甚也。又曰：「内大惡諱，小惡書。」按：春秋可諱則諱，可書則書，大惡有不諱者，「躋僖公」是也。又曰：「外大惡書，小惡不書。」按：外小惡書

〔二〕「彼」，明抄本作「此」。

〔三〕「乾時」，原作「龍門」，據明抄本改。儒藏本校勘記云：「龍門之戰無書敗之文。乾時之戰，書戰亦書敗。」

者多矣，豈謂不書乎？詳傳此言，又指百二十國寶書而説，不知據魯史也。

宋人、衛人、蔡人伐戴。鄭伯伐取之。公羊曰：「易也。」何休云：「因其困而滅之。易若取邑，故言『取』，欲起其易。」非也〔二〕。公羊以取邑爲小惡，滅國爲大惡。今變「滅」爲「取」者，是去大惡就小惡，縱失鄭伯之罪，而徒録其難易已爾，可謂春秋乎？且春秋何不言「鄭伯伐滅之」，豈不兼見其因人之力而滅人之國乎？而何爲區區然記其難易而已？滅國而難者，於罪有省乎，抑無省乎？滅國而易者，於罪有加乎，抑無加乎？均之滅國而已者，無爲分別其難易，以顛倒「滅」、「取」之名也。且「取」之名何獨易乎？「宋人伐鄭，圍長葛」，明年「取之」。更年而得邑，公羊以謂强，又何謂易乎？

十一年，滕侯、薛侯來朝。公羊以謂：「其兼言之者，微國也。」非也。雖天子不敢遺小國之臣，聖人作經，乃遂略微國之君乎？此乃同時旅見者，春秋據事而書，欲見義耳。且滕、薛、穀、鄧，爵位差同，而穀、鄧失地，滕、薛先附，何故略此而厚彼乎？何休又曰：「滕序上者，春秋變周之文，從殷之質，質家親親，先封同姓。」亦非也。如休之意，以謂滕是後常稱「子」，薛是後常稱「伯」，知本小國，春秋王魯，故褒爲「侯」耳。然則薛本爵加滕一等，以同姓之故，故滕得與並稱「侯」，又撓使居下，不乃太阿乎？猶有可諉，曰「位均」。夫先朝者可褒，則先叛者可貶矣。鄭人親獲隱公，而爵列不降，以謂稱「人」則足見矣。公

〔二〕「非」上，明抄本有「皆」字。

子翬終隱之篇貶，鄭伯何獨不終隱之篇貶乎？是皆委曲不通于道者也。滕、薛，王者之元功也；鄭人，王者之亂臣也；公子翬，隱公之賊也。以賊况亂臣，理當終隱之篇貶矣。又，楚子執宋公伐宋，公羊猶以終僖之篇貶之，知此「鄭人」不得但一貶而已。

公薨。公羊曰：「隱無正月者，讓乎桓也。」非也。適無正月耳。若以輸平爲據，輸平何足恃乎？

桓公

元年，璧假許田。公羊以謂：「許田者，魯朝宿之邑也。謂之『許』者，繫之許也。」非也。詩云：「居常與許，復周公之宇。」然則周公受封，本有此許邑，非孔子作春秋故繫之許也。且地邑各自有名，或曰「許田」，或曰「龜陰田」，據實而書，豈擅改易哉？

二年，紀侯來朝。何休云：「稱侯者，天子將娶于紀，故封之百里。」不知休此意者，謂紀侯實自受封于周邪？亦春秋見王將娶紀女，故進其爵爲侯法邪〔一〕？若以紀侯實自受封者，安知滕、薛後不稱侯，非天子黜之邪？若以春秋爲王見義者，又可謂新周、王魯邪？凡封建諸侯，當自天子出，而春秋私自進退名爵，雜亂不知所統，此可謂禮邪？又曰：「天子得娶庶人女，以其得專封。」亦非也。天子者，養天下之民，居天

〔一〕「侯」，明抄本作「後」。

下之尊，守天下之法者也。能刑人，能爵人，則信其職矣。雖然，刑人當以罪，爵人當以德，豈以其得專之，遂妄刑人、妄爵人哉？況撓以情慾，玩以私愛，而捐百里之命于匹庶之人，此輕宗廟社稷甚矣！使後世不肖君因緣此義，欲以下里賤人之女而共天地之事，豈不甚失哉！

蔡侯、鄭伯會于鄧。公羊曰：「離不言會，而言會者，蓋鄧與會也。」非也。二國相會，理不可言「蔡侯、鄭伯及于某」。且實行會禮，非會而何？承赴而書，故不甚見爾。乃據「齊侯、鄭伯如紀」以爲比例，彼自亦妄説，何可據乎？所謂「離不言會」者，左氏得之矣。

公至自唐。何休云：「致者，君子疾賢者失所，不肖者反以相親，故與隱相違也。明前隱與戎盟，雖不信，猶可安也。今桓與戎盟，雖信，猶可危也。所以深抑小人也。」非也。按：元年「會于垂」，休云：「不致者，奪臣子辭。」此「致」，休又云「抑小人」。若誠奪臣子辭，會戎有危而不致，適可見矣，何故反書其「至」，與餘公一例邪？且隱公與戎盟，不書「致」，亦奪臣子辭邪？大凡矜巧辭以曲通者[一]，「卯有毛」、「白馬非馬」猶可通也，但恐繁而不要，亂道真耳。

三年，春，正月。何休曰：「不書『王』者，見桓公無王而行也。二年有『王』，見始也。十年有『王』，數之終也。十八年有『王』，桓公之終也。不就元年見始者，未無王也。」非也。弒君之罪不輕于成人

[一]「矜」，明抄本作「務」。「以」，明抄本無此字。

亂，易地之惡不差于納鼎太廟，而以爲元年未無王，輕重失序，刑罰不當，民殆無所措其手足〔一〕。且夫休所指「桓無王」，止此數事矣。弒君見于「即位」，成亂效于納賂，易地著于「璧假」，其迹已明。雖使春秋歲輒書「王」，其可謂「桓有王」乎？然則不書「王」，其不爲此數事亦明矣，非公羊、何休所能見。

齊侯、衛侯胥命于蒲。公羊以謂：「結言而不盟，春秋善之也。」非也。先王爲民之不信，言之難恃，故殺牲、約誓以告於神明而爲盟，所以齊信也。然則盟固先王之所有矣。春秋之惡盟者，惡其瀆也，非惡盟之不及結言也。春秋亂世，齊、衛凡君，會而相命，蓋何足算？陽穀之會，公羊以謂：「遠國皆至，桓公發禁於諸侯，諸侯咸無用。」盟最盛矣，豈非結言而退乎？則何不謂之「胥命」哉？

四年，公狩于郎。公羊以謂：「春曰苗，秋曰蒐，冬曰狩。」非也。周禮：「春蒐，夏苗，秋獮，冬狩。」得其正矣。周禮雖非仲尼所論著，然制度巋存焉，蓋周公之舊也，仲尼嘗執之矣。子所執禮。其有駮雜，封國之制。似周衰諸侯所增益也，不足以害其大體。蒐、狩之名，則吾從周。何休云：「不言夏田者，春秋制也。以謂飛鳥未去於巢，走獸未離於穴，恐傷稚幼也。」亦非也。公羊子承絕學之後，口授經、傳，顛倒蒐、狩，且有所遺爾，何説春秋制乎？計仲尼之聖不過三王，故曰：「禹，吾無閒然。」「文王既沒，文不在茲乎？」夫三王四時皆田矣，而春秋獨闕一者，其意欲推仲尼之仁賢於三王也。即有妄人，四時俱勿畋，又可謂賢於仲尼

〔一〕「殆」，原作「始」，據明抄本改。

乎？且以是而論聖人，不亦淺哉？禮記王制記四時之田，亦復闕夏。蓋王制出於漢時諸儒，而諸儒承公羊之繆，遂至於此，不足以爲據也。鄭康成乃云：「是夏時制度，避其號耳。」夫夏后非王莽也，何爲若是多忌諱乎〔二〕？何休又云：「狩例時，此月者〔三〕，譏不時也。」其意謂仲尼作春秋，欲令於孟冬狩也。夫仲尼之制作在哀十四年，而桓公自用周禮以田狩，桓公非得素受道於仲尼也。在此爲此，在彼爲彼，仲尼安得而譏之？是今日適越而昔至也，不亦妄乎？

宰渠伯糾來聘。公羊以謂：「下大夫也，繫官氏，名且字。」非也。理不可書名而又書字，仲尼之筆一何繁且迂至此哉？又，何休曰：「下去二時者，爲貶天子下聘也。」亦非也。史有遺闕日月者，仲尼皆不私益之。日月無足見義，而益之似不信，故不爲也。苟焉曲爲生義者，又何不得？

五年，甲戌，己丑，陳侯鮑卒。公羊以謂：「甲戌之日亡，己丑之日死而得，君子疑焉，故以二日卒之。」非矣。陸淳既言之矣。

齊侯、鄭伯如紀。公羊以謂：「離不言會」，故言「如」也。非也。春秋之記盟會者，所以刺譏諸侯，義亦出隱二年注。非善羣聚而惡離會也，離會何爲不可書哉？何休又云：「嫌外離會常書，故變文見意，以別嫌

〔二〕「爲」，原作「謂」，據明抄本改。

〔三〕「此」字原無，據明抄本及春秋公羊傳注疏補。

明疑〔二〕。」亦非也。所謂嫌疑者，爲其害道，是以必别之明之。不知記離會何害於春秋，而仲尼必欲改「會」爲「如」，以亂事實哉？夫盟、會同物，而春秋獨不記離會，又何爲哉？春秋雖内其國，而公與諸侯固等列也，記内離會可不謂之「離會」乎？而以爲「離不言會」，失其類矣，其惑在於百二十國寶書也。

仍叔之子來聘。公羊以謂：「父老，子代從政。」若是則世卿也，何不曰「仍氏之子」乎？何休以謂：「不稱氏者，起其父在。」夫春秋所以貶，貶其世卿也。今縱失世卿之罪，而録其父在而已，無乃失輕重乎？且武氏不言「之子」，今此言「之子」，亦可以見父在矣。而不曰「仍氏」，知非父老子代者也。且文稱「仍叔之子」，不足以效其父老子代義，故難信也。

蔡人、衛人、陳人從王伐鄭。公羊、何休以謂：「實三國之君，稱人，從不疑。」非也。若實國君，則天子非微弱，今以不能從諸侯而獨得其人，所以見微弱也。且若實國君從天子者，春秋方書之以見褒，何謂乃損其名哉？

大雩。公羊以謂：「言雩，則旱見。言旱，則雩不見。」非也。凡雩者，爲請雨也。若書「雩」以見旱，是謂雩者必不得雨也。若雩必不得雨，則「雩」可以見旱矣；若雩可得雨而以「雩」見旱，豈雩之情乎？又且旱而雩，雩而得雨，春秋將何以書之？若書「旱」，則實得雨；若書「雩」，又不足以效其得雨，而方解以

〔二〕「疑」，原作「微」，據明抄本及春秋公羊傳注疏改。下句「疑」字同。

見旱；若都勿書，則廢其應變之精誠。未知公羊何以解邪？

州公如曹。何休曰：「稱公者，申其尊。」非也。時王褒之則進爵，邾子是。春秋王魯，褒之則進爵，滕侯是。有所責惡而見其尊亦進爵，州公是。春秋所嘉而賢者亦進爵。高子是。凡二百四十二年，而操賞罰四人焉，是何營營乎？且謂「州公寔來」亦足矣，又何申之？

六年，寔來。公羊以謂：「慢之也。」非也。君子躬自厚而薄責於人，人雖無禮，我可不爲禮乎？何故慢之？何休云：「州公過魯都而不朝，是慢之。」亦非也。諸侯相過，安得必行朝禮？假令過十國，亦當處處朝乎？蓋假涂則有之矣，主爲客禮則有之矣，何必盡行朝禮乎？先王之制，諸侯相朝，考禮、正刑、一德，必就有道之國。今桓公無道而人不朝，乃其宜也，不敢棄先王也。春秋方宜爲魯内訟，何暇責人乎？且若休所云者，入都必朝，則是不擇有道，而苟以行過爲禮也。春秋何以刺邾人、牟人哉？

大閲。公羊以謂：「以罕書也。」何休曰：「三年簡車謂之大閲，刺桓公忘武備也。」不知所謂「罕」者，謂自入春秋今始一閲邪？謂桓公過其三年之期，今始一閲也？若自入春秋今始一閲，則非獨桓公忘武備，隱亦忘也。如此，審爲桓公過其三年之期而始一閲，故得以罕書也。然必閲而後書之，假令桓公終身不閲，春秋遂不得書，則是與隱公無以辨也。又非必桓公終身不閲，春秋不得書爲可疑也。假令桓公初歲一閲，終歲又一閲，春秋書之，公羊必以謂「書，罕也」，則未知中閒罕乎，亦不罕乎？若謂罕，則中閒無文以見；若謂不罕，則中間實未嘗閱。此文之不通，難以强合者也。又，何休所説，簡車徒有比年、三年、五年之目，在桓公之世獨閱以罕書〔二〕，是明比年、五年俱不罕也。桓公又非終不閱者也，今已閱之矣，直失其時耳。如此之於武備〔三〕，何謂忽忘乎？

蔡人殺陳佗。公羊以謂：「外淫乎蔡，蔡人殺之。」非也。「蔡人」者，討賊之辭也。佗本簒，故以討賊之辭言之，猶「衛人殺州吁」、「齊人殺無知」、「楚人殺陳夏徵舒」等也。佗雖自君，内不爲國人所附，外不爲天子所命，是以異於商人，而不得以逾年例言也。公羊子失其事實，聊爲設罪端耳。

子同生。公羊云：「喜有正也。」非也。國之嫡嗣莫重焉，史無得不書。以爲感隱、桓之禍，故以喜書，不亦淺近乎？何休又曰：「不稱世子者，明欲以正見無正。」亦非也。諸侯之嫡，雖當世爵，然必誓於天子而後稱世子。今此未誓，故不稱世子耳。「以正見不正」，不亦鄙乎？

七年，焚咸丘。公羊以謂：「咸丘者，邾婁之邑，其君在焉，故不繫國。焚之者，樵之也。」非也。按：公羊凡春秋所書内取邑，苟不繫國，悉歸之邾婁，今此亦其比也。又按：「邾人執鄫子用之」、「宋人、

〔二〕「世」，原作「書」，據明抄本改。

〔三〕「此」，原作「比」，據明抄本改。

蔡人、衛人伐戴〔二〕，鄭伯伐取之」，諸若此類，不仁之甚者，春秋明書之，不使文亂實。若誠火攻人君，應書曰：「伐咸丘，焚之。」與「伐戴」之文相符矣。今但曰「焚咸丘」，而無兵戈之意，安知不以火田乎？又，公羊解「取根牟」曰：「諱亟也。」然則彼爲亟，故不繫國；此爲君存，亦不繫國〔三〕。亟於取邑，小惡之小也；焚人之君，大惡之大也。文不足以相起而實相亂，未可謂善爲春秋。

穀伯綏來朝。鄧侯吾離來朝。公羊以謂：「名者，失地之君也。」非也。若實失地，何故稱「朝」？且朝者，施於有國有家者，春秋不以禮假人，如之何以奔爲朝也？又，諸侯失地者不必名，温子、弦子、譚子是也。何休之説以謂：「名者，見不世也。」若如此，彼三子者亦嘗世乎？

八年，己卯，烝。公羊以謂：「譏亟也。」非也。春秋欲見五月再烝，故於此不得不書也。烝，猶將書「壬午，猶繹」者，不得不先書「有事於太廟」也。此其實矣，又何亟乎？何休云「屬十二月已烝」者，其意謂常事不書，則此以非常書。不知常事有不得已而書者，亦不害於非常書也。

祭公來，遂逆王后于紀。公羊云：「不稱使，婚禮不稱主人。」非也。祭公來魯，魯非婚家也，稱使何傷？又，「不稱主人」者，豈確論乎？吾既言之於紀履緰矣。

〔二〕「宋人」二字原無，據明抄本補。

〔三〕「國」字原無，據明抄本補。

九年，曹伯使其世子射姑來朝。何休曰：「雖非禮，有尊厚魯之心。故曹伯卒、葬詳録。」非也。春秋豈爲説之不以道而説乎？古之制禮者，非取其過厚也，爲之中節而已。故過之不得，不及之不得不譏。

十年，公會衛侯于桃丘，弗遇。公羊以謂：「公不見要也。」何休云：「時實公欲要衛侯，衛侯不肯見公。」非也。「公會衛侯于桃丘」者，即公本約衛侯爲會于桃丘也。「弗遇」者，公後其期，衛侯已去，不相遇逢也〔一〕。公羊本解「遇」爲一君出，一君要之，故謂此爲公要衛侯。推其文而不可爲説，何者？公羊既云「會者，期辭」矣，又云「一君要之」。若實期辭，非要之也；若實要之，非期辭也。二者不可並，而離析乖逆，非經意也。要曰：遇者，相遇云爾，何用紛紛乎？

齊侯、衛侯、鄭伯來戰于郎。公羊以謂：「稱來戰者，近乎圍也。」非也。近乎圍，豈實圍哉？聖人豈探其近乎圍之意而書之哉〔二〕？且春秋惡戰耳，不分別遠近，遠近何當於義乎？又曰：「内不言戰，言戰乃敗矣。」亦非也。内不言敗爾，言戰何傷？

十一年，宋人執鄭祭仲。公羊以謂「知權」，非也。若祭仲知權者，宜效死勿聽，使宋人知雖殺祭仲

〔一〕「遇逢」，明抄本作「逢遇」。
〔二〕「探」，原作「採」，據明抄本改。

猶不得鄭國，迺可矣。且祭仲謂宋誠能以力殺鄭忽而滅鄭國乎，則必不待執祭仲而劫之矣。如力不能而夸爲大言，何故聽之？且祭仲死焉足矣，又不能，是則若强許焉。還至其國而背之，執突而殺之可矣，何故黜正而立不正以爲行權〔一〕？亂臣賊子孰不能爲此者乎？古之人既有知之者矣。

突歸于鄭。公羊曰：「突何以名？」問之非也。突之名猶小白、許叔矣，何故問乎？當曰：「突何以不繫國？」則曰：「挈乎祭仲。」可矣。又曰：「其言歸何？順祭仲也。」非也。若仲之爲者，春秋之亂臣也，如何順之乎？

鄭忽出奔衛。公羊曰：「忽何以名？春秋，伯、子、男一也，辭無所貶。」非也。改周之文，從殷之質，非聖人之意，吾既言之矣。且在喪稱「子」者，嗣也；公、侯、伯、子、男者，爵也。文同而義異，聖人豈以爲嫌而避之？且避成君而稱名，無義之甚，以謂「辭無所貶」，則孰與直稱「子」哉？

柔會宋公、陳侯、蔡侯，盟于折。公羊曰：「柔者何？吾大夫未命者。」非也。再命耳。

十二年，陳侯躍卒。何休云：「不書葬者，佗子也。佗不稱侯，嫌貶在名例，不當絕，故復去躍葬。」不亦甚乎，其説之巧也！凡公羊以謂「葬」者，據百二十國寶書也。其法應書則得書，不應書則不得

〔一〕上「正」字，原作「出」，據明抄本、四庫本、薈要本改。

書。然則宜書曰「某國葬某公」。猶曰「宋葬繆公」然。今春秋所書皆曰「葬某國公」者，是由内録也。由内録者，善惡何别焉？而以謂有得書，有不得書，甚無謂也。唯弒君、滅國不書葬耳，蓋以謂無臣子也。凡何休所説諸葬、不葬義，類不可信，皆若此。

丙戌，衛侯晉卒。何休云云者，非也。直史有謬誤者〔一〕，仲尼因史作經，知日月不可爲例，故悉置不革，可以示必信耳，非佗也。

丁未，戰于宋。公羊云：「内不言戰，言戰乃敗矣。」非也。若偏戰而内勝，何得不言「戰」？若曰「内不言敗，言戰則敗矣」，可也。

十三年，公會紀侯、鄭伯。己巳，及齊侯、宋公、衛侯、燕人戰。齊師、宋師、衛師、燕師敗績。公羊云：「何以不地？近也。」然則近故不地，則郎之來戰，非爲近也明矣，而方解之曰：「郎猶可以地〔二〕。」不亦誣乎！又曰：「其言戰，從外也。」非也。戰者，聖王所有。假令春秋實王魯，猶不爲諱戰。戰而勝，何故諱乎？其意以爲敗則言「戰」，言「戰」則敗也。今實不敗，不可言「戰」，故云「從外」矣。不知凡書「戰」而不言「敗績」者，乃諱敗耳。書「戰」而言「敗績」者，敗者他國也，必言「戰」而

〔一〕「史」，原作「使」，據明抄本改。
〔二〕「地」上原衍「不」字，據明抄本删。

後見其敗，何得不言？譬如傳曰「全」、曰「牲傷」、曰「牛」，而經曰：「鼷鼠食郊牛，牛死，改卜牛。」然則改卜之牛未有傷也，何不曰「改卜牲」乎？蓋以謂稱「牛」不疑于傷也。今書「戰」亦不疑于敗。故牛實不傷，而謂之「牛」，有不疑也；戰實不敗，而謂之「戰」，亦有不疑也。又何以爲從外乎？

十四年，御廩災。何休云：「火自出燒之曰災。」按公羊例：「大曰災，小曰火。」大者，朝廷也；小者，宮寢也。即有火自出而燒宮寢，與非自出之火燒朝廷，欲如何書之？

乙亥，嘗。公羊以謂：「御廩災，不如勿嘗而已矣。」非也。天災可畏而不可知，爲國家者見災而懼則足矣，何廢宗廟之祭乎？以謂當順天意，是推難測之神道，而曠明白之人事也。若天道可畏，則莫若恭敬禮事以謝之矣〔二〕。昔堯之時，大水九年，湯之時，大旱七年，若必廢祭以自責者，吾見荆棘生於宗廟矣。

〔二〕「禮」，明抄本作「祀」。

春秋權衡卷第十　公羊第三

十五年，鄭伯突出奔蔡。公羊以謂：「突之名，奪正也。」非也。突之不正明矣，雖勿名之，可勿奪乎？

鄭世子忽復歸于鄭。公羊以謂：「復歸者，出惡，歸無惡。歸者，出入無惡。」非也。如忽之奔，蓋有不得已，亦何惡乎？若以爲惡猶有可議〔一〕，未知突之篡國，亦何故出入無惡乎？以謂「突之言歸，順祭仲也」。夫突親篡兄奪國以順祭仲，而得言「歸」；忽本宜爲君者也，方其出，亦何獨不使順祭仲乎？在突之入，則得順祭仲而使爲入無惡；在忽之出，則不得順祭仲而使爲出有惡。如是，春秋乃助突而不助忽也，不亦悖乎？何休曰：「忽之出惡者，爲不如死之榮也。」亦非也。公羊許祭仲爲知權者，固以祭仲爲能以生易死，今又責忽之不死。若忽死爲是，則無以權許祭仲；若忽生爲是，則又何死之榮〔二〕？而言祭仲則欲其以生易死，言鄭忽則欲其以死易生，不亦惑哉！不亦惑哉！孔子曰：「既欲其生，又欲其死，是惑也。」

〔一〕「議」，原作「誒」，據明抄本改。
〔二〕「死」，原作「生」，據明抄本改。

鄭伯突入于櫟。公羊曰：「曷爲不言『入於鄭』？未言爾。」非也。實入於櫟，未入於鄭，豈得言「鄭」哉？何休因據陽生爲比〔一〕。夫陽生入陳乞之家者，誠在齊也，又何疑乎？「衛侯入於陳儀〔二〕」，「蒯聵入於戚」，「公居於鄆」，皆一例爾。

伐鄭。何休以謂「征突」，非也。蓋休不知之。

十六年，公至自伐鄭。何休曰：「致者，善公。」非也。元年不致，以爲「奪臣子辭」；二年致，以爲「深抑小人」；今書「致」，以爲善公行義；桓會不致，以爲無憂可危。如休之言，「致」者乍善乍惡，乍安乍危，無一可通也。

十七年，公及邾儀父盟于趡。何休云：「本失爵在名例，中朝桓公稱人。今此不名者，明元功之臣，有誅無絶。」非也。若元功之臣有誅無絶，故儀父雖有罪，猶不失初褒，則滕侯、薛侯未嘗有罪，一褒之後便黜稱「伯」、「子」，何也？

及齊師戰于奚。何休云云者，鄙俗之言耳。

蔡季自陳歸于蔡。何休以「季不稱弟者，見季不受父兄之尊」。非也。以季爲名乎，季未命爲大夫，

〔一〕「因」，原作「固」，據明抄本改。「比」，原作「此」，據明抄本、四庫本、薈要本改。

〔二〕「陳」，原作「夷」，據明抄本及春秋公羊傳注疏改。按：左傳、穀梁傳作「夷」，公羊傳作「陳」。

則名氏不通；以季爲氏乎，先君已沒，則不合稱弟。理適然耳，諸休所稱者皆非也。

葬蔡桓侯。何休云：「奪臣子辭。」非也。春秋之時，禍亂有甚於封人者，未聞奪也。

十月，朔，日有食之。何休云云者，非也。日之食非專爲魯，春秋豈得强附著之魯哉？聖人之説災異〔一〕，欲人懼耳，非若眭孟、京房指象求類，如與鬼神通言者也。

十八年，葬我君桓公。公羊曰：「賊未討，何以書葬？讎在外也。讎在外，則何以書葬？君子辭也。」非也。君弑，臣不討賊，非臣；子不復讎，非子。復讎者，以死敗爲榮，故曰：「父母之讎，不與共戴天。」齊襄公復九世之讎，公羊賢之，奈何爲讎在外則勿復乎？必曰量力而動，不責逾國而討者，又何以稱「復讎者，以死敗爲榮」乎？伍子胥借吴之力以復楚，公羊是之。即以量力不責者，如子胥乃可耳，焉有據千乘之勢而知讎不報乎？

莊公

元年，夫人孫于齊。公羊曰：「正月以存君，念母以首事。」非也。夫人始與公俱如齊，公薨，喪

〔一〕「説」，明抄本作「記」。

歸，則夫人固亦歸，文不得特見爾，非爲念母，特貶之也〔一〕。且公羊例：「夫人行，唯奔喪致。」姜氏之不致，適宜矣，又何疑乎？弟子不曉，故妄問之，公羊子忘其本例，遂妄對之。實説公薨於齊，事起夫人，而國人初不知也，徐而知之，則共責讓夫人，夫人用是奔耳。

單伯逆王姬。公羊以謂：「單伯者，吾大夫之命乎天子者也。」非也。春秋之義，許人臣者必使臣，若以命於天子之故而不名，是使不臣也。又禮曰：「君前臣名。」公羊説公子糾不稱「公子」，亦曰「君前臣名」。豈有己國大夫受己君命，但以命於天子，遂得不名乎？且公子糾，異國之人，單伯，朝廷之臣。於外國之人則正君臣之禮，朝廷之臣反不務正君臣之禮，甚可怪也。又，所謂「命於天子不名」者，禮經未有。「不稱使，天子召而使之也」，亦非也。文何不曰「天子使單伯逆王姬」？凡天子嫁女，而使魯爲主，必有告命。魯既受命，則使人逆女，禮也，何至天子自召單伯使之乎？且主嫁女者，魯侯也，非單伯也，天子何乃專召單伯而使之？此事之不然。

王使榮叔來錫桓公命。公羊曰：「加我服也。」非也。周人雖愚，豈其以衣服車馬而皁既葬之人哉？且何以爲儀？

齊師遷紀郱、鄑、郚。公羊曰：「遷之者，取之也，爲襄公諱也。」非也。有遷而不取者，有取而不

〔一〕「特」，明抄本作「乃」。

遷者，有且遷且取者，春秋據實而書耳，非諱也。以遷邑爲愈乎？「宋人遷宿」，公羊以謂「當坐滅國」。然則齊師取邑，諱從遷邑；實言遷邑，復坐滅邑，安在諱也？且襄公獨非懷惡而討不義者乎？其何諱焉？

二年，公子慶父伐於餘丘。公羊以謂：「於餘丘，邾邑也。」非也。公羊見邑不繫國，若可疑者悉附之邾婁爾。何休云：「慶父少將兵，不譏者，從不言弟意，亦起之。」其意謂公弟也。二十五年，「公子友如陳」，不言「弟」，又何起哉？

三年，葬桓王。公羊以謂「改葬」，非也。若誠改葬，應曰「改葬」，如「改卜」之類矣。今不言「改」，非改葬也。何休云：「榮奢改葬，葬非其宜，故惡録之。」按：休所引皆讖記也，理不可信。説者又謂坐義云[二]：王崩七年，改葬必然也。夫世衰禮廢，何事不有，豈能必桓王前已葬哉？固當據經文，無改葬，足以爲實矣。

紀季以酅入于齊。公羊以謂：「賢紀季服罪，故不名。」非也。原春秋所以不貶季爲畔者，以季受命於紀侯也。若齊欲滅紀，紀季不能同心守國，專析其地以事讎敵，外託服罪，實私享其利者，是春秋所惡也。且春秋貴死位，無緣以專地事讎之人而輒褒之。此明齊、紀本非讎也。襄公貪其土地，紀侯自見，不忍鬬其人，又恥事惡人，欲棄去之，師法太王，而患宗廟滅絶，其心又未滿，故使紀季以酅入齊爲附庸也。是紀侯輕南面

[二]「坐」，明抄本作「生」。按：兩者文皆難通，未知孰是。

之位，而惜百姓之命，不患終身無位，而憂宗社乏祀，其仁心忠厚，最爲春秋所賢者也。「趙鞅入於晉陽以叛」，以無君命，雖有功，不除其惡。假令季實服罪以存宗廟，猶與趙鞅無君命等耳，不得沒其叛又稱其字也。

四年，紀侯大去其國。公羊以謂：「滅也。不言滅，爲襄公諱也。」非也。文稱「紀侯大去」，何以謂之「滅」乎？蔡侯弒父，惡莫大焉，楚子討之，書曰「楚子虔誘蔡侯般」者，固惡其懷惡而討不義也。紀侯九世之惡，不深於蔡般；齊襄懷惡而討不義，不減於楚子。而春秋深抑紀侯以難明之事，專信齊侯以一偏之辭，何哉？且烹哀公者，王也，非紀侯也。紀侯有罪，罪在譖人，不在烹人，何滅紀以爲賢哉〔一〕？以辯持之，以曲通之，公羊之義固勝；以道觀之，以義推之，公羊之義未有一可也。

齊侯葬紀伯姬。公羊以襄公爲賢。吾既言之矣。

公及齊人狩于郜。公羊以謂：「實齊侯也。」非也。春秋有不待貶絶而見罪惡者，若實齊侯，書之乃宜矣，又何更之乎？

五年，倪犂來來朝。公羊曰：「犂來者何？名也。其名何？微國也。」非也。諸侯無生名，凡生名者，爲貶之耳。

〔一〕「何」上，明抄本有「奈」字。

伐衛。公羊以謂：「不言納朔，辟王也。」按：公羊以納爲篡，然則書「納」足明其罪矣。今不務褒貶而反隱惡，非春秋之意也。

六年，王人子突救衛。公羊以謂：實貴子突，「繫諸人」耳。非也。衛侯不臣，王不能誅也，遣貴子突救衛，不能克也。書「王子突」，適足以見其微矣。此亦不待貶絶者，何有「繫諸人」哉？

衛侯朔入于衛。公羊曰：「其言入何？」何休云：「據頓子不復書入。」非也。去年，五國納衛侯，實不能入。今衛侯因利乘便，遂能自入也。納則言「納」，入則言「入」，初不相干，無所多疑也。推公羊之意，所以爲若言者，蔽在以「納」者入辭也，不知「納」者自納辭，「入」者自入辭爾〔一〕。以謂不然，無爲去年冬諸侯既入之，今年六月乃又入也。何休又云：「不書『公子留出奔』者，天子本當絶衛，不當復立公子留。」亦非也。休以據百二十國寶書作春秋，若留者無宜不書，故云爾。仲尼曰：「興滅國，繼絶世，有王者作。」猶曰興之、繼之，況以一朔之惡，遂絶康叔之祀哉？理不通也。推不通之理，欲以成百二十國寶書之驗，而不悟違失聖人之意，可憫笑者此也。

公至自伐衛。公羊曰：「得意致會，不得意致伐。」何休又説二國、一國之別。皆詭亂不經，有爲而

〔一〕「入辭」，原作「辭入」，據明抄本改。

爲，非凡例之體，故不詰也。

齊人來歸衛寶。公羊曰：「此衛寶也，齊人曷爲來歸之？衛人歸之也。」非也。宋人致鼎，謂之「郜鼎」，鼎本郜物也。齊人歸寶，謂之「衛寶」，寶本衛物也。事類相明，無足可疑，豈以謂之「衛寶」則必衛人歸之，彼「郜鼎」者豈必郜人送之哉？且經書「齊人來歸」，至明白矣，又何云乎？

七年，星隕如雨。公羊説：「不修春秋曰：『雨星不及地尺而復。』君子修之，曰：『星隕如雨。』」此妄語也。若令不修春秋其文如此，仲尼何得改之乎？若彼言「雨星」，非必衆星也。今言「如雨」，則衆星必也。是仲尼横設不實之事，以迷罔後人也。又，仲尼不書「尺而復」，若實尺而復，無爲不書。若尺而復不足書，如雨亦不足書，何者？如何休之言，以隕則爲異耳。

秋，大水，無麥、苗。公羊云：「一災不書，待無麥，然後書無苗。」非也。若春秋一災不書，豈愛民之謂乎？計公羊之意，謂當是時麥强而苗弱，苗當先敗，麥當後敗，不當先書「無麥」也。審如公羊言，一災不書，待無麥乃書無苗，則何不曰「無苗麥」乎？

八年，師次于郎，以俟陳人、蔡人。公羊以謂：「託不得已也。」非也。仲尼豈爲不實無狀以迷人哉？觀聖人諱國惡者有之矣，亦不從而爲之辭而已。夫從而爲之辭者，此小人之事也，何以辱春秋？

甲午，祠兵。公羊以謂：「爲久也。」非也。若魯欲以夏月與鄰國之齊共伐盛，何至正月出師，自取淹久乎？

成降于齊師。公羊以謂：「成者，盛也，諱滅同姓也。不言降吾師，辟之也。」非也。實共圍盛，改謂之「成」；實滅其國，改謂之「降」；實降于魯，又獨言齊，皆非聖人之文也。凡聖人諱國惡，亦在可諱之域，不在不可諱之域。如改白爲黑，曰己爲人，豈獨非道，亦不可傳世矣。春秋之書，要在無傳而自通，非曲經以合傳也。且所貴聖人之文者，不貴其革易名字以惑人也。如必革易名字，然後可見褒貶諱避者，誰不能爲春秋哉？

師還。公羊曰：「病之也。曰：師病矣。非師之罪也。」然則理實貶之，何言善之乎？又，凡春秋所刺譏，苟滅國伐邑，誰則非君之罪乎？既曰君罪，師則無罪，何至於此獨以爲「非師之罪」乎？則彼不記「師還」者，皆非君罪而師罪乎？

九年，公及齊大夫盟于暨。公羊以謂：「不沒公者，齊無君也。」非也。齊之有君，猶當沒公，齊今無君，何以反不沒公？且以不沒公爲尊內邪？按：「高子來盟」，公羊云：「不稱使，豈我無君？蓋以謂君不行使乎大夫也。」春秋尊魯，魯無君，猶不使齊侯敵魯大夫；若齊無君，春秋何得斥公以敵齊大夫哉？又曰：「何以不名？諱與大夫盟，使若衆然。」若諱與大夫盟，沒公是矣，今不沒公，非諱與大夫盟也〔二〕。何休

〔二〕「使若衆然」至「非諱與大夫盟」二十四字原無，據明抄本補。

曰：「是時，齊人來迎子糾，魯不與而與之盟〔一〕，齊爲是更迎小白。」吾謂魯若不與齊糾者，何緣與齊大夫盟？所盟復何事哉？

公伐齊，納糾。公羊云：「納者，入辭也。」非也。納者，納辭耳，得入不得入未可知也，非入辭也。又曰：「伐而言納者，猶不能納也。」亦非也。有伐而納者，有圍而納者，有未嘗伐、未嘗圍而納者，各據實書之耳。又云：「糾不稱公子，君前臣名也。」非也。糾失國在魯，本非魯臣，何以責以君前臣名乎？且若稱「公子糾」，則可謂非君前臣名乎？

齊小白入于齊。公羊云：「以國氏者，當國也。」非也。凡言「當國」之説，皆無通例，不可條貫，吾於「州吁弑其君」既言之矣。

及齊師戰于乾時，我師敗績。公羊曰：「内不言敗，此言敗者，伐敗也。」非也。若魯實以復讎而戰者，春秋不宜不言公。若以復讎者在下故不言公，春秋豈奪人臣子意哉？臣有善言，君行之，則君善也，故書曰「股肱良哉」，言一體也，奈何以復讎者在下，則不以其美歸公哉？且謀之者臣也，行之者君也。臣謀而君不行，貶君可也。臣謀而君行，又欲何嫌？

〔一〕「而與」二字原無，據四庫本、薈要本及春秋公羊傳注疏補。

十年，公侵宋。公羊曰：「麤者曰侵，精者曰伐。」似近矣，未合也。又曰「戰不言伐」〔二〕，是也，戰重也。其曰「圍不言戰」，則非也。圍未必重於戰，不可詳圍而略戰。

宋人遷宿。公羊曰：「以地還之〔三〕。」非也。直宋人以其力遷宿，使臣于己，無説還之與不還之。

齊師、宋師次于郎。公敗宋師于乘丘。公羊曰：「我能敗之，故言次也。」何休云：「二國纔止次，未成於伐。」不知二國之師，進至於乘丘而我能敗之邪？抑亦退至乘丘而我能敗之邪？今推傳文及注意，是自郎進至乘丘也。然則郎非近邑，桓十年「來戰于郎」，何以謂之「近乎圍」邪？彼時至郎則恐見圍，此時至郎則猶未成於伐，郎一地也，何二三乃爾乎？

荆敗蔡師于莘，以蔡侯獻舞歸。公羊以謂：「荆者，州名也。」非也。楚之有荆號非一日也，詩云：「撻彼殷武，奮伐荆楚。」非孔子改之也。且楚在荆州，以其强大，故抑而謂之「荆」。若荆州之地復有一國彊若楚者，當有兩荆，不亦妄乎？又，徐亦夷也。徐在徐州，不聞以州名名之。則徐猶荆也，可得謂「徐者，州名」之乎？又曰：「國不若氏。」亦非也。甲氏、潞氏同爲赤夷，而國殊族異，故分名耳。譬猶漢之西域乃有三十六國，總而名之謂之西域，析而名之自然分別，有何怪而强云進之稱氏乎？又曰：「氏不若人。」

〔二〕「曰」字原無，據明抄本補。

〔三〕「還」，原作「遷」，據明抄本及春秋公羊傳注疏改。

假令赤狄治行益修者，可云「晉師滅赤狄、甲人」乎？又曰：「蔡侯獻舞何以名？絶。曷爲絶？獲也。曷爲不言其獲？不與夷狄之獲中國也。」亦非也。按：公羊謂：「秦者，夷也，匿嫡之名。」然則僖十五年，秦獲晉侯，何故與夷狄獲中國邪？凡春秋有「獲某人」者，有「以某人歸」者，文自不同，非一物也。以理言之，「獲」蓋蹔得，「以歸」蓋就虜而不恥者。

十一年，宋大水。公羊云：「外災不書，此書者，及我也。」按：春秋内其國而外諸夏，若水災及魯，自可記魯災而已，無爲詳宋而略我也。公羊以百二十國寶書爲據，故云爾，非實可信也。

王姬歸于齊。公羊云：「何以書？過我也。」非也。元年所書「逆王姬」及「築館」者，皆以非常書，則知常逆王姬及築館不當書，故此王姬書「歸」而已。若以謂過我而書者，自周之齊，何乃過魯？

十三年，公會齊侯，盟于柯。按公羊例曰：「會，猶最也。及，汲汲也。」信斯言者，柯之盟，曹子手劍以劫齊侯，可謂非汲汲乎？而不稱「及」何哉？或者爲公羊文過，以謂諱之。按：春秋但不書「取汶陽田」足矣，又改「及」爲「會」，則是都喪事實，使後人無由察其是非，豈聖人意乎？

十四年，單伯會伐宋。公羊云：「後會也。」非也。伐宋之時，魯本不預謀，後聞，乃遣大夫往會之耳，與「陳侯如會」同意，非後期也。

十七年，齊人執鄭瞻〔二〕。公羊云：「書甚佞也。」按：春秋未有微者而得書於經，若瞻爲大夫而未命，又何以别乎？

多麋。何休於此云云者，非春秋意也，不曰「爲災」乎？

十八年，公追戎于濟西。公羊以謂：「大其未至而豫禦之也。」非也。若未至而禦，何得謂之「追」乎？此不待攻而自破者。雖多言煩説，猶不可解也。又曰：「『于濟西』者，大之也。」此欲引「追齊師至酅」以立褒貶耳。彼自以弗及故得書「至」，又何足據乎〔三〕？

十九年，公子結媵陳人之婦于鄄。公羊以謂：「媵者，諸侯娶一國，則二國往媵之。陳人者，陳侯也。」非也。云「公子結以妾媵歸陳侯之婦」，則文理不成，又無故貶損陳侯，使從「人」稱，非正名之義。蓋媵者，送女也；陳人者，陳大夫也，不煩説矣。又曰：「諸侯一娶九女，諸侯不再娶。」亦非也。假令諸侯之正妃卒，則右媵攝事；右媵復卒，則左媵攝事；而左媵復卒，豈可以宗廟社稷與衆姪娣共之哉？獨不爲宗廟社稷乎？禮云：「宗子雖七十，無無主婦。」由是而言，宗廟不輕於族人，國君不輕於宗子，宗子猶不以妾爲婦，國君何故反得以妾爲婦哉？然則諸侯自合再娶，再娶者，不備三歸可矣。昔武王崩，成王年十二，若不

〔二〕「瞻」，明抄本作「詹」。按：公羊傳作「瞻」，左傳、穀梁傳作「詹」。又按：下文亦作「瞻」。
〔三〕「又」，明抄本無此字。

再娶，安取此子哉？苟令武王三十而娶，其后亦二十而嫁，比武王之崩，后亦八十三矣，計生成王時，不減七十，此非人世所有也，可得强云「不再娶」乎？成王又自有母弟，事皆驗著，非一娶明矣。

二十年，齊大災。公羊曰：「大災者何？大瘠也。大瘠者何？痢也。」非也。春秋何以不言「大瘠」、「大痢」，而亂「大災」之名乎〔二〕？又曰：「何以書？及我也。」亦非也。春秋豈其詳外而略内哉？

二十二年，肆大省〔三〕。公羊以謂：「譏始忌省也。」非也。經云「肆大眚」，而傳謂之「忌省」，其文與其理不可訓解，蓋不足難也。

陳人殺其公子禦寇。尋何休之意，以謂大夫相殺也。非也。稱「人」則是殺有罪之辭耳。孟子曰：「左右皆曰可殺，勿聽；諸大夫皆曰可殺，勿聽；國人皆曰可殺，然後察之，見可殺焉，然後殺之。故曰：國人殺之也。」

夏，五月。何休於此云云者，非也。

公如齊納幣。何休云：「實淫泆，不可言，故因其自納幣見之。」非也。公不當喪娶，又不當自納幣，此春秋所貶也，又何起淫泆之有？

〔二〕「大災」之「大」，原作「火」，據明抄本改。

〔三〕「省」，明抄本作「眚」。按：公羊傳作「省」，左傳、穀梁傳作「眚」。又按：下文云「經云『肆大眚』」。

二十三年，公至自齊。公羊云：「危之也，公一陳佗也。」非也。有致善，有致不善，皆妄説也，不可以通。

蔡叔來聘。何休云：「不稱使者，公一陳佗故〔一〕，使若我無君，以起其當絶。」非也。假令莊公外淫，天子詎能便知之，而春秋責其聘小人乎？

公如齊觀社。何休云：「諱淫也。」非也。假令君子諱國惡，豈可虚出不然之事以文過飾非乎？

荆人來聘。公羊云：「荆何以稱人？始能聘也。」非也。稱「人」即其大夫之辭耳。何休乃云：「春秋王魯，因其始來聘，明夷狄能慕化，脩聘禮，當進之。」若然者，隱二年會戎于潛，何不曰「會戎人」乎？且荆人來聘，明非其君自來矣。今所言州、國、氏、人、名、字、爵七等之制，皆進退人君者也，如之何又欲移用於其臣乎？何休又曰：「不繫國而荆者，許夷狄者不一而足。」若然，是後何不且書「楚氏」，而遂足與「楚人」？

盟于扈。公羊曰：「危之也。」妄説耳。

二十四年，戎侵曹，曹羈出奔陳。公羊曰：「曹無大夫。」非也。經曰：「不敢遺小國之臣。」聖

〔一〕「故」下，春秋公羊傳注疏有「絶」字。

人作春秋，豈遺之哉？又曹伯，伯也；鄭伯，亦伯也。若以小國故無大夫，鄭亦宜無大夫，豈獨曹哉？今公羊不曰「鄭無大夫」，而獨曰「曹無大夫」，似見曹之大夫著於經者少耳〔一〕，非確語也。

赤歸于曹郭公。按：此一事，推尋傳、注，初無義理，不知先儒顛倒繆妄何乃至如此？

二十五年，陳侯使女叔來聘。何休云：「稱字，敬老也。」非也。春秋以名字褒貶，非有殊功異行亦不輒字之。藉使女叔實有賢行，則稱字爲不見矣〔二〕。

衛侯朔卒。何休云云者〔三〕，飾非之語也，無可信用。

日有食之。鼓，用牲于社。何休云：「書，得禮。」非也。若得禮，則春秋當不書矣。

大水。鼓，用牲于社，于門。公羊曰：「于社，禮也；于門，非禮也。」非也。若于社爲得禮，春秋亦當不書矣。

公子友如陳。按公羊例，母弟稱弟。此公弟也，則何以不曰「公弟」乎？吾於「齊侯使其弟年來聘」既言之矣。

〔一〕「似」，明抄本作「以」。
〔二〕「字」，原作「氏」，據明抄本改。按：本條討論女叔稱字爲敬老抑或褒賢，與氏不氏無關。
〔三〕「者」字原無，據明抄本補。

二十六年，曹殺其大夫。公羊云：「不名，衆也。」然則殺三郤何故名乎？又云：「不死於曹君者也。」「宋殺其大夫」，又何以辨哉？凡公羊以大夫相殺稱「人」，而君殺大夫稱國，而不論大夫有罪無罪，故使曹、宋同文異義，是非臆斷也。又曰：「此蓋戰也，滅也。」亦非也。曹羈雖賢，何能掩君滅之禍乎？以曹羈之賢，遂諱曹伯之滅，又何義乎？晉之假道於虞也，宮之奇諫。推宮之奇之賢，則無以異於曹羈矣。春秋爲曹羈諱曹伯，不爲宮之奇諱虞公，何哉？

二十七年，公子友如陳，葬原仲。公羊云：「通乎季子之私行。」非也。文稱「如陳」，非私行也。且當是時，內難未作，何避之有？若以季子見幾遠舉者，是謂忘宗國之亂而貴一身之全，非賢智也。且季子於此奔陳，亦見釁端已成乎？則莊公既病而召季子，其釁端宜益深矣，季子何以得入而與國政？夫莊公病，季子羈旅在外，一旦召至，授之權柄，人莫能禦者，此時公子牙之徒禍猶未構也〔一〕。若彼之時禍猶未構，況去莊公歿尚數年，而遂云避內難出奔乎？且季子與其奔也，孰若勿奔，以銷解其謀，督識其勢，若孔父之禦亂也，而胡爲背君捐國，使回皇於亂臣之手？此皆事之不然者也。

杞伯來朝。何休云：「不稱公者，春秋黜之。」非也。吾既言之矣。

〔一〕「時」，原作「明」，據明抄本改。「構」，原作「已」，據明抄本改。下句「構」字同。

二十八年，齊人伐衛。衛人及齊人戰，衛人敗績。公羊曰：「曷爲使衛主之？衛未有罪爾。」非也。「荀林父帥師及楚子戰于邲」，當此之時，公羊以晉師夷狄之不若，則何以不使楚子主之？豈晉師未有罪，楚子有罪乎？是何自相反也？又曰：「敗者稱師，衛何以不稱師？未得乎師也。」亦非也。苟衛未得成師，則春秋曷爲書以偏戰之辭？此爲不知春秋之文甚矣。

冬，築微。大無麥、禾。公羊曰：「諱以凶年造邑。」非也。築微在冬初，五穀畢入然後制國用，在冬末，故有前後耳，豈故諱哉？

二十九年，城諸及防。何休云：「諸，君邑；防，臣邑。」非也。臣之有邑，臣之祿也，可得而專乎？苟不可專，則臣邑猶君邑也。且假令俱臣邑者，文可曰「城諸防」乎？則與彼須朐何辨焉？

三十年，齊人降鄣。公羊曰：「紀之遺邑也。」非也。紀滅久矣，猶存鄣乎？又曰：「降之者，取之也。不言取之，爲桓公諱也。」亦非也。取之固曰取之，降之固曰降之，遷之固曰遷之，非可相假借爲諱避也。「齊人降鄣」，猶曰「宋人遷宿」。「遷」之不可諱爲「降」也，猶「取」之不可諱爲「遷」也。文如日月，不可巧誣，而猶云云，多見其惑也。

齊人伐山戎。公羊曰：「此齊侯也，其稱人何？貶。蓋以操之爲已蹙矣。」非也。屬桓公取鄣，諱之爲「降」，又近上滅譚、滅遂，亦無所貶。夫桓公滅中國而不貶，今伐山戎而貶「侯」以「人」，此可謂識輕重乎？且誠春秋意者，是開桓公得滅中國而不得伐山戎也。此所謂小辨破道，小說害義，君子之所疾也。

三十一年，築臺于郎。公羊云：「何以書？譏。何譏爾？臨民之所漱浣也。」非也。譏在築臺，不在臨民。若不臨民，臺可爲乎？臺若不可爲，雖不臨民，雖不臨國，雖不臨遠〔一〕，猶譏之也，何必以三者限之？

三十二年，公子牙卒。公羊云：「不稱弟，殺也。」其意欲以不稱「弟」起牙見殺。非也。二十七年，「公子友如陳」，不稱「弟」，又何故哉？大凡君殺大夫，舉當言「殺」，外則見其專殺之罪，內則分別善惡之趨。今季子誅牙，內得親親之理，外得尊尊之義，春秋無所復責，故平其文使若自死然。孔子曰：「大夫强而君殺之，義也，自三桓始也。」正謂此也，不稱「弟」適其常文，又何足據乎？若謂刺公子牙，則猶當坐殺大夫。何休曰：「莊不卒大夫。」亦非也。彼溺不卒者，自以非執政故爾，何謂「莊不卒大夫」哉？

公子慶父如齊。何休云：「奔也。」非也。若奔而言「如」，是春秋縱有罪也。而曰：「起季子，不探其情，不暴其罪。」亦非也。若季子不探其情，不暴其罪，但不殺之，緩追逸賊，書「奔」足矣，又何故改之

〔一〕「臨」，明抄本作「過」。

爲「如」哉？焉有臣殺其君不成而出，推親親之意，遂并諱其奔意者？獨慶父可親親哉？子般不可親親哉？如且季子不殺慶父，非義也，故季子曰：「公子不可入，入則殺矣。」由是言之，緩追逸賊者，季子之心也。如慶父居國而不去，季子安得而不殺？且當殺之，又何有諱其奔？

春秋權衡卷第十一　公羊第四

閔公

元年。公羊曰：「誅鄧扈樂而歸獄焉。季子至而不變也。」又曰：「既而不可及，不探其情而誅焉，親親之道也。」非也。慶父弑般，欲取其國。是時，季子力不能誅，故遁逃他國爾。設令季子力能誅之，則慶父誅死矣，何謂「不探其情」乎？

齊仲孫來。公羊曰：「公子慶父也。」非也。孫以王父字爲氏，此乃慶父之身也，未可以稱「仲孫」。且經實繫之「齊」，若之何謂魯仲孫哉？此不近人情之尤者。

二年，公薨。公羊云云，説同元年。

公子慶父出奔莒。何休云：「慶父弑君，不當復見，所以復見者，起季子緩追逸賊也。」若然，何不但書「公子慶父如莒」，以與莊三十二年之文同哉？彼時起季子不探其情，故言「如」。此時亦不探其情，何故不言「如」？知彼所説妄矣。實説慶父使人殺般，般本季子所欲立者，故季子出奔。慶父因立閔公，不知慶父利其幼少易取之邪，將亦其勢未可得國邪？閔公既立，則誅弑般者而歸罪焉，又召季子而用之焉。不知慶父之意，欲厭民心邪，欲自解釋於國人邪？季子知力不足以討慶父，故與之並立於朝。已而慶父又弑閔公，而國人皆從季子，莫從慶父，故於是出奔於莒，此其正也。

高子來盟。公羊曰：「不稱使，我無君也。」非也。齊高子、楚屈完，文義一也，不可復附異説矣。且慶父出奔，則僖公已立也。高子稱「來盟」，則僖公之盟也，何謂「我無君」乎？「公及齊大夫盟於暨」，當是時，齊無君，文不沒公，即魯無君，何故沒齊侯哉？此自相反也。

僖公

齊師、宋師、曹師次于聶北，救邢。公羊曰：「救不言次。言次，不及事也，邢已亡矣。」非也。有救而次者，有救而不次者；有次而救者，有次而不救者，事自如此，春秋明書之耳，何足以起邢亡乎？又曰：「曷爲不言狄滅之？爲桓公諱。」亦非也。文先「次」後「救」，即譏其怠惰矣，何諱之有？公羊以百二十國寶書爲據，故如此説耳。又曰：「曷爲先言次而後言救？君也。」亦非也。向謂「救言次者，不及事也」，今謂「先次後救者，君也」。若令救時及事，春秋自不書其次，不書其次，遂無以見其是君，此語自相伐也。又春秋所書「救」，正欲其急病拯危耳，若頓師安次，則失救國之義，理不得不書所次以見之。理既當書，不得云「救不言次」也。「救不言次」，似道仲尼作經，見救國及事者，則不言「次」；見救國不及事者，則加言「次」。如此，是率己作經，非復傳信也。又，公羊説「伐楚救江」，云「爲諼也」。夫「伐楚」之與「次于聶北」，其文不同而勢同也。「爲諼」之與「舒緩」[二]，其意不同而指同也。「爲諼」者，不直赴所急，而更伐他國；「舒緩」者，亦不直赴所急，而淹止他邑。文爲事生，非爲辨君臣也。又「次于聶北救邢」者，惡其不直赴所急，乃遥爲邢援而已。「叔孫豹帥師救晉，次于雍榆」者，言其本當救晉，中有難，故止於雍榆也。論二者之文則有相似，論二者之情則終始不同，情變而文異，亦其宜也。且謂大夫將必先通君命乎，則「晉陽處父帥師伐楚救江」，亦何不先「救」後「伐」哉？又曰：「不與諸侯專封。」亦非也。經有「救邢」，又有「邢遷」。「救邢」則邢未滅之辭也，「邢遷」則邢自遷之辭也。邢能自遷，諸侯城之而已，非邢亡，又非專封也，何得與衛一例哉？

[二]「舒」，原作「書」，據明抄本、四庫本、薈要本改。按：下文亦作「舒緩」。

齊師、宋師、曹師城邢。公羊曰：「此一事也。」非也。三國以春救邢，以夏城之[一]，同事異時，何謂一事乎？

獲莒挐。公羊謂：「莒無大夫。」吾既言之矣。

二年，虞師、晉師滅下陽。公羊曰：「使虞首惡。」非也。春秋之例，主兵者序上，蓋惡兵也。虞實主兵矣，又何使之首惡乎？何休云：「晉至此乃見者，晉、楚俱大國，後治同姓也。」不知春秋之作，小國先治邪？大國先治邪？若小國先治，齊、秦、晉、宋俱當後見也。若大國先治，杞、莒、陳、蔡俱當後見也。今一後一先，知其妄亂，都非統理，其要欲就百二十國寶書語耳。又，哀公元年，隨侯見經，不知隨者大國邪？小國邪？若大國，宜與齊、晉相緣見經；若小國，宜與莒、杞相緣見經。又不知隨者同姓邪？異姓邪？若同姓，邢、衛亦同姓也；若異姓，莒、杞亦異姓也[二]。如彼都無所說，此獨紛紛，何哉？

齊侯、宋公、江人、黄人盟于貫澤。公羊以謂：「大國言齊、宋，小國言江、黄，以爲其餘皆莫敢不至也。」非也。即實四國會，豈可辨哉？且四國會盟多矣，難以推類爲褒。又，江、黄者，何必極遠之國乎？周末時，諸侯分爭，水絶壤斷，不相往來。齊、魯之儒未嘗涉江、黄之境，及聞其名，如在海外矣，故號

[一]「城」，原作「滅」，據明抄本、四庫本、薈要本改。
[二]「杞」，明抄本作「紀」。按：儒藏本校勘記云：莒、紀、杞皆與周異姓，是也。然上文皆言杞，而不言紀，則「杞」當是。

以爲最遠。

三年，徐人取舒。公羊云：「易也。」非也。若實滅國，豈得言「取」？何休云：「易者，猶無守禦之備。」亦非也。若諸侯有守禦之備，豈有能滅之者哉？諸見滅者，皆無守禦備也，豈獨此乎？又獨以無備之故，變「滅」言「取」，是輕滅國之科同於取邑，春秋豈爲爾乎？

會于陽穀。公羊曰：「此大會，曷爲末言爾？」此非問也。春秋會而不盟可勝言乎？其能必令此盟乎？且謂「末言爾」者，仲尼之意乎？桓公之意乎？若仲尼之意者，是其本盟，而今隱之，欲以成就桓公，仲尼豈樹私附黨者乎？若桓公之意者，是本自不盟，春秋直據事而書，無所獨異也。

公子友如齊莅盟。何休云「託王於魯」云云者，非也。莅者，就耳。勢不可書「莅盟」曰「來盟」、「來盟」曰「莅盟」，無庸飾虛説也。

四年，蔡潰。公羊曰：「國曰潰，邑曰叛。」非也。潰者民潰，叛者臣叛，非繫國、邑爲別也。

遂伐楚，次于陘。公羊云：「其言『次于陘』，有俟也。」非也。若實俟，無爲不言。

屈完來盟于師。公羊曰：「何以不言使？尊屈完也。曷爲尊屈完？以當桓公也。」按：春秋之義，大夫不得敵君，故得臣不氏。今乃尊屈完使當桓公，自相反也。又曰：「其言『盟于師』、『盟于召陵』何？師在召陵。師在召陵，則曷爲再言『盟』？喜服楚也。」非也。盟于師者，屈完之意也；盟于召陵者，齊侯之意也。文爲事出，非虛加之也，何有喜服楚哉？何休乃引國佐爲據。夫國佐本不來盟於師，諸侯追與之盟耳，非此比也。

公至自伐楚。公羊曰：「何以致伐？楚叛盟也。」按：諸「致」例，有可通者，有不可通者，其歸多妄，不足守其一遂信其二。

五年，杞伯姬來朝其子。公羊曰：「内辭也。」非也。此實自朝其子耳，譬如「曹伯使世子射姑來朝」之類，文理不疑，何謂内辭？

鄭伯逃歸不盟。公羊曰：「其言逃歸不盟何？不可使盟也。」非也。公羊嫌上會實有鄭伯，中云「諸侯盟于首戴」，若鄭伯實逃歸者，當在首戴之前，故云爾。不知鄭伯本自當盟，及盟之日更自逃去，所以文先序諸侯盟，後言鄭伯逃也。又但書「逃歸」，則嫌已盟而逃，故書「不盟」者[二]，在盟前逃也。亦猶「公會晉侯、齊侯、衛侯、宋華元、邾人于沙隨，不見公」，「公會劉子、晉侯、齊侯、宋公、衛侯、鄭伯、曹伯、莒子、邾子、滕子、薛伯、杞伯、小邾子于平丘[三]，公不與盟」。尋其先文，如皆已盟，復得後語，乃知不與耳，與此相類，無多疑也。而以謂「不使寡犯衆」，可謂義甚高而理不要。

晉人執虞公。何休曰：「稱公者，奪正爵，起從滅也。」非也。春秋奪者，降爵云乎，豈曰增爵云乎？

[二]「書」，原作「出」，據明抄本改。

[三]「平」，原作「乎」，據明抄本、四庫本、薈要本改。

蓋絶知者之聽。

六年，圍新城。公羊云：「邑不言圍。」非也。吾既言之矣。

八年，禘于太廟，用致夫人。公羊曰：「脅於齊媵女之先至者。」非也。僖公賢君，桓公亦賢君，僖公豈受脅於齊者？桓公亦豈必欲脅魯者？且於文無以見齊脅魯之意，異於「取子糾」、「歸公孫敖」，不可爲若説。

九年，盟于葵丘。公羊曰：「桓之盟不日，此何以日？危之也。」非也。葵丘，桓之盛也，孟子嘗言之矣。唯以日月爲例，遂亂於安危。嗚呼，慎言哉！

十年，晉殺其大夫里克。公羊曰：「里克弑二君，則曷爲不以討賊之辭言？惠公之大夫也。」非也。按：惠公曰：「爾既殺夫二孺子矣，又將圖寡人。」然則惠公之殺里克，本以討賊殺之，無爲不稱「人」以殺也。且夫爲國家者不賞私勞，就令惠公本因里克得國，其可遂不以正義討之乎？公羊謂定公受國於季氏，而譏其不能致誅，即定公能誅，無乃又如里克之不以爲賊乎？此進退相駮者也。又曰：「晉之不言出入，踊爲文公諱。」亦非也。鄭詩序曰：「公子五爭，春秋唯有突、忽見經。」不知復誰爲諱乎〔二〕？凡諱，施於功德已著，

〔二〕「諱」，原作「謂」，據明抄本、遺書本、四庫本、薈要本改。

猶有可諉。今重耳之美未見，而爲之探情諱過，不亦誣人哉？

十四年，諸侯城緣陵。公羊曰：「不言徐、莒脅之，爲桓公諱。」非也。吾既言之矣。

沙鹿崩。公羊曰：「外異不書，此何以書？爲天下記異也。」非也。聖人庸能獨知沙鹿崩爲天下異乎？傳曰：「子不語怪。」若知沙鹿崩之爲天下異者，可不爲怪乎？又曰：「沙鹿，河上之邑。」亦非也。此自山名之不須繫山者〔一〕，以可知故也。書禹貢：「導淮自桐、柏，導河自積石。」桐、柏皆山也，而不繫山，至言荆山、岷山則皆繫山者，亦可以曉故也。

十五年，己卯晦，震夷伯之廟。公羊云：「晦者，冥也。」非也。晦者，晦朔耳。又曰：「夷伯者，季氏之孚也。」亦非也。當是時，季友未卒，公亦未失政，欲推天假命以就災異，非聖人之意矣。至使漢世儒者爭言陰陽，詆毁善人，其患豈小哉？

十六年，是月，六鷁退飛過宋都。公羊云：「是月者，僅逮是月也。不日者，晦也。」非也。夫晦朔者，天之所有，春秋取朔棄晦，何當於義乎？此乖僞之深者。又，成十六年實書晦朔，晦朔之相發猶首尾也，尚何云哉？

〔一〕「須」，原作「頌」，據明抄本改。

季友卒。公羊云：「其稱季友何？賢也。」非也。季友之賢在莊、閔之閒，於彼稱季子足矣。獲莒挐不加褒焉，死何乃復言之乎？且若稱季友爲賢，稱仲遂亦可謂賢矣。

十七年，齊人、徐人伐英氏。何休曰：「稱氏者，春秋前黜之。」非也。英氏者，國也；國之號，或一字，或二字，或三字，非若甲氏、潞氏也。今縣有尉氏者，亦可封國，又何謂乎？

夏，滅項。公羊以謂桓公滅之，非也。桓公雖信賢，豈宜滅人哉？且桓公既已功高天下，而威震主矣，又戕人滅人，此春秋所惡也，而反爲之諱，是開有功者得横行天下而無忌憚也。且桓公與山戎戰，春秋貶之，降「侯」爲「人」。夫戰山戎孰與滅中國？滅中國反可諱以功除，而戰山戎反不得諱〔二〕，此皆迷惑不然者也。

十八年，宋師及齊師戰于甗。公羊曰：「曷爲不使齊主之？與襄公之征齊也。」非也。「晉荀林父及楚子戰于邲」，寧可亦曰與晉荀林父之征楚乎？所異於晉者何哉？

邢人、狄人伐衛。公羊、何休曰：「狄稱人者，善能救齊。」非也。春秋之法，内諸夏而外夷狄。夫外夷狄者，夷狄亦外之，是以仲尼稱「夷狄之有君，不如諸夏之亡」，惡其乘釁蹈隙，必能爲患也。夫中國至大，不能無禍，而開夷狄使憂之，吾見禍以益多，憂以益長，甚非仲尼意也。

〔二〕「諱」字原無，據明抄本補。

十九年，宋人執滕子嬰齊。何休云：「名者，葵丘之盟叛命者也。」非也。若其誠然，應曰「宋公執」矣。休又云：「不爲伯討者，執之不以其罪。」亦非也。若其誠然，則何故名？休又云：「所以著有罪者，爲襄公殺恥。」予謂：爲襄公殺恥者，書「宋公執之」足矣。且襄公執人之君，不得其罪，所以使霸業不就者此也，直書其失以示後世，不亦明乎？又何殺恥之爲〔一〕？

鄫子會盟于邾〔二〕。何休於此説爲襄公諱之意，委曲附會，非聖人本指也。且襄公以不能盡用道，故致大敗，功未足以及人，德未足以懷遠，尚何可貴？而春秋事事諱之，此蓋徇己之私説，非通方之大經。

二十年，郜子來朝。公羊云：「失地之君也。」非也。若失地之君，何得言「來朝」〔三〕？朝者，施於有國有家之辭爾。又，公羊以郜滅在春秋前。按：春秋以來且九十年矣，郜子失地殆三世矣，猶能自歸同姓，躬行朝禮，無乃少不近人情乎？

二十二年，宋公及楚人戰于泓，宋師敗績。公羊以謂：「雖文王之戰不過是也。」非也。如公羊之意，惑於泓及河曲而已。泓雖水名，其陸地猶可以水名之。若謂必令如河曲者，「遇於魯濟」，豈真遇於水中

〔一〕「爲」，原作「急」，據明抄本改。
〔二〕「邾」下，公羊傳有「婁」字。
〔三〕「來」，明抄本無此字。

乎？「敗於濆泉」，豈真戰於泉中乎？今天下以水名地者尤多，不必居水中乃得以水名也。且文王何容易哉？德不加焉，則不以力爭；義不過焉，則不以威制。漸之以道，摩之以仁，而四方自服爾，故詩曰：「肆不殄厥愠，亦不隕厥問。」如是而伐崇，猶再駕而降，愛民之至也。今襄公退不務修其業〔一〕，而進徒守咫尺之信，夫其守信誠是也，則不若緩脩吾德，無亟大功以殘百姓也。今論其守信之節而忘其殘民之本，而以比之文王，其不知聖人亦深矣。且夫守信而不詐戰，於楚人則有惠矣；無德而求大功，於己國則不爲賴矣。未知文王獨爲爾乎？

二十四年，天王出居于鄭。公羊以謂「不能事母」者，非也。王者不孝，宜去「天」以見，今不去「天」，知其非不孝也。何休又云：「下無廢上之義，得絶之者，明母得廢之，臣下得從母命。」嗚呼，後世所以多廢置之禍也，不亦謬乎！

二十五年，宋殺其大夫。公羊曰：「不名者，宋三世無大夫，三世内娶也。」非也。文稱「大夫」，是有大夫，非無大夫，明矣。且君娶一卿，而一國之内何得悉無大夫哉？凡妻之父母所不臣也，至其等列，禮不及也，何謂無大夫乎？詭僻不經乃至於此，可憫笑者此也。

楚人圍陳，納頓子于頓。公羊曰：「何以不言遂？兩之也。」非也。頓子之奔，由陳攻之，故楚必

〔一〕「其」，明抄本作「文王之」。

圍陳，乃得納頓子。其文與其事詳矣，盡矣，不可加矣，豈得言遂哉？遂者，生事也，非此之比也。

公會衛子、莒慶。何休曰：「莒無大夫，書慶者，尊敬壻之義。」劉子曰：推此言也觀之，其妄可勝計乎？

二十六年，公追齊師至巂，弗及。公羊曰：「其言『至巂弗及』何？侈也。」非也。以公追人，就令勝之，尚何可侈哉？且是後齊復伐我，此明齊不畏魯甚矣。數見卑侮，猶自以爲大，如此乎君子之無恥也。

楚人滅隗，以隗子歸。何休曰：「不言獲者，舉滅爲重。」非也。「獲」之與「以歸」非一物也，何得并言之？

楚人伐宋，圍緡。公羊以謂：「邑不言圍，言圍，刺道用師也。」非也。圍緡者乃「楚人」，將卑師少爾；伐齊者則「楚師」，將卑師衆爾，何以强配合之乎？

公以楚師伐齊，取穀。何休曰：「稱師者，順上文。」非也。踰國而乞師，是必求多，非求少也。若少，魯亦自能辦之〔一〕，何苦外求乎？故此自楚師無疑也。何休欲顧上圍緡時意，故析之爾。又，所謂圍者〔二〕，

〔一〕「辦」，原作「辨」，據明抄本、四庫本、薈要本改。

〔二〕「謂」，原作「爲」，據明抄本改。

非旬日所能爲者也。説楚人道用其師於伐宋〔一〕，則庶幾信矣。何者？伐非久事也。説楚人道用其師於取緡，亦庶幾信矣。何者？取邑未必久也。今正圍邑，久者或累年，短者或累月，公又安能得其衆伐齊取穀乎？且由楚至魯非近地也，伐宋圍緡非易事也，由魯至齊又非一日也，勝齊取穀又非一日也，自齊還魯又非一日也，用一冬之閒往返如此，此可信乎？

公至自伐齊。公羊曰：「此已取穀矣，何以致伐？」原公羊之意者，謂得意致會，不得意致伐，則今得意不當致伐，故如此問也。曰「何以致伐」者，是問不致會而致伐也。然伐齊取穀者，獨公以楚師自往耳，無諸侯之會也。非諸侯之會則不得致會，此理之適然耳。公羊子迷妄其本末，遂强云「患之興必自此始」。何休覺其難通，又必欲掩覆其過，故注莊五年曰「公與一國行師，得意不致，不得意致伐」，以彫飾此文也。然公羊本問「何以致伐」，不問「何以致」。問「何以致伐」者，是問何以致會，今不然耳；問「何以致」者，乃可説云「得意不致，不得意致伐」耳。今遺其問「致伐」之本意，更出「不致」之别説，欲以濛澒其語，瞀亂耳目，豈通也哉？且用公羊之説，公伐齊取穀，有何不得意哉，乃云「患之起必自此始」？按：是後乃無齊患，雖何休曲爲之説，寧足蔽其妄乎？

二十七年，楚人、陳侯、蔡侯、鄭伯、許男圍宋。公羊曰：「其稱人，爲執宋公，貶也。」非

〔一〕「説」，明抄本作「設」。下一「説」字同。

也。宋襄公死久矣，春秋前貶之明矣，又終僖之篇貶，何爲乎？

書之？

二十八年，晉侯侵曹。晉侯伐衛。公羊云：「未侵曹也。」非也。若未侵曹者，春秋豈探其情而先

公子買戍衛，不卒戍，刺之。公羊曰：「不可使往也。」非也。若不可使往而刺之，是得其罪矣，又何更其文爲「不卒戍」乎？且殺大夫，何必著其罪哉？其著之罪，則是加之，加之則濫矣。春秋直記之者，見濫也。傳不曉此意而妄云云。何休乃復引曰「不日以明有罪無罪〔一〕」，不亦迂乎？

及楚人戰于城濮。公羊曰：「此大戰也，曷爲使微者？」此自戕賊者也。按：公羊本云楚無大夫，前年伐宋圍緡，雖以師行，猶自從本稱，稱人而已。今忽如此問，則是楚有大夫也。即今言之是，前所言非也；即前言之是，今所言非也。何休乃引屈完。按：彼屈完乃自爲尊之以當桓公，特説此文耳，非常之辭，何得引比乎？又，諸侯自用師，楚自使微者，豈得不謂之大戰？「曷爲使微者〔二〕」，亦問之無理者也。

陳侯如會。公羊云：「後會。」非也。陳本不預盟約，聞會自至，其意、其文與「陳侯使袁僑如會」一耳，不可横出兩説。

〔一〕「無罪」，明抄本無此二字。
〔二〕「曷」上，明抄本有「乃曰大戰」四字。

公朝于王所。公羊曰：「天子在是也。不言天子在是，不與致天子也。」非也。若不與致天子，則不書「天子在是」，彼云「天王狩于河陽」，豈與致天子乎？

陳侯款卒。何休曰：「不書葬者，爲晉文諱。」推此言也而觀之，其妄可勝記乎？

天王狩于河陽。公羊曰：「不與再致天子也。」何休曰：「一失禮尚愈。」予謂：傳語有理而不合經，注語無理而不可訓，豈有以臣召君，云「一失尚愈」乎？一失尚愈者，謂小德出入耳。若顛倒君臣，淆亂尊卑，此罪之大者，尚云「愈」哉？

二十九年，介葛盧來。公羊曰：「夷狄之君。」非也。白狄無名，介何以得名？

三十年，衛侯鄭歸于衛。公羊曰：「其言『歸』何？歸惡乎元咺也。」非也。公羊常例，以「歸」者，出入無惡；「復歸」者，出有惡，歸無惡。縱春秋歸惡於元咺，書「衛侯復歸」亦足矣〔一〕，又謂之出入無惡，可乎？

公子遂如京師，遂如晉。公羊曰：「公不得爲政爾。」非也。僖公之時，大夫初未强，豈敢專行哉？此殆誣之矣。

〔一〕「復歸」二字原無，據明抄本補。

三十一年，取濟西田。公羊曰：「諱取同姓之田。」言魯此地本爲晉侯所還，當時不取，久而取之，故坐取邑也。非也。諸侯受封自有分矣，後雖侵奪喪失，有王者作，皆當還之。魯取己物，假令本無伯主之命，猶應以功覆過，故魯頌美僖公能復周公之宇，何有反坐取同姓之田哉？又，公羊桓二年傳曰：「至乎地之與人則不然，俄而可以爲其有矣。然則爲取可以爲有乎？曰：不可。若楚王之妻媦，無時焉可也。」以是推之，明曹不得終有魯地，魯緣伯主之命而取之，又何足諱哉？

三十二年，衛人及狄盟。何休云：「言及者，知不得狄君。」非也。書「衛人狄盟」則不成文，書「衛人會狄」則實盟非會。曰「及狄」者，使文理相成耳，亦猶「晉侯會狄」、「會吴」之比也，尚何疑乎？

文公

元年，天王使叔服來會葬。何休曰：「常事書者，文公不肖，諸侯莫肯會之，故書天子之厚，以起諸侯之薄。」非也。文公始即位，亦何不肖，而諸侯遂聞之乎？向若天子亦不遣叔服會葬，則春秋便都無文以見文公之不肖矣。又曰：「叔服不稱王子者，時天子、諸侯不務求賢而專貴親親，故尤其在位子弟，刺其早任以權也。」亦非也。天子之子得稱王子，猶諸侯之子得稱公子也。王子有封國爲諸侯者，不得復稱王子，當以爵爲重，其未命爲諸侯者，自當從大夫之制，或字或名，理適宜之，非爲刺親親也。又云：「魯得言公子者，方録異辭，故獨不言弟也。」然則魯不言弟乃春秋之常，而「公子慶父伐於餘丘」，乃云「不言弟，起其幼少將兵〔一〕」。凡此云云，公羊本無其説，俱出何休爾，而乖錯如此，可爲怪歎。

天王使毛伯來錫公命。公羊曰：「加我服也。」非也。命爲諸侯。

二年，作僖公主。公羊曰：「刺欲久喪而後不能。」非也。公自惰緩不作主耳，何以知其欲久喪？

及晉處父盟。公羊曰：「何以不氏？諱與大夫盟也。」非也。諱與大夫盟，沒公足矣，何爲去其氏？即内微者及晉處父盟，何以辨乎？何休曰：「使若得其君，如經言邾婁儀父矣。」若然，又不當沒公也。

三年，晉陽處父伐楚救江。何休曰：「若兩之，當先言救。」非也。若實伐楚，又往救江，豈非兩之乎？明此但脱「以」字爾。

四年，逆婦姜于齊。公羊曰：「娶乎大夫，略之也。」此雖孤經，無他證據，然魯初納幣乃用上卿，審娶大夫者，禮豈如此崇乎？

五年，王使榮叔歸含且賵。公羊曰：「其言歸含且賵何？兼之，非禮也。」非也。禮：國君薨，

〔一〕「起」，原作「豈」，據明抄本改。

鄰國弔之。其敵體也，猶含、賵、襚共一大夫，況王者於其臣妾乎？何休曰：「不從含晚言『來』者，本不當含。」按公羊例，不及事言「來」，其常也。今含不及事〔一〕，自可言「來」，何害於不當含而又去「來」乎？又傳譏兼之，不譏含也，則傳意以含爲禮，注意以含爲非禮，其自相反戾至如此。

王使召伯來會葬。何休曰：「去天者，不及事，刺比失喪禮也。」非也。天子會葬諸侯而有早晚，小失耳，未可集以爲過也，何至遂貶去「天」乎？

六年，葬晉襄公。何休曰：「刺公不自行，非禮也。」諸侯薨，大夫弔自會葬，吾不知此在何禮？周有千八百諸侯，統計五十年死亡略盡，是一歲凡有三十六君死也，如一一會葬，雖疲死道路，猶未能遍〔二〕，況又外有朝會，內有祭祀，如何得暫暇而行之乎〔三〕？言不近理，無甚此者。

晉殺其大夫陽處父。晉狐射姑出奔狄。公羊曰：「晉殺其大夫陽處父，則狐射姑何爲出奔？射姑殺也。」此問之非也。處父見殺，射姑出奔，何有可疑而明射姑殺處父乎？成十五年，「宋殺其大夫山，宋華元出奔晉」，然則殺山者亦華元乎？

〔一〕「今」，明抄本作「令」。
〔二〕「遍」，原作「適」，據明抄本改。
〔三〕「暇」，原作「假」，據明抄本改。

閏月不告朔〔一〕，猶朝于廟。公羊謂：「不告朔，禮也；猶朝于廟，非禮也。」非也。閏雖無常，而政有常，安得不告？假令閏十二月者，必有立春，立春之政所當告也。若就前月告之則先時，若就後月告之則不及時。夏書曰：「先時者殺無赦，不及時者殺無赦。」由是觀之，則自當告也〔二〕。

七年，公伐邾婁。甲戌，取須朐。公羊曰：「取邑不日，此何以日？內辭也，使若他人然。」非也。僖公時亦嘗伐邾取須朐矣，何不爲內辭哉？何休曰：「所以深諱者，扈之盟不見序，并爲取邑故。」按：僖公取須朐之年，與邾戰於升陘，敗內之師，理亦可諱，而何故不日以爲內辭哉〔三〕？又，僖二十六年伐齊取穀，書「公至自伐齊」者，公羊以謂「雖得意，且有後患」，故從不得意之例以致公也，然僖公後卒無患。今此緣取邑之故〔四〕，故扈之盟不見序，可謂後有患矣，何不書「公至自伐邾婁」以起不得意乎？夫取穀無患也，書「公至」；取須朐有患，不書「公至」，何二三哉？

公會諸侯、晉大夫盟于扈。公羊曰：「諸侯不可使與公盟，眣晉大夫使與公盟。」非也。在會者皆諸侯也，既與公盟矣，又何云「眣晉大夫」乎？且諸侯不欲與魯侯盟，乃敢眣晉大夫使之盟乎？皆事之不然

〔一〕「朔」，春秋公羊傳注疏作「月」。
〔二〕「則」，明抄本作「閏」。
〔三〕「內」字原無，據明抄本補。
〔四〕「此」，原作「止」，據明抄本改。按：除此處外，權衡「今此」凡二十四見，無「今止」文。

者也。

徐伐莒。何休曰：「謂之徐者，前共滅王者後，故狄之。」非也。徐亦夷耳，書云「徐、戎並興」，非至今乃狄之也。

八年，公孫敖如京師，不至復。丙戌，奔莒。何休曰：「日者，嫌敖罪明則起君弱，故諱，使若無罪。」按：公羊所説經義明矣，而何休橫以此例紛亂之，是畫蛇足者也。且敖之罪，加日何以能諱，不日何以能益？

宋人殺其大夫司馬。宋司城來奔。公羊曰：「曷爲皆官？舉宋三世無大夫。」非也。僖二十五年，「宋殺其大夫」，不舉名氏，以謂「宋無大夫」也。今此舉官，亦云「無大夫」。若實内娶無大夫者，都無所舉是矣；或官舉，或不舉，何哉？

九年，秦人來歸僖公成風之襚。公羊曰：「兼之，非禮也。」非也。「僖公成風」猶「惠公仲子」耳，若以謂兩人者，豈可敍母於子下哉？禮曰「婦人三從」，是謂婦人無專行耳，如遂令母在子下，不可謂知禮。

春秋權衡卷第十二　公羊第五

十一年，叔孫得臣敗狄于鹹。公羊曰：「長狄也。」非也。春秋有赤狄、白狄、山戎、陸渾戎、淮夷之類，記夷狄如此之詳也。苟有長狄，如公羊所説，蓋長百尺，無爲不言長狄也。

十二年，盛伯來奔。公羊曰：「失地之君也。」非也。「邢遷于夷儀」，此自遷也；「宋人遷宿」，此亡國之文也；「盛降於齊師」，此亦自降也；「齊人降鄣」，此亦亡國之文也。此類分明，理無可疑。然則郕本未亡，公羊强謂之亡；此盛伯自來奔魯，公羊謂即莊公時所滅者，且莊公至今七十餘歲矣。又曰「與郜子相似」，亦可怪也。

子叔姬卒。公羊曰：「母弟也。」非也。「子叔姬」者，子叔姬也。

晉人、秦人戰于河曲。公羊曰：「曷爲以水地河？千里而一曲也。」非也。「河曲」者，亦地名爾，豈謂「千里一曲」乎？若千里一曲悉可名之「河曲」，是三河之閒無他地名，直曰「河曲」而已，不亦妄乎？何休又曰：「起兩曲。」益非也。「戰于濆泉」，公羊曰：「濆泉者，直泉也。」可謂「兩直」乎〔一〕？

〔一〕「直」，原作「曲」，據明抄本改。

十三年，陳侯朔卒。不書葬，何休曰：「盈爲晉文諱也。」劉子曰：推此言也而觀之，其妄可勝記乎？

十四年，齊人執單伯。齊人執子叔姬。公羊曰：「道淫也。」非也。按：齊舍未踰年，魯人豈以女予之？縱令世衰，多居喪而娶者，春秋猶書「子叔姬歸于齊」。

十五年，宋司馬華孫來盟。何休曰：「不稱使者，宋無大夫。」按：「司馬」即大夫之官，「華孫」即大夫之名，何謂「無大夫」乎？又，「祭叔來聘」，何休云：「不稱使，起我無君。」今此不稱使，又云「無大夫」。其言雜亂不可條理，豈不甚歟！

齊人歸公孫敖之喪。公羊曰：「何以不言來？内辭也。脅我而歸之，筍將而來也。」按：此言「脅我」則近矣，其説不言「來」之意則謬矣。有來者，有不來者，此其不來者也。春秋據實而書耳，非爲内辭也。且文稱「齊人歸公孫敖之喪」，見脅明矣，何必云「來」也哉〔二〕？又曰「筍將而來」，按：敖死殆十月，豈可置之編輿以行？此又理之不然者。

諸侯盟于扈。何休曰：「不序、不日者，順上諱文，使若扈之盟都不可得而知。」非也。扈地雖同，文

〔二〕「云」，明抄本作「去」。

公之行有善惡，惡自當貶，善自當褒，何有貶其前會之惡，遂舉地而諱之乎？若以文公之行無改者，此扈之會猶前扈之會也，是又不然。按：十三年「還自晉」，注曰：「文公前扈之盟不見序，後能救鄭之患，不逆天王之求，上得尊尊之義，下得解患之恩，一出三爲諸侯所榮。」若此，文公可謂能變矣。秦穆能變，公羊以爲賢；文公能變，春秋反追其舊惡乎？何謂「順上諱文，使扈之盟爲不可知」哉？

齊人來歸子叔姬。公羊曰：「其言來何？閔之也。」非也。加「來」何以爲閔？不加「來」何以爲不閔〔一〕？此直來歸耳，無强説也。凡公羊言「來歸」之意多若此〔二〕。

齊侯侵我西鄙，遂伐曹，入其郛。公羊曰：「入郛書乎？曰：不書。此何以書？動我也。」非也。入郛殆矣，幾乎入矣，勢不輕於圍，豈得不書乎？

十六年，宋人弑其君處臼〔三〕。公羊例曰：「大夫弑君稱名氏，賤者窮諸人。大夫相殺稱人，賤者窮諸盜。」非也。大夫弑君，有稱名氏者，有獨稱名者，有稱「人」者，所謂賤者也。至於盜則皆盜賊矣，非所謂賤乎賤者也。大夫相殺，正當明其罪，「王札子殺邵伯、毛伯」是也；稱「人」者，其有罪者也。其文意分

〔一〕「爲」字原無，據明抄本補。按：上文云「何以爲閔」，則此應作「何以爲不閔」。

〔二〕「意」，明抄本作「類」。

〔三〕「處」，原作「杵」，據明抄本、四庫本、薈要本及春秋公羊傳注疏改。按：左傳、穀梁傳作「杵」。

明，可不講而得，又何紛紛乎？凡弑君者，公羊或云當國，或云不當國，使春秋之例此可通也，固足信也。今當國者或不當國，不當國者或當國，例與文反，豈可賴乎？且公羊分别當國，以謂見輕重也。夫弑君者何惑於輕重乎，而固分别之哉？

宣公

元年，晉放其大夫胥甲父于衛。公羊曰：「君放之，非也。大夫待放，正也。」非也。大夫待放者，以道去其君者也；君放大夫者，寬其罪於死，投之於遠者也，若「放驩兜于崇山」之類也。無去是云爾，豈非正乎？

晉趙穿帥師侵柳。公羊曰：「柳者，天子之邑也。不繫乎周者，不與伐天子也。」非也。信如公羊之言，柳爲天子之邑，趙穿伐之，晉罪大矣，春秋曾無文貶之乎？郤缺所以稱人者，納接菑也；無駭所以不氏者，始滅也；衛侯朔所以絶者，犯命也。以郤缺論之，則晉當稱人；以無駭論之，則趙穿當名；以衛侯朔論之，則此誅絶之罪。其無文以貶之，何哉？

二年，戰于大棘。宋師敗績，獲宋華元。何休曰：「復出『宋』者，非獨惡華元，明恥辱及宋國。」非也。一國之卿，戰而大敗，敗而見獲，其恥可知矣。春秋雖不明之，人獨不見乎？又成十五年，「宋華元自晉復歸于宋」，何休曰：「不去『宋』者，華元賢大夫，故繁文大之也。」此一華元之身，或冒宋以惡賤之，或冒宋以美大之，是何淆亂哉？

四年，公及齊侯平莒及郯。莒人不肯，公伐莒取向。公羊曰：「其言不肯何？辭取向也。」非也。聖人作經，曰諱國惡云乎，豈曰文過云乎？誣人甚矣。

五年，齊高固及子叔姬來。公羊曰：「何言乎高固之來？言叔姬之來而不言高固之來則不可。」非也。昉以高固之來，故并書以譏之爾，無他義也。

六年，晉趙盾、衛孫免侵陳。公羊曰：「趙盾弑君，何以復見？」此問之迂者。其意欲發盾非弑君也，不知例不可通也。凡弑君復見者，寧止盾乎？以謂盾復見則非弑君，宋萬復見，亦非弑君乎？説者乃巧辭蔽之，如此誰不能者？然去道已遠矣。

八年，仲遂卒于垂。公羊曰：「不稱公子，貶也。」是也。何休曰：「貶加字者，起嬰齊爲歸父後，大宗不得絶也。」非也。必如休言，季友卒，復欲起誰爲後乎？且古之人賞善罰惡，不私其親；弑君者，滅其人，污其宮，何大宗不可絶哉？

九年，取根牟。公羊云：「邾婁之邑也。」何休曰：「屬有小君之喪，邾婁子來加禮，未期而取其邑，故諱不繫邾婁也。」劉子曰：推此言也而觀之，其妄可勝記乎？

十年，齊人歸我濟西田。公羊曰：「言我者，未絶於我也。」非也。若未絶於我，經何故得書「齊人取濟西田」乎？何休又云：「明齊不當坐取邑。」如此，此春秋書「齊取之」者乃非也，迷惑至如此。按：僖公取濟西田，本當得之，何休以謂「坐取田」；今齊人取濟西田，本不當得之，何休以謂「不坐取田」。持議詭僻，非所謂「使民無所措手足」者乎？

十一年，晉侯會狄于欑函。何休曰：「所聞世治近升平，記外離會。言會者，殊夷狄也。」非也。「會狄」者，便文耳。他時中國離會，可曰「某人某人會於某」；狄不當稱「人」，又不可曰「晉侯狄會於某」，書「會狄」者，便文故也。休不曉其意而造異端，其實於道無所損益。

楚人殺陳夏徵舒。公羊曰：「此楚子也，其稱人何？貶也。」非也。此譬猶「蔡人殺陳佗」耳，何以異哉？且外討弑君之賊，何不得乎？假令於義小負，尚未可貶稱「人」也，田恒弑簡公，孔子沐浴請討之，聖人豈不知義，而欲陷其君，使至於貶者？如公羊意，是謂仲尼不知義也。

納公孫甯、儀行父于陳。公羊曰：「納公黨與也。」按公羊例，「立」、「納」、「入」皆爲篡。此公孫甯、儀行父稱「納」者，篡大夫乎，其謂之「公黨」何哉？何休曰：「徵舒殺君，二子如楚訴之，徵舒之黨從後絶其位。」然則二子之位本不絶也，困於賊臣，故失職爾，今何以謂之「納」，反從篡書乎？

十二年，晉荀林父帥師及楚子戰于邲。晉師敗績。公羊曰：「大夫不敵君，此其稱名氏以敵君何？不與晉而與楚子爲禮也。」非也。大夫不敵君，而荀林父獨得稱名氏以敵楚子，此可謂與晉而不與楚子爲禮，而非不與晉而與楚子爲禮也。城濮之戰，子玉、得臣不見名氏，公羊以謂大夫不敵君也。彼子玉以不見名氏爲不敵君，此林父以見名氏爲不敵君[一]，二者孰能知之乎？又，城濮之戰，晉文公也；今邲之戰，楚莊王也。二君者，皆公羊所賢，同爲設義，而乖異如此，此雖使公羊復生[二]，吾知其必不能合也。而諸儒競爲文飾，以惑後進，豈不可怪也哉？

十四年，曹伯壽卒。何休曰：「日者，公子喜時父也。」劉子曰：推此言也而觀之，其妄可勝記乎？

十五年，宋人及楚人平。公羊曰：「大其平乎己也。」非也。臣無專美，古今之通誼也。且莊王非不賢者，司馬子反何不退與其君謀，而遂擅與宋平？且吾觀子反，既以宋情告莊王，而莊王更怒者，其意非必獨惡子反之以軍糧告宋也，亦慍子反之擅平於外也。故曰「舍而止」。如使莊王素懷不仁之行，必且窮國之力而甘心焉，是由子反激之也。而子反乃今劫君以先歸，而後僅克成其功，亦幸莊王素有仁人之心爾。故子反進則擅君之美，退有邀君之罪，二者無一可，而春秋乃大其平乎己，可謂義乎？

[一]「此林父以見名氏爲不敵君」十一字原無，據明抄本補。
[二]「此」，明抄本無此字。

晉師滅赤狄潞氏，以潞子嬰兒歸。公羊曰：「潞何以稱子？潞子之爲善也，躬足以亡爾。」非也。赤狄，狄也；潞氏，狄之别也；潞子，其君也。夷狄之君稱「子」，周禮也，非爲善而亡也，蓋迷於有爵爾。

十六年，晉人滅赤狄甲氏及留吁。何休曰：「言及者，留吁行微不進。」非也。言「甲氏留吁」則似一國，言「甲留吁」則一國愈明，故以「及」絶之爲二國也。又，「氏」者所以配「甲」也，非爲行進也。文固不可曰「晉人滅赤狄甲及留吁」，又不可曰「晉師滅赤狄潞，以潞子嬰兒歸」，故以「氏」足之爾。公羊乃謂國不若氏，非通論也。

成周宣榭災。公羊曰：「新周也。」非也。吾既言之矣。

郯伯姬來歸。何休曰：「嫁不書，爲媵也；來歸書者，後爲嫡也。」若其始嫁時，郯子未爲君，亦當不書，休何用必之乎？此非君子之言也。

成公

元年，作丘甲。公羊云：「譏始丘使也。」何休云：「使丘民作甲。」非也。若如此，經自當言「丘作甲」，非「作丘甲」也。且如何休所譏，春秋當爲惡其使農爲工，亂四民之業爾。然則當言「農作甲」，或言

「民作甲」，何故云「丘」乎？丘者，井邑之類，若丘民作甲，井民獨不作甲乎？春秋但曰「井作甲」，豈不益明？而度邑指丘，其意何哉？

二年，戰于窐。公羊曰：「曹無大夫，公子手何以書？憂内也。」非也。春秋不王魯，吾既言之矣。且曹何以獨無大夫乎？若曹以小國故無大夫，鄭亦伯也，亦無大夫乎？且春秋之正諸侯也，以王爵不以土地廣狹也。曹、鄭同儕，一有大夫，一無大夫，何哉？

齊侯使國佐如師。公羊曰：「君不行使乎大夫，此其行使乎大夫何？佚獲也。」非也。君不行使乎大夫者，謂安平無事耳。今兩國治戎，將在軍，君命有所不受。苟君命有所不受，其重且專也可知矣，行使何傷？又，「諸侯會晉師於棐林」，實趙盾之師，言「晉師」者，君不會大夫也。君不會大夫，故可言「晉師」，不可言「趙盾師」。今此亦言「晉師」足矣，乃其常文，何以爲「不行使大夫」乎？

取汶陽田。何休曰：「不言取之齊，恥乘勝脅齊求賂也〔一〕。」非也。此乃取齊所侵地耳，何恥之有？

公及楚人、秦人、宋人、陳人、衛人、鄭人、齊人、曹人、邾婁人、薛人、鄫人盟于蜀。公羊曰：「其稱人何？得一貶焉云爾。」吾不識此語「得貶」云者竟何事也？吾欲聞之〔二〕。

〔一〕「賂」下，明抄本有「邑」字。

〔二〕「聞」，原作「問」，據明抄本改。

五年，梁山崩。公羊云：「外異不書。」非也。迷於百二十國寶書，不知據魯史爾。

八年，晉侯使韓穿來言汶陽之田〔一〕，歸之于齊。公羊云：「内辭也，脅我歸之也。」非也。此直書其事耳，亦何内辭哉？又云：「鞌之戰，齊侯弔死問疾，七年不飲酒，不食肉。」亦妄也。仲尼稱顏子「三月不違仁」，以謂難也。如齊侯遂能若此，過顏回遠矣，國人歸之，諸侯畏之，死何以復謚「頃公」乎？

宋公使公孫壽來納幣。公羊曰：「録伯姬也。」非也。伯姬雖賢，然當此之時，未有可賢者，賢在其守死善道、非禮不動耳，豈可先事褒之哉？

天子使召伯來錫公命。公羊曰：「元年，春，王正月，正也。其餘皆通矣。」是謂「天子」、「天王」等耳。而何休説之又異，其文意自相伐也，是非之説可勝紀乎？

衛人來媵。公羊説與納幣同。非也。

九年，季孫行父如宋致女。公羊説與納幣同，亦非也〔二〕。

十年，乃不郊。公羊曰：「其言乃不郊何？不免牲，故言乃不郊也。」是矣。何休乃言「諱使若重難

〔一〕「之」字原無，據明抄本及春秋公羊傳注疏補。

〔二〕「九年」至「非也」二十字原無，據明抄本補。

不得郊」，其意欲指「乃」難乎「而」也，不知本不可稱「而不郊」也。此所謂知其一不知其二者也。休又云：「不免牲，當坐盜天牲。」夫「不免」者，直繫之耳，何説盜乎？且此又小惡，不足以深諱也。

十五年，宋華元自晉歸于宋。何休曰：「不省文，復出宋華元者，以憂國爲大夫山所譖，大之也。」非也。此但常文耳，無所見義。必欲爲之造説者，宣二年書「宋華元」以爲賤恥之。若實賤恥乎？若實美大乎？何二三也？

宋魚石出奔楚。何休云：「後言復入者，出無惡，知非君漏言，魚石不殺山。」非也。此本不當爲例，且不可推之也。向令魚石不復入彭城，便當指之爲殺山者矣。休意欲爲漏言護短，故爲此解。短不可護，而拙彌甚。

會吳于鍾離。公羊曰：「曷爲殊會吳？外吳也。」非也。一地而再言會者，明一會也，「吳」則其君矣，未可以爵通，又不可稱「人」，稱「人」則下從大夫之例，故須云「會吳」以成其文也。若實外吳者，後「吳人會向」，何以不殊之？又，「會於申」，有淮夷在〔一〕，何以不外之？吳豈不若淮夷哉？夫太伯至德，實始有吳，以族言之，則周伯父也，春秋豈端外之乎？

〔一〕「在」，原作「亦」，屬下讀，據明抄本改。

十六年，會于沙隨。不見公。公羊曰：「公不見見，大夫執，何以致會？不恥也。曷爲不恥？公幼也。」非也。按：公即位至今十有六年矣，豈得云幼哉？近上「不郊」、「不免牲」等，公羊輒云公怨天。怨懟[一]，有不敬心也。若此時尚幼，彼時固甚幼，幼不當恥，何苦責之？

晉人執季孫行父，舍之于招丘[二]。公羊曰：「代公執，故仁之。」非也。凡國有罪而執其正卿，禮也。又，公羊説公時尚幼，則罪非公爲；罪非公爲，則正卿當執矣。此乃行父致恥於公，春秋何故反仁之乎？理苟不足仁之，則舍於招丘，都不如公羊之語也。又，晉人來乞師而不與，何休云：「不書者，無惡。」亦非也。晉爲伯主，伐叛討罪，所以恭王命也，乞師於屬諸侯，其意甚恭，而魯人靳不予之，是惡矣，何謂無惡乎？

十七年，九月，辛丑，用郊。公羊曰：「九月非所用郊也。」非也。五月郊何不加「用」乎？五月豈所宜郊乎？且如公羊之言，春秋但譏郊失時爾，直曰「九月郊」，理豈不明，而加「用」乎？又曰：「用然後郊。」明公羊初未了經意，聊爲此説爾。

壬申，公孫嬰齊卒于貍軫。公羊曰：「非此月日也，待君命，然後卒大夫。」非也。君之許嬰齊爲

[一]「怨」，明抄本作「怨」。
[二]「招」，明抄本作「苕」。下一「招」字同。按：公羊傳作「招」，左傳、穀梁傳作「苕」。

大夫，固在前矣，君至而後明之爾，然則卒嬰齊當在致公之前無疑也。若以嬰齊反未至，故不得以大夫卒之者，嬰齊之卒竟未爲大夫，則嬰齊終不合卒，無爲但移卒於致公之後也。若以公許之則成大夫矣，先公未至，卒之何傷乎？假令國人未知公命，不録其卒，公後告之，乃追録其卒，既追録之，固應在致公之前，明公之許之爲大夫也固在前爾，豈不可乎？又，「公孫敖卒於齊」，彼不待公命，何爲卒之哉？物有似是而非者，此之謂也。

襄公

三年，陳侯使袁僑如會。公羊曰：「後會也。」非也，吾於「陳侯如會」已言之矣。又曰：「諸侯之大夫及陳袁僑盟。」何休云：「復出陳者，喜得陳國。」亦非也。成二年，「戰于鞌，齊侯使國佐如師。己酉，及國佐盟于袁婁」。當此之時，亦得齊國矣，則何不復出「齊國佐」乎？

五年，叔孫豹、鄫世子巫如晉。公羊云：「相與往殆乎晉也。」非也。請解之於滅。

會吴人、鄫人于戚。公羊曰：「吴何以稱人？『吴鄫人』云則不辭。」是也，言不可以爲文辭也。然公羊問「吴何以稱人」者，是謂吴不當稱人也，則非矣。各有所施。此年會吴於善稻，其君在會也；今會吴人于戚，其臣來會也。君臣異辭，此所以不同，非爲欲抑鄫人，故進吴子爲「人」也。且若所言，春秋序吴於鄫上，則是抑鄫矣，亦無緣更進吳也。

六年，莒人滅鄫。公羊曰：「鄫取莒公子爲後，故春秋書之，同於滅也。」陸質曰：「若鄫取莒人爲後者，罪在鄫子，不在莒人也。春秋應以梁亡之例書『鄫亡』，不當但責莒人而已。」此言善也。

七年，鄭伯髡原如會，未見諸侯。丙戌，卒于鄵[一]。公羊曰：「大夫弒之。爲中國諱，不忍言也。」非也。臣弒其君，孰與乎弒其父哉？弒其父，春秋不爲中國諱也，今何故忽爲中國諱弒君乎？又，臣弒其君[二]，不務正其罪，而顧欲遮覆掩匿，使爲惡者不顯，而銜寃者不報，此所謂以利口覆邦家者也，非君子之辭也。又曰：「未見諸侯，其言如會何？致其意也。」亦非也。未見諸侯者，記事之次序耳，何足問乎？

十二年，莒人伐我東鄙，圍台。公羊曰：「邑不言圍。伐而言圍者，取邑之辭也。伐而不言圍者，非取邑之辭也。」非也。伐一事也，圍一事也，取一事也，三者不相亂，明矣，而猶云云，不亦惑乎？又，此下有「季孫宿帥師救台」，即莒人已取之者，尚何救哉？又，十五年，「齊人伐我北鄙，圍成，公救成至遇」，公羊曰：「其言『至遇』何？不敢進也。」是謂齊已取成矣。明年，又有「齊侯伐我北鄙，圍成」，即已取之者，安得又有一成而取之乎？又，十五年，「公救成至遇」下云「季孫宿帥師城成郛」，即齊已取之，魯安得

[一] 「鄵」，四庫本、薈要本及春秋公羊傳注疏作「操」。
[二] 「臣」，原作「人」，據明抄本改。

郛之乎？

十八年，白狄來。公羊曰：「何以不言朝？不能朝也。」似近之矣，其實非也。王者正朔本不及夷狄〔二〕，豈責夷狄以行朝禮哉？苟爲順其俗而至者，其有慕中國之心，斯可謂朝矣。

十九年，公至自伐齊。公羊曰：「何以致伐？未圍齊也。」非也。若諸侯實未嘗圍齊者，春秋何得書之乎？且春秋所謂紀事之書，而非紀意之書，豈得探意以爲事哉？

取邾婁田自漷水。公羊曰：「漷移也。」非也。向者執邾子乃爲此爾。且如公羊言，魯以漷自移而取田，春秋乃坐其君以盜地乎？何悖也！

晉士匄侵齊至穀，聞齊侯卒，乃還。公羊曰：「大夫以君命出，進退在大夫也。」非也。若兵未出境，豈得擅還哉？春秋記其「至穀」者，乃所以明境外得專之也，與「公子結于鄄」一例矣。何休曰：「言『乃』者，士匄有重難廢君命之心。」亦非也。「乃」猶「即」爾，譬如「箕子乃言」之類，直謂遂然，非必重難也。大凡以「乃」對「而」，則「而」輕「乃」重，謂若「乃克葬」、「而克葬」，二者文通而字異，故得以別輕重。若文不可通，則亦不可通也，「乃不郊」、「乃還」、「乃卜三龜」，若此之類，訓與「即」相近，

〔二〕「王者」，四庫本作「周之」。「夷狄」，四庫本作「白狄」，下句「夷狄」同。

非復「乃克葬」之等也。然則理自不合言，而非不欲言也。

二十一年〔二〕，邾婁庶其以漆、閭丘來奔。公羊曰：「邾婁無大夫。」非也。其曰「重地」是也。假令賤者竊邑來奔，不可但云「邾人」，故須著見其名，示有以懲勸也。

二十三年，邾婁鼻我來奔。公羊曰：「以近書也。」此文過飾非之辭，非要言也。

晉欒盈復入于晉，入于曲沃。公羊曰：「欒盈將入晉，晉人不納，由乎曲沃而入。」非也。若盈能入晉，禍已構矣〔三〕，且何能勿納乎？夫盈之不單身入晉審也。苟焉不能入晉矣，則雖由乎曲沃，亦何能入乎？然則由曲沃之士衆以入者也，春秋宜先明其復入曲沃，乃後言其入于晉，今何故反顛倒之乎？按：盈入于晉，晉人不納，盈爲未嘗得入也，春秋不當書「入」矣；由乎曲沃而入，是得入也，春秋當書「入」矣。不當書而書，當書而不書，是何謂春秋乎？

叔孫豹帥師救晉，次于雍榆。公羊曰：「先救後次，先通君命也。」非也。大夫受命而出，豈有君命而不通哉？何必爲此文乎？

二十五年，諸侯同盟于重丘。何休曰：「會、盟再出，不舉重者，起諸侯欲誅崔杼。」按：是後遂

〔二〕「一」，原作「二」，據明抄本及春秋公羊傳注疏改。

〔三〕「構」，原闕，據明抄本補。四庫本作「萌」。

無誅杼之事，則此妄語也。

衛侯入于陳儀。公羊曰：「曷爲不言『入于衛』？諼君以弑也。」非也。衎雖失位，非剽臣也；剽雖得國，非衎君也。春秋豈謂衎爲諼君乎哉？何休又謂：「衎不能自復，遂詐爲剽臣。」此非人之情，何有此事哉？「入于陳儀」者，猶「突入于櫟」、「公在鄆」爾，不須多疑而更紛紛也。

二十六年，宋公殺其世子痤。何休曰：「痤有罪，故平公書葬。」如休言者，痤何以不若鄭段省其氏乎？痤不省氏，無惡明矣。且凡葬者，臣子之事也。君弑，不討賊、不書葬者，以爲無臣子，故可以至此焉。今以誅大夫之故，故去其葬，謂誅大夫與弑君比乎？且凡君殺母弟、世子則直稱君，殺大夫則稱國，所以貶之已明矣，何賴於葬不葬乎？

晉人執衛甯喜。公羊曰：「不以其罪執之。」非也。晉爲伯主，不討賊、不執人則已矣，今欲討賊且執人，而反不以其罪執之，何哉？此殆不然。

二十七年，衛殺其大夫甯喜。公羊曰：「已約，歸至，殺甯喜。」然則喜非復有他罪也，衛侯以弑君誅之耳。以弑君誅之，何爲不以討賊之辭言之乎？謂衛侯不當誅喜乎，何以責定公不能討季氏也？

豹及諸侯之大夫盟于宋。公羊曰：「曷爲再言？豹殆諸侯也。曷爲殆諸侯？爲衛石惡在是也，曰：惡人之徒在是矣。」非也。此乃一事再見者，前目而後凡耳，何謂「殆諸侯」乎？假令衛石惡實惡人者，何至能變亂諸侯之盟乎？衛比諸侯，亦小國耳，何至諸侯遂危懼之乎？皆事之不然者。且石惡名爾，行未必惡也。謂名惡者行惡，名善者則行善矣，董賢可謂賢乎？

三十年，葬宋共姬。公羊曰：「外夫人不書葬。」非也。内女不書卒者，常禮也，嫁於諸侯則書之。既已録其卒矣，何得不録其葬乎？唯所貶乃不書葬耳。

會于澶淵，宋災故。公羊曰：「録伯姬也。」非也。宋災故者，豈善之乎？又曰：「此大事也，曷爲使微者？」亦非也。諸侯相聚而更宋之喪，何大事之有？又曰：「卿則其稱人何？卿不得憂諸侯也。」亦非也。大夫受君命以出爲會，是諸侯耳，何用必其非諸侯之命乎？

春秋權衡卷第十三　公羊第六

昭公

元年，叔孫豹會晉趙武、陳公子招云云。公羊曰：「此陳侯之弟招也，何以不稱弟？貶也。」非也。公羊以母弟稱弟，故云爾，不知母弟可以稱弟而不可常稱，常稱皆以重書也，且招之罪在殺世子偃師，不在會於漷也。聖人褒貶各於其事，豈有迎其未然之事，探其且然之罪以爲貶哉？推此而言，傳云「母弟稱弟」，不可通也。又曰：「招之罪已重矣，何爲復貶於此？著招之有罪也，言楚之託乎討招以滅陳也〔一〕。」亦非也。夫殺世子，此招之罪也；滅陳之國，此則非招之罪也。以楚討招而滅陳，而遂移罪於招，豈春秋之理哉？

〔一〕「也」，原作「地」，據明抄本及春秋公羊傳注疏改。

三月，取鄆〔二〕。公羊曰：「鄆者，内之邑也。」非也。鄆常見於春秋，皆與莒事相附，此莒之附庸明矣。

秦伯之弟鍼出奔晉。公羊曰：「秦無大夫，仕諸晉也，有千乘之國，而不能容其母弟，故君子謂之出奔也。」非也。凡春秋所言「出奔」，皆貶也，今如傳所説鍼者乃秦伯之過，此自當貶秦伯而不當貶鍼也。向若春秋書曰「秦伯放其弟鍼於晉」，則可問曰：「秦無大夫，此何以書？」曰：「仕諸晉也。以千乘之國而不能容其母弟，故君子謂之放也。」今經言「奔」，此罪在鍼，不在秦伯明矣，何以見秦伯仕之於晉乎？由是言之，所謂「秦無大夫」者，直虚言爾。

莒去疾自齊入于莒，莒展出奔吴。何休曰：「不從莒，無大夫。去氏者，篡重，不嫌本不當氏也。」非也。「莒去疾」猶曰「齊小白」，「莒展」猶曰「鄭忽」，此乃常文見貶爾，自不得從大夫例也。

疆鄆田〔三〕。公羊曰：「畏莒也。」非也。成公九年，「楚人伐莒，莒潰，楚人入鄆」。襄公十二年，「莒人伐我圍台，季孫宿救台，遂入鄆」。今又因莒之亂疆鄆田，此明鄆爲莒附庸明矣。鄆本屬莒，故魯取其邑，未得其地，故因莒亂帥師而往，分明疆土，此乃欺之，非畏之也。且以理言，魯强莒小，魯安莒亂，何爲乃畏莒

〔二〕「鄆」，明抄本作「運」。下二「鄆」字同。按：公羊傳作「運」，左傳、穀梁傳作「鄆」。
〔三〕「鄆」，春秋公羊傳注疏作「運」。

哉？「季孫宿帥師入鄆」，豈自入其邑哉？

三年，北燕伯款出奔齊。何休曰：「名者，所見世責小國詳。」此乃大繆，且不可信。自是以前，出奔而名者，不爲失地即大惡也，今至款獨云在太平世責之詳，亦幸見款無他大惡，故令休得如此云。即令款身有惡，如衛朔比者，豈可連書兩名以見之哉？不連書兩名不足以見法也，何者？款負大惡而名之，休必謂款以大惡名，不曰見治太平名也。

四年，會于申。何休曰：「不殊會淮夷者，楚子主會行義，故君子不殊其類，所以順楚而病中國。」此亦無理，不可信也。休謂楚今行義，故春秋以病中國，然則楚自合進與中國等矣，則宜殊會淮夷以起其事。今乃云欲順楚義而不殊其類，是足見楚與淮夷未有異也，何能病中國哉？原其所以云云者，欲成向者殊會吴之説耳。按：「會于戚〔二〕」，吴人、鄫人在列，又何故不殊？

取鄫。公羊曰：「諱滅也。」非也。莒已滅鄫矣，此又能重滅之乎？公羊本謂鄫未滅，故因而爲之辭耳。

五年，叔弓帥師敗莒師於濆泉。公羊曰：「濆泉者，直泉也。」非也。此地名爾，豈謂戰而泉涌

〔二〕「戚」，原作「向」，據明抄本改。按：儒藏本校勘記云：「向之會，在襄十四年，會吴之事皆特書之。戚之會，在襄五年，會吴之事皆不特書。」是也。又按：下文云「吴人、鄫人在列」，戚之會有鄫人與會，向之會無鄫人與會，亦可見當爲「會于戚」。

乎？戰而泉涌，固當舉戰地於上〔一〕，而後書曰「有瀆泉」，不得引瀆泉以爲戰地也〔二〕。且公羊説「戰于泓」以水地者〔三〕，善其不薄人於險也；「戰于河曲」者，河曲疏矣，非水地也；「戰於乾時」者，著時之乾，亦非水地也；「戰於邲」者，又善楚莊王不戹人也。則是以水地者，必水戰矣。今此舍地之名更著泉稱〔四〕，是豈莒、魯之師居泉中戰乎？

秦伯卒。公羊曰：「秦者，夷也，匿嫡之名也。」非也。謂秦爲夷，則經書「秦伐晉」，乃其理自適然矣，非貶之也。或謂秦是夷，或謂秦非夷，何哉？且諸侯卒不名者多矣，可以悉謂之夷乎？凡夷狄之爵，雖大不過子，秦爵伯也，非夷亦明矣。又詩序：獻公之女爲秦穆公夫人，而生康公，康公爲太子時贈送晉文公于渭之陽，作渭陽之詩。則康公者，嫡子也。今尋公羊，以文十八年「秦伯罃卒」爲穆公，則宣四年「秦伯稻卒」爲康公，驗此兩者，又各有名，非匿之也。公羊乃云「嫡得之」，然則秦伯亦未盡用夷禮，安知彼不名者自與中國諸侯不名同哉？

七年，葬衛襄公。何休曰：「當時而日者，世子輒有惡疾，不早廢之，臨死乃命大臣廢之。自下廢上，

〔一〕「固」，明抄本作「因」。
〔二〕「得」下，明抄本有「遂」字。
〔三〕「戰」字原無，據明抄本補。
〔四〕「泉」字原無，據明抄本補。

鮮不爲亂，故危録之。」未知休何以見此事邪？推此言也而觀之，其妄可勝記乎？

八年，陳侯之弟招殺陳世子偃師。按：此但殺世子爾，而元年公羊説云自是弑君，非實事也。

蒐于紅。公羊曰：「以罕書。」非也。吾既言之矣。

九年，陳火。公羊曰：「存陳也。」何休謂：「陳爲天所存。」非也。此自聖人欲存之，故録爾，安知天意〔一〕？

十一年，楚師滅蔡，執蔡世子友以歸，用之〔二〕。公羊曰：「其稱世子何？不君靈公，不成其子也。」予謂：不成其子而稱「世子」，義與文反，難以説也。又，鄭忽亦稱「世子」，豈復不成其子哉？又曰：「用之築防。」此似兒戲，非可信也〔三〕。

十二年，齊高偃帥師納北燕伯于陽。公羊曰：「伯于陽者，公子陽生也。」非也。公羊謂孔子作春秋，用百二十國寶書也，豈百二十國書悉如此殘缺乎？曷爲不革？又，孔子作春秋，用百二十國寶書，而見於春秋者裁六十餘國耳，所以不悉見者，師説事非卓佹則不取也〔四〕。如陽生此事，殘缺乃爾，又非卓佹，蓋何

〔一〕「意」下，明抄本有「乎」字。
〔二〕「用」，原作「乎」，據明抄本、四庫本、薈要本及春秋公羊傳注疏改。
〔三〕「信」字原無，據明抄本補。
〔四〕「事」，原作「是」，據明抄本改。

足復録乎？明春秋之作，據魯史審矣，以是論之，「伯于陽」非公子陽生。其所云云者，皆誣聖人也。

十三年，公不與盟。公羊曰「不恥不與」，是也；言「諸侯遂亂，反陳、蔡」，非也。陳、蔡滅而復封，此豈非所謂「力能救之則救之可也」者乎，何故恥之？

十五年，有事于武宮。籥入，叔弓卒，去樂卒事。公羊曰：「君有事於廟，聞大夫之喪，去樂卒事。」非也。曾子問君在祭不得成禮者幾，仲尼語之詳矣，而不及此，此所以知其非也。

蔡昭吴奔鄭。何休曰：「不言出者，始封名言歸，嫌與天子歸有罪同，故奪其有國之辭，明專封。」非也。以昭吴爲蔡侯之身邪？蔡侯始歸名廬，後卒亦名廬，此不得謂之昭吴也。以昭吴爲蔡大夫邪？國非大夫之有，奈何於大夫之身奪有國之辭哉？以謂欲見專封也，「蔡侯廬歸于蔡」，其專封不既明已乎？且齊侯嘗專封衛、邢、杞三國矣〔一〕，未見春秋復奪三君之國也，今此何故獨奪之邪？

二十年，曹公孫會自鄸出奔宋。公羊曰：「爲公子喜時之後諱也。」非也。春秋之義，善惡各以其事進退之，何有賢其祖而遂諱其後子孫惡乎？且所以諱賢者之過者，謂小不足以妨大，短不足以毀長，而可以成人之美者也。若乃大惡至叛君專地，反臣子之義，亂人倫之常矣，而猶爲之諱乎？如必賢者子孫則罪皆可

〔一〕「侯」，明抄本作「桓」。

諱，是蔡、管不誅於周也。由是觀之，所謂「爲公子喜時諱〔一〕」，其義安在哉？何休又曰：「有明王作，喜時當還國。」亦非也。伯夷、叔齊讓國，其弟當武王之興，不聞還孤竹之封於伯夷也，豈伯夷爲不及公子喜時哉？武王非王者哉？

二十一年，宋華亥、向甯、華定自陳入于「宋南里」以叛。公羊曰：「南里者何？若曰因諸者然。」非也。「宋南里」者，入宋而居南里也，又何疑焉？

二十二年，王室亂。公羊曰：「言不及外也。」非也。此不問可解矣，謂王室亂者，嫡庶並爭，亂在宗室者也，本不得言「京師亂」、「成周亂」、「王城亂」，其理適然。而何休又云云，皆趨文而遺意者也。

劉子、單子以王猛居於皇。公羊云：「其稱王猛何？當國也。」非也。王猛乃王矣，未逾年，是以不可稱「天王」，而又不可以諸侯例稱「子」也，何則？獨言「子」則似魯之子，冠「王」於「子」，則又與他王子相亂，故稱「王」繫「猛」者，明是乃王者在喪之常稱，可無疑也。殷人作書，以君名篇，明都不諱也。周人以諱事神，死則諱之，生亦不諱也。逾年之後，臣子可稱之曰「天王」，未逾年則以「王」繫名，通謂之小子王。生名之，死亦名之，明尊未成也。今此「王猛」是生名之也，後曰「王子猛」是死亦名之也，而公羊不達此，見文稱「王猛」，則謂與小白、齊突等矣，不知文無所移易也。甚矣，其陋也！且春秋書「王猛

〔一〕「爲」字原無，據明抄本補。

居於皇」，即猛不正，可言「居」乎？

劉子、單子以王猛入于王城。公羊曰：「王城者何？西周也。」何休云：「得京師地半，自稱西周。」非也。此休不知之耳。又曰：「其言入何？篡辭也。」亦非也。向「王猛居於皇」，亦何不言「入」乎？必若以「入」爲篡者，下有「天王入于成周」，亦可謂篡乎？

王子猛卒。公羊曰：「不與當父死子繼、兄死弟及之辭也。」非也。向言「王猛」者，以文不可繫「子」，今言「王子」者，死當以子禮治之，明是乃王之子也。言「卒」者，未逾年之君，猶子赤、子般，皆言「卒」也。言「卒」則可，言「薨」則不可，猶夷狄之君言「子」則可，言「男」則不可也。禮之次序各自有所宜，不必未逾年之諸侯則當稱「卒」，未逾年之王則當稱「薨」也。何休云：「春秋篡成者，皆與使當君之。」非也。春秋視篡奪之人，無可奈何爾，隨其自所稱呼而書之者，見其罪也，豈與使君之乎？若篡成則與使君之，是春秋獨惡不善篡，而縱所善篡也。大爲之防，民猶踰之，又開其利，篡者衆矣。

二十三年，吳敗蔡、胡、沈、頓之師。公羊曰：「此偏戰也，曷爲以詐戰之詞言之？不與夷狄之主中國也。然則曷爲不使中國主之？中國亦新夷狄也。」非也。此欲自文飾其短爾。按：戰者，凶事，非禮讓之事，就令夷狄主之，又何不得而春秋不肯乎？又，夷狄所以爲夷狄者，正以狡詐無義爾。中國所以爲中國者，亦正以禮義尊尊耳。今春秋所以退中國不使主戰者，以其不爲中國之行也。而夷狄能結日偏戰，不爲狡詐〔一〕，何故不得主中國乎？中國有惡則不得進，狄有善又不得進，此豈褒貶之指哉？且王室亂，非蔡、胡、沈、頓所能任其憂也，何故責之爲夷狄乎？故於吴則没其偏戰之善，而誣以詐戰之惡；於中國則罔以夷狄之行，而强詆以罪。此弊由用日月爲例也。試不用日月之例，則戰自戰，敗自敗，了然分矣。

獲陳夏齧。公羊曰：「吴少進也。」然則吴猶得獲中國，豈不得主中國？且所主者，但戰而已，何嫌不得哉？

天王居於狄泉。公羊曰：「此未三年，其稱天王何？著有天子也。」非也。其意以謂未三年不當言「天王」耳。王者雖諒闇三年，然逾年之後，臣子可以「天王」稱之矣，而王者未可自決政事也，豈謂都無「天王」之稱哉？「毛伯來求金」，不稱「天王」，明命自上下，不合稱之也。「天王居於狄泉」，臣子稱之，理自得稱「天王」也。聖人之意可見矣。

二十四年，叔孫舍至自晉。二傳皆無叔孫，公羊獨有，此似聖人本意，所謂「辭繁而不殺」者也，但説之非爾。

〔一〕「爲」，明抄本、薈要本無此字。

二十五年，秋，七月，上辛，大雩。季辛，又雩。公羊曰：「聚衆以逐季氏也。」非也。若七月聚衆，則何至九月公乃出奔乎？何休又説：「日爲君，辰爲臣，去辰者，逐季孟之意。」蓋迂而不典。

二十六年，天王入于成周。公羊曰：「其言入何？不嫌也。」何休云：「不嫌爲篡，但起其難。」然則於王猛何以獨惜此義？

二十七年，吴弑其君僚。何休曰：「不書闔廬弑，爲季子諱。」非也。季子之不討闔廬者，蓋勢不可也，豈義之乎？故託不忍父子兄弟相殘耳，而春秋何爲遂爲之諱？夫弑君之惡大矣，尚可諱乎？若弑君之惡而可諱，何則不可諱乎？季子，賢者也。賢者之心，豈止於不欲父子兄弟相殘殺乎？雖殘他人亦不可也。苟焉春秋但順賢者之意而爲之諱，是一國有賢，通國無罪也。其大者至弑君而猶爲之諱，則其小者戕人、賊人固不當問矣。且季子之不討闔廬，其義安在哉？知力不足討而外託不忍者也。然則季子之不忍，親親之私恩也。春秋之褒貶，天下之公義也〔二〕。以天下之公義而觀季子之行事〔三〕，苟非其力不足者，則季子未免於貶。何者？私親親之愛而亂尊尊之序，聖人不爲也，是以周公致辟二叔而不疑。今季子何得擅以私愛廢公義哉？然所以仲尼美之不貶者，知其力不足而能外託親親，若是者可謂達權矣，此其指也。以謂順賢者之意，則可以縱弑君之

〔二〕「也」字原無，据明抄本補。

〔三〕「以天下之公義」六字原無，據明抄本補。

罪，不亦悖乎？不亦悖乎？

三十一年，黑弓以濫來奔。公羊云：「通濫也。」非也。以叔術爲賢，賢既不足，又懸隔數十世之外，而通叛君之黑弓，使當有國，誰能信之乎？漢諸儒辨此多矣。是非紛拏者惑於辭也，不若以大義格之〔二〕，使在度外。且仲尼稱「雍也可使南面」，「居敬而行簡」，「出門如見大賓，使民如承大祭」，有如叔術之爲者乎？平居講道則多雍也，退而作春秋反貴叔術，是自相駮也，其非聖人意亦可知矣。

定公

二年，雉門及兩觀災。公羊曰：「兩觀微也。」又曰：「主災者，兩觀也。」皆非也。災有先後，據見而書，譬猶六鷁退飛也，視之則六，察之則鷁，審之則退飛，何至顛倒先後，强出尊卑乎？尋繹其意，所以迷惑者，以謂桓宮、僖宮災，不言「及」也。彼自火並出燒之，莫知次序，故直以遠者序上耳。又云：「曷爲不言『雉門災，及兩觀』？」其意以下「新作雉門及兩觀」爲比，亦非也。新作可序上，不可序下；災可序下，不可序上，此亦制作之常理，何足致疑而問之乎？

〔二〕「格」，明抄本作「革」。

四年，公及諸侯盟于浩油。何休曰：「再言公者，昭公數如晉，不見答[一]，卒爲季氏所逐。定公初即位，得與諸侯盟，故喜録之。」非也。春秋諸侯之會，常事耳，非王道之正也，無故繁文推以爲喜，春秋何喜於此哉？

六年，仲孫何忌。公羊曰：「譏二名。」其意以謂二名難諱也。古者，蓋雖君之名，臣不諱矣；父之名，子不諱矣。及至於周，臣諱君之名，子諱親之名，然猶諱其死不諱其生，諱其同不諱其嫌，二名則不偏諱也。仲尼之母名徵在，言「徵」不言「在」，言「在」不言「徵」，自仲尼不偏諱二名，況其他乎？夫已不能諱二名，反譏人之二名，豈理也哉？

十年，宋公之弟辰暨仲佗、石彄出奔陳。何休曰：「辰言暨者，明仲佗、石彄强與俱出。」非也。若如休所言，辰罪爲輕，何故反序上乎？又何爲明年入於蕭而書「及」乎？按隱元年公羊云：「暨，猶暨暨也，不得已也。」未知不得已者，爲己不得已乎？謂他人不得已乎？以吾觀之，則「暨」使他人不得已是也。何者？暨之意，强也，競也，故曰暨暨。以暨暨之故，人不得已從之，此可知矣。昭七年，「暨齊平」者，是時魯數侵莒邑。莒者，齊兄弟之國。又，元年，莒去疾自齊入莒，有親親之恩，故齊與魯構怨不平也[二]。

[一]「見」字原無，據明抄本及春秋公羊傳注疏補。
[二]「構」，原闕，據明抄本補。

於時〔一〕，昭公外娶於吴而朝聘於楚，深得其威，因此以强逼齊爲平。春秋惡其貪殘不知恥而服人不以德，故書「暨齊平」，不盡其事，微以見意也。今此「暨仲佗、石彄」亦猶彼矣。若如休言，昭七年「暨齊平」者，齊、魯初未有惡，何忽有平哉？然説經者患各執一偏，吾言「及」者，自通之文〔二〕，無汲汲也；言「暨」者，乃强人之文，是我强人，非人强我也。彼人强我者，如「韓穿來言汶陽之田」、「及晉處父盟」之類，皆自見矣。用是求之，「及」非汲汲，「暨」非强我，明矣。且若必謂「暨」爲我不得已者，「及晉處父盟」亦可謂不得已矣，則其言「及」何？

十二年，薛伯定卒。何休曰：「不日月者，子無道，當廢之，而以爲後。未至三年，失衆見弑，故略之。」劉子曰：推此言也而觀之，其妄可勝記乎？且公羊曰：「立嫡以長不以賢，蓋防亂也。」如休所言，更相違矣。

十四年，衛世子蒯聵出奔宋。何休曰：「子雖見逐，無去父之義。」此不達於變也。諸侯以國爲家，四境之内，力能專制之。若蒯聵不去，爲靈公所殺，則陷父于大惡。今奉身逃竄者，收小惡於己也。以小易大，其情甚順，此非春秋所惡也。

〔一〕「時」，原作「是」，據明抄本改。
〔二〕「之」字原無，據明抄本補。

哀公

二年，晉趙鞅帥師納衛世子蒯聵于戚。公羊曰：「曷爲不言入于衛[一]？」何休曰：「據弗克納，言於邾婁。」非也。彼以弗克納，故得言於邾婁耳。此但得入戚，未得入衛，故不得言衛，亦其理自然，何以見「父得有子」乎？凡「父得有子，子不得有父」，豈不誠道乎？然於此經則害於義。故其言則是也，其於説經則非也。

三年，齊國夏、衛石曼姑帥師圍戚。公羊以爲可。古人已有能辨者矣[二]。

桓宫、僖宫災。公羊曰：「復立也。不言復立，見者不復見也。」非也。古之人豈無所省文哉？亦不若是而省之耳。且必若云，襄公作三軍，「舍中軍」曷爲獨書哉？

六年，齊陽生入於齊。陳乞弒其君舍。公羊曰：「弒而立者，不以當國之辭言之。此其以當國之辭言之何？爲諼也。」非也。如公羊之説，陽生本正，與商人相似；弒而代立，與商人相似；陽生諼而弒之，

〔一〕「言」，原作「書」，據明抄本及春秋公羊傳注疏改。
〔二〕「辨」下，明抄本有「之」字。

商人亦諼而弑之，所以諼之雖殊，所以爲諼則同。今何故陽生、商人乖異若此哉？公羊本欲引商人以求與之合，而事同文別，反更大繆。乃知例苟不通者，雖曲說愈僞也。何休以謂〔一〕：「不舉陽生弑者，諼成於乞。」然則是公子比之類也，公子比脅於棄疾〔二〕，宜效死勿聽，故坐弑君；陽生亦宜效死勿聽者也，亦當坐弑君。公子比首惡，陽生不蒙首惡，何哉？

七年，秋，公伐邾婁。八月，己酉，入邾婁，以邾婁子益來。公羊云：「内辭也，使若他人然。」非也。邾、魯相近，故初秋伐之，八月又入之，此自兩事，理當並書，無取於内辭也。「入邾婁」，使若他人，猶有可諉；「以邾婁子益來」，又可云他人乎？又曰：「曷爲不言其獲？内大惡，諱也。」亦非也。諸侯擅入人之國，爲大惡可矣；戰而獲人，獲者則大惡矣，獲之者豈可同其科哉？又此自入而以歸，不得以「獲」解也，吾既言之矣。

八年，宋公入曹，以曹伯陽歸。公羊曰：「不言其滅，諱同姓之滅也。」非也。當此之時，魯人自救不暇，豈有不救同姓之滅，春秋遂責之乎？且責魯不救，而諱曹之滅，縱失宋公之惡，苟責無罪之魯，甚非

〔一〕「謂」，原作「爲」，據明抄本改。
〔二〕「脅於」二字原無，據明抄本補。

禮也〔一〕。

十三年，公會晉侯及吴子于黄池。公羊曰：「吴主會也。」按：吴主會必非晉所願也，春秋宜曰「公會晉侯暨吴子于黄池」，則與公羊例合矣。今乃曰「及吴子」，此其晉、魯汲汲我欲之者邪〔二〕？又曰：「吴在是，則天下莫敢不至也。」何休以謂云爾者，欲爲魯侯殺耻，故不書諸侯也。吾謂春秋審欲爲魯侯殺耻者，書諸侯乃宜矣，無爲乃没之也。

十四年，西狩獲麟。公羊曰：「春秋何以始乎隱？祖之所逮聞。」非也。聖人作經爲天下法〔三〕，不苟記祖所逮而已。蓋不得聖人之意而言之也。且如所言，祖者，謂曾祖乎？高祖乎？如謂曾祖，孔子曾祖防叔，則孔父三世之孫；如謂高祖，孔子高祖祁父，亦孔父二世之孫。孔父死於桓二年，其孫不得見隱，審矣。計防叔、祁父之時，應在閔、僖之間，春秋則當起於閔、僖，不宜始隱公也。凡公羊之書，其乖謬大體麤正之矣，至於委曲微密，似是而非，悉言之則不可勝言〔四〕，非講學辨論者不能及也，故闕焉以俟，知者亦將有起予者乎云爾。

〔一〕「禮」下，明抄本注云「禮一作理」。
〔二〕「其」，明抄本作「豈」。
〔三〕「下」，原作「子」，據明抄本改。
〔四〕「悉」，原作「索」，據明抄本改。

春秋權衡卷第十四　穀梁第一

隱公〔一〕

元年，春，王正月。穀梁曰：「雖無事，必舉正月，謹始也。」按：此實有事者，以見隱公讓，故不書「公即位」爾，何謂無事乎？

三月，公及邾儀父盟于蔑〔二〕。穀梁曰：「及者，内爲志焉爾。」非也。「及齊高傒盟」、「及晉處父盟」，豈復内爲志者邪？又曰：「儀，字也。父，猶傅也，男子之美稱也。言善其結信於魯，故以字貴之。」亦非也。春秋來會於魯者多矣，不聞悉可貴也，若以初入春秋故得貴之，則桓十七年，「會邾儀父，盟于趡」，

〔一〕「隱公」二字原無，據明抄本，四庫本、薈要本補。
〔二〕「蔑」，四庫本作「眛」。按：穀梁傳作「眛」。

又何爲乎？且春秋之作，貶諸侯、明王道，以救衰世者也，凡記盟會者，於王法所不得爲，皆貶也。甫當貶之，何有於褒？且以私結盟之故而褒之，後有善焉，何以加其身？

鄭伯克段于鄢。穀梁曰：「克，能也。何能爾？能殺也。」非也。未有一字轉相訓詁而可并兩義者也，誣人已甚矣。

及宋人盟于宿。穀梁曰：「兩卑者也。」吾謂二國爲盟，非兩卑者所定，就有兩卑者盟，春秋亦不書之。何也？事小而多不信，可以略故也。

公子益師卒。穀梁曰：「日卒，正也。不日卒，惡也。」非也。公孫敖、仲遂、季孫意如豈正者乎，而皆日；叔孫得臣不聞有罪，而反不日，皆妄也。

二年，公會戎于潛。穀梁曰：「會者，外爲主焉爾。」非也。若令内爲志者，可曰「公及戎於潛」乎？

五月，莒人入向。穀梁曰：「入者，内弗受也。」此義疏矣。凡將兵攻人之國，而能勝之入焉者，斯謂之「入」矣，非必以「内弗受」解也。有入人之國而可以受之者乎？然則穀梁今所言者，歸入之例也，妄并之矣。

無駭帥師入極〔一〕。穀梁曰：「入者，内弗受也。」又曰：「不稱氏者，滅同姓，貶也。」按：入則不得謂之「滅」，而穀梁先既以「入」解之，末又以「滅」通之。此似穀梁作傳時自以「入」爲義，後竊見公羊之書以「入」爲「滅」，又因注焉者也，故兩義雖不相合而猶並存也。又，八年，「無駭卒〔二〕」，不稱氏，穀梁亦先曰「隱不爵大夫也」，又云「或説曰：故貶之也」。此兩者皆出公羊，又皆係之初説之後，明穀梁私見公羊之書而竊附益之云爾。不然，無爲兩事各自終始反戾也。

紀履繻〔三〕來逆女。穀梁曰：「以國氏者，爲其來交接於我，故進之也。」非也。諸侯婚姻，聘使相往來，亦常耳，何妄得進之？且履繻國氏何異「鄭詹」，而曰進之乎？謂履繻進之者，詹亦進之乎？

紀子伯、莒子盟于密。穀梁兩説，皆無足取者。

夫人子氏薨。穀梁曰：「不書葬，夫人之義，從君者也。」非也。隱薨在十一年，今夫人薨，相去九年，可得預知君當不葬而先除其葬乎？夫人之義雖曰從君，至於卒、葬，非其所能自制也，奈何以必從君限之哉？文姜親與弑君，春秋猶書其葬，況於此非弑君之人乎？

〔一〕「駭」，春秋穀梁傳注疏作「侅」。
〔二〕「駭」，春秋穀梁傳注疏作「侅」。
〔三〕「繻」，明抄本及春秋穀梁傳注疏作「緰」。

三年，日有食之。穀梁説晦朔之例。雖文與公羊異，而謬與公羊同，吾既言之矣。

宋公和卒。穀梁曰：「諸侯日卒，正也。」非也。齊小白、晉重耳皆可謂正乎？若曰簒明則不疑者，此妄説矣。本設日不日例者，非復有他義也，明正不正而已耳。苟正者日，不正者不日，則其義可信而無疑。今正者日，簒明者亦日，不知春秋何能不憚煩於簒明之人，而必加其日哉〔一〕？若簒明之人乃去其日，豈不益至公至明哉？徒爲此紛紛，何也？又，「曹伯使世子射姑來朝」，則曹伯之嫡也。莊二十三年，「曹伯射姑卒」，有月無日，此復何邪？

葬宋繆公。穀梁曰：「日葬，故也，危不得葬也。」非也。宋繆公之葬有何危邪？春秋日葬者多，不必皆有危也。但欲以日月爲例，而不知理有不可者，以謂人雖有難已者，而事無可據，譬如説神怪者也。夫以説神怪自況，人亦以説神怪況之矣，曾何足致詰乎？

四年，莒人伐杞，取牟婁。穀梁曰：「言伐、言取，所惡也。」非也。若不言「伐」，則牟婁爲杞邑不明，理自當爾，何惡之有？若言「伐」、言「取」，然後云惡，則凡「伐」而不「取」、「取」而不「伐」者，皆不惡之哉？

〔一〕「加」，原作「知」，據明抄本改。

衛州吁弑其君完。穀梁曰：「大夫弑其君，以國氏者，嫌也，弑而代之也。」非也。宋督、宋萬亦可云弑而代之乎？公子商人豈非弑而代之乎？而督、萬氏國，商人不氏國，何也？

公及宋公遇于清。穀梁曰：「及者，内爲志焉爾。」非也。若外爲志，可曰「公會宋公，遇於清」乎？又曰：「遇者，志相得也。」按八年傳：「不期而會曰遇。」若内爲志，又志相得，非不期也。

翬帥師會宋公、陳侯、蔡人、衛人伐鄭。穀梁曰：「不稱公子，貶之也。」非也。欲貶翬者，宜於此稱「公子」，既弑君而除之，無爲先事而貶也。觀傳此意，與公羊同病，吾既言之矣。

衛人殺州吁于濮。穀梁曰：「其月，謹之也。」吾爲春秋苟不舉月則勿謹之乎？何必爲此文哉？

五年，考仲子之宫。穀梁曰：「考者，成之也，成之爲夫人也。」非也。若成之爲夫人，經當曰「考夫人子氏之宫」，今但曰「仲子」，非夫人明矣。又曰：「仲子者，惠公之母，隱孫而修之，非隱也。」亦非也。若實非隱，經當曰「立仲子之宫」，今曰「考宫」，非非隱明矣。實説仲子之卒在惠公末年，故元年「天王使宰咺來歸賵」，後其葬期也，不謂仲子之卒在惠公之前，而平王因惠公之喪以賵仲子也。爲穀梁者，誤其前後，故謂隱公追祀惠公之母。其實仲子與惠公同年而卒，故隱公疑仲子未嘗祭於子，不可便已，欲通其意，作宫祭之，終己而已。春秋許其知禮之變，故以「考宫」書，不以「立宫」書也。

初獻六羽。穀梁曰：「始僭樂矣。」尸子曰：「始厲樂矣。」劉子曰：「言僭樂是也，詎得厲樂乎？」

螟。穀梁曰：「其則月，不甚則時。」劉子曰：此亦説神怪之比也。實甚而時，無以詰之；實不甚而月，亦無以詰之。若因而更之曰「甚則時，不甚則月」，人亦莫辨也。

公子彄卒。穀梁曰：「隱不爵命大夫，其曰公子彄何也？先君之大夫也。」非也。隱雖讓國，當此之時實魯君也，爵命大夫何有不可哉？周公攝政，猶專廢置天下諸侯，況隱公明爲魯君乎？又不知若隱公者，苟爵命大夫則不成讓國乎？何其疑隱公之小也？

宋人伐鄭，圍長葛。穀梁曰：「伐國不言圍邑。」非也。有伐者，有圍者，理當並書，不得以輕重相覆也。又曰：「苞人民，驅牛馬，曰侵。斬樹木，壞宮室，曰伐。」亦非也。古之行師不必盡如此其暴也，或問罪，或討亂，師之所至而百姓不擾，猶謂之侵伐也，亦可如傳所言名之乎？春秋雖亂世，會有一國以道侵伐，不苞人民、驅牛馬〔二〕，亦不斬樹木、壞宮室者，春秋何以書之？夫桓、文之師，誠有節制也，其所侵伐，庸得盡如傳所言哉？又有可疑，即復一國，以兵加人，既苞其人民、驅其牛馬矣〔三〕，又斬其樹木、壞其宮室，春秋可遂兩書侵伐乎？

〔二〕「驅」上原衍「不」字，據明抄本删。按：本句與下句句式相同，下句云「不斬樹木、壞宮室」，則本句應無「不」字。蓋涉上而衍。

〔三〕「既」，原作「即」，據明抄本改。

六年，鄭人來輸平。穀梁曰：「輸平者，不果成也。」其意以謂春秋前魯與鄭平，至四年時翬帥師伐鄭，故鄭人今請絶前平也，非也。凡云「平」者，蓋兩國約不相背云爾。今魯以伐鄭平，絶可知。若鄭人不來輸平者，寧可謂舊平未絶乎？有伐人之國而猶自謂有平乎？然則魯、鄭之平不待告而絶亦明矣，又安有「不果成」事乎？

七年，叔姬歸于紀。穀梁曰：「其不言逆，何也？」是也。知此叔姬必非媵也，故得見於經矣。又曰：「逆之道微，無足道焉爾。」非也。不言「逆」者，則君親迎者也，常事不書，故不舉也〔一〕。范甯以叔姬者，伯姬之媵也。若然，穀梁子不當問「其不言逆何也」，禮豈有夫逆妾媵者哉？胡爲問之？其問之也，乃知叔姬非伯姬之媵也。

滕侯卒。穀梁曰：「滕侯無名，狄道也。」非也。春秋諸侯卒，或名或不名者多矣，豈盡狄道哉？不可信之語，此故爲甚。

城中丘。穀梁曰：「城爲保民爲之也。民衆城小，則益城。益城無極，故譏也。」非也。若民衆城小，可得勿城乎？穀梁明知城爲保民爲之，而又嫌其爲民衆益城，自相反戾矣。

〔一〕「舉」下原有「君」字，據明抄本刪。

齊侯使其弟年來聘。穀梁曰：「其弟云者，以其來接於我，貴之也。」非也。諸侯交聘亦常事耳〔二〕，何遂分別貴賤哉？

戎伐凡伯于楚丘以歸。穀梁曰：「國而曰伐，此一人而曰伐，何也？大天子之命也。」不知穀梁之意，謂此「伐」者，真亦斬樹木、壞宮室邪？毋乃直以大天子之命，進之言「伐」邪？若真斬樹木、壞宮室者，此一人之身安得樹木、宮室哉？若直以大天子之命進之言「伐」者，又未知戎所以施無道于凡伯之身者實何事，而春秋直以「伐」易之也？今注者則以謂戎執凡伯也，然則變「執」言「伐」爾。而傳又言「以歸，猶愈乎執也」。若伐非執者，如傳言可矣，今伐則執也，譬如曰「戎執凡伯于楚丘以歸」云爾，安得猶愈者乎？且「以歸」何以能愈於「執」乎？又曰：「戎者，衛也。」如此，乃春秋縱失衛侯之惡，歸罪於戎也。

八年，鄭伯使宛來歸邴。穀梁曰：「名宛，所以貶鄭伯。」非也。魯爲大國，猶有未命大夫獨稱其名者，況如鄭小國乎？

宿男卒。穀梁曰：「未能同盟，故『男卒』也。」審如傳言，又何以知其非狄道而無名者乎？

公及莒人盟于包來。穀梁曰：「可言公及人，不可言公及大夫。」非也。莒人即莒大夫，微故稱

〔二〕「常」，原作「嘗」，據明抄本改。

「人」耳。若可言「人」不可言「大夫」，「及晉處父盟」何不曰「及晉人盟」乎？

九年，天王使南季來聘。穀梁曰：「聘諸侯，非正也。」范甯矯之是矣。

三月，癸酉，大雨震電。穀梁曰：「雨月志，正也。」非也。此不著「癸酉」則不足以見八日之間再有大變。莊七年，辛卯，「星隕如雨」，不日，又不見夜及夜中。葬定公，「雨，不克葬」，不日，又失葬期。理自合日，豈關不正乎？僖三年〔一〕「六月，雨」者，無他卓詭，書月足矣，豈關正乎？

十年，公敗宋師于菅。穀梁曰：「內不言戰，舉其大者。」非也。此語乃與公羊相似〔二〕，吾於公羊既言之矣。

十一年，公薨。穀梁曰：「隱十年無正，隱不自正也。」非也。無事，偶不書正月耳，不足以爲據。

桓公

元年，春，王〔三〕。穀梁曰：「桓無王。其曰無王，何也？桓弟弒兄，臣弒君，以爲無王之道。」非也。

〔一〕「三」，原作「二」，據明抄本改。按：儒藏本校勘記云：「僖公二年六月，無書雨之文。」

〔二〕「相」，原作「何」，據明抄本、四庫本改。

〔三〕「春」，明抄本無此字。「王」下，明抄本有「正月」二字。

弟弑兄，臣弑君，見矣，雖書「王」，獨可謂之有王乎？

鄭伯以璧假許田。穀梁曰：「『假』不言『以』，言『以』非假也。諱易地也。」非也。實以邴易許者，豈可云「璧假」乎？且經但言「璧假」，諱易爲「假」已足矣，諱邴爲璧，何差於罪乎？且令實以璧易許者，何以爲文乎？

二年，春[一]，王正月。穀梁曰：「桓無王，其曰王，何也？正與夷之卒也。」非也。但不書「王」，與夷之卒遂不正乎？

七月，紀侯來朝。穀梁曰：「朝時，此其月，何也？桓内弑其君，外成人之亂，于是爲齊侯、陳侯、鄭伯討數日以賂。己即事而朝之，惡之，故謹而月之。」非也。六年，「冬，紀侯來朝」，猶是前紀侯耳，猶是此桓公耳，行不加進，惡不差減，而紀侯過而不改，是謂過矣。其責宜深，深則宜日，反書時，何哉？是豈春秋不惡之乎？

公至自唐。穀梁曰：「桓無會，其致何也？遠之也。」非也。隱亦無會，何遠之有？

三年，夏，齊侯、衛侯胥命于蒲。穀梁曰：「相命而信諭，謹言而退，以是爲近古也。」非也。吾

[一]「春」，明抄本無此字。

于公羊既言之矣。

四年，春，正月，公狩于郎。穀梁説曰：「春而曰狩，蓋用冬狩之禮。」非也。周之正月〔一〕，夏之十一月，云「狩」是也。事在周禮，穀梁子自顛倒之耳。

天王使宰渠伯糾來聘。穀梁説與公羊相近，非也。

五年，正月，甲戌，己丑，陳侯鮑卒。穀梁曰：「何爲以二日卒之？陳侯以甲戌之日出，己丑之日得，不知死之日，故舉二日以包也。」非也。國君潛行獨出，安所之乎？若入於民臣之家，則必有知者；若獨死曠野，是非人情。且何以能歷十六日而人不覺乎？依倚古事，人所不見，遂肆意妄説，不顧道理，甚可怪也。

天王使任叔之子來聘。穀梁曰：「『任叔之子』者，録父以使子也。故微其君臣而著其父子。」非也。文稱「天王使」矣，何謂「録父使子」乎？又何謂「微其君臣」乎？又曰：「父在子代仕之辭。」亦非也。若子擅代父仕者，貶任叔可矣；今曰「天王使任叔之子」，既曰天王使之矣，豈父在使子自代者邪？若曰天王使任叔子代父仕者，則是天王已命任叔之子矣，無所復譏，且不得繫「任叔」言之也。父老而使其子仕，亦常事耳，天王既以命之，與衆卿仕何異哉〔二〕？而穀梁又不當言「録父以使子」。

〔一〕「周」，原作「春」，據明抄本改。
〔二〕「異」，明抄本作「殊」。

蔡人、衛人、陳人從王伐鄭。穀梁曰：「舉從者之辭也。其舉從者之辭何也？爲天王諱伐鄭也。」非也。直言「從王伐鄭」，文順事明，可不煩解矣，又安云「舉從者之辭」，何益哉？且安見「諱伐鄭」之義哉？所謂無病自灸者。

六年，大閱。穀梁曰：「平而修戎事，非正也，蓋以觀婦人也。」非也。但曰「大閱」，安知觀婦人乎？

蔡人殺陳佗。穀梁説與公羊相近，吾既言之矣。

子同生。穀梁曰：「疑，故志之。」非也。聖人豈至此乎？若聖人疑之，誰復不疑之乎？且詩云「展我甥兮」，展者，信也。詩人賢者，信魯莊公爲齊侯之甥，何有仲尼反疑其先君爲齊侯之子乎？就令當時國人有疑之者，是國惡無大于此矣，聖人曷爲明明揭之乎？

七年，焚咸丘。穀梁曰：「其不言邾咸丘，疾其以火攻。」與公羊説相近，吾既言之矣。

穀伯綏來朝。鄧侯吾離來朝。穀梁曰：「失國也。」與公羊相近，吾既言之矣。

八年，正月，己卯，烝。穀梁説與公羊同，非也。

祭公來，遂逆王后于紀。穀梁曰：「其不言使，不正其以宗廟大事即謀于我也。」非也。若不正其即謀于我者，言「遂逆」足矣，不言「使」何哉？言「使」豈妨其即謀于我乎？

十年，王正月，曹伯終生卒。穀梁曰：「桓無王。其曰『王』，何也？正終生之卒也。」非也。五年，陳侯鮑卒，亦在正月，何以不書「王」正之乎？

公會衛侯于桃丘，弗遇。穀梁曰：「弗遇者，志不相得也。」非也。此公與衛侯約會于桃丘，公後其期矣，恥失信，故託行而不相遇者也。

齊侯、衛侯、鄭伯來戰于郎。穀梁曰：「來戰者，前定之戰也。不言其人，以吾敗也。不言『及』，爲内諱也。」此皆非也。若「來戰」爲前定之辭者，自無緣復出其人，且言「及」也，豈可曰「某人及齊侯、衛侯、鄭伯來戰于郎」乎？又豈可曰「齊侯、衛侯、鄭伯及某人來戰于郎」乎？且凡結日偏戰，皆前定之戰也，何不一一言「來戰」乎？然則不言其人、不言「及」者，非以吾敗也；「來戰」者，又非以前定也。皆妄説矣。

十一年，宋人執鄭祭仲。穀梁曰：「宋人者，宋公也。其曰人何？貶之也。」此非穀梁例也。穀梁之例，常以稱人執之爲是，稱侯執之爲非〔一〕。向令書「宋公執」者，得無云斥宋公以執祭仲乎？且「齊人執鄭詹」，何以獨不曰貶乎？文同而義異，何哉？

〔一〕「稱侯執之爲非」六字，明抄本無。

鄭忽出奔衛。穀梁曰：「其名，失國也。」非也。春秋失國者多矣，豈皆名之乎？

十二年，丙戌，公會鄭伯，盟于武父。丙戌，衛侯晉卒。穀梁曰：「再稱日，決日義也。」非也。此飾説爾。

及鄭師伐宋。丁未，戰于宋。穀梁曰：「非與所與伐戰也。不言與鄭戰，恥不和也。」非也。言之違理乃至于此乎〔二〕？苟能讀春秋者，皆足以知之矣。

十三年，齊師、宋師、衛師、燕師敗績。穀梁曰：「戰稱人，敗稱師，重衆也。」非也。「齊人伐衛，衛人及齊人戰，衛人敗績」，何爲獨不重衆乎？且春秋，將卑師衆稱「師」，此常例矣，無爲忽改。

十四年，壬申，御廩災。乙亥，嘗。穀梁曰：「御廩之災不志。」非也。粢盛焚焉，何以不志乎？又曰：「以其未易災之餘而嘗，志不敬也。」亦非也。若壬申之日而災，乙亥之日而嘗，嘗之粟出廩久矣，乃其未災者，何謂「災之餘」乎？又曰：「夫嘗必有兼甸之事焉〔三〕。」若此者，明粟非災之餘可也，欲明以爲災之餘則非也。

十五年，會于袲，伐鄭。穀梁曰：「地而後伐，疑辭也，非其疑也。」非也。此先會後伐耳，亦何疑

〔二〕「違」，明抄本作「遠」。

〔三〕「夫」，原作「未」，據明抄本、四庫本、薈要本及春秋穀梁傳注疏改。

辭哉？且此又非出于仲尼者也，記事之體也。

十六年，公至自伐鄭。穀梁曰：「桓無會，其致何也？危之也。」非也。去年伐鄭，穀梁云「非其疑也」者，似言諸侯爲忽討突也；若非爲忽討突，則不得云「非其疑」矣。今云「危之」者，又似言諸侯乃助突攻忽也；若非助突攻忽，則亦不得云「危之」矣。二者誰能辨乎？

衛侯朔出奔齊。穀梁曰：「朔之名，惡也，天子召而不往也。」非也。何以不援鄭忽例，自爲失國名之乎？

十八年，公會齊侯于濼。公與夫人姜氏遂如齊。穀梁曰：「濼之會，不言『及夫人』，何也？以夫人之伉，弗稱數也。」非也。濼之會，伉故不書，「遂如齊」書矣，可云不伉乎？要之，濼會時，夫人自不在會；會畢，公更召夫人與之如齊耳，非他也。

葬我君桓公。穀梁曰：「君弑，賊不討，不書葬。此其言葬，何也？不責踰國而討于是也。」非也。父之讎不與共戴天，豈限國哉？若以齊强魯弱，量力不討，故君子不責，是復讎者常行于柔弱而困于强禦也，不亦妄乎？

莊公

元年，夫人孫于齊。穀梁曰：「接練時，録母之變，始人之也。」非也。夫人前隨桓公之喪還國，今復出奔爾，豈録母之變横生「孫」文乎？如此，是聖人率意作經，不復記事實也。

單伯逆王姬。穀梁曰：「命大夫，故不名也。」非也。若單伯爲王朝大夫者，如穀梁説可矣。今單伯乃魯大夫，雖命於天子，猶魯臣也。君前臣名，何得不名哉？

築王姬之館于外。穀梁以謂「變之正也」，非也。魯本自當以「仇讎不可接婚姻」上告諸天子，不當默默然受命。此乃春秋譏其捨大衈小，以謂未盡臣子道者也，何謂「變之正」乎？凡變之正者，謂亡於禮者之禮，若權死亡者也，非謂可爲而不爲，以傷禮害義者也。若莊公者，可謂變於邪矣，未見變於正也。

王使榮叔來錫桓公命。穀梁説與公羊相似，非也。

齊師遷紀、郱鄑郚。穀梁曰：「紀，國也。郱鄑郚，國也。」非也。計齊一師必不能並遷兩國。又，春秋自當分别以見滅兩國之惡，不當合之也。「辛未取郜」，「辛巳取防」，兩邑爾，内小惡爾，猶惡而謹之，況兩國乎？況外大惡乎？

二年，公子慶父伐於餘丘。穀梁曰：「於餘丘，邾邑也。公子貴矣，師重矣，而敵人之邑，公子病矣。」非也。春秋之戰伐多，何獨病此乎？若伐人之國則勿病乎？且必若云，是果於伐國，不果於伐邑也，何以爲懲且勸乎？又曰：「其一曰：君在而重之也。」此似晚見公羊之説而附益之者矣。

三年，葬桓王。穀梁曰：「改葬也。」非也。若改葬，何爲不言「改」乎？謂改不可言「改」，卜牛何以言「改」也？

紀季以酅入于齊。穀梁曰：「入者，内弗受也。」非也。此自往入之「入」，而非歸入之「入」。若可受者，遂云「歸於齊」乎？其守文而不達理至如此。且季之以酅入齊，當以「紀侯使之」爲説，不然，是季專土盜邑以畔其君也，何以得字於春秋乎？而穀梁曰「入于齊者，以酅事齊」，是真謂季畔矣，吾未見其善也。

四年，紀侯大去其國。穀梁曰：「不言『滅』而曰『大去』者，不使小人加乎君子也。」非也。就令言「滅」，滅人之國，豈非不使小人加乎君子哉？又變「滅」言「大去」，其義不類。何休以穀梁爲縱失襄公之惡，是矣。鄭康成强爲文過，吾無取焉。

齊侯葬紀伯姬。穀梁曰：「吾女也，失國，故隱而葬之。」非也。若但云「葬紀伯姬」者，如穀梁説可矣。今曰「齊侯葬紀伯姬」，此非常文也，此其重在齊侯，不在吾女，甚明。

公及齊人狩于郜。穀梁説與公羊相似，非也。

五年，公會齊人、宋人、陳人、蔡人伐衛。穀梁曰：「是齊侯、宋公也。」非也。安知其不是微者乎？若實齊侯、宋公而謂之「人」，即實微者，又何以書乎？

六年，齊人來歸衛寶。穀梁曰：「分惡於齊也，使之如下齊而來我然。」非也。固齊人歸我耳，何分之有？

七年，星隕如雨。穀梁以「如」猶「而」也，言星隕且雨也。非也。春秋記星隕爲異耳，夜中而雨何足記乎？又曰：「著於上，見於下，謂之雨。」以言雨螽則可也，以言雨雪，則何著於上之有？又曰：「著於下，不見於上，謂之隕。」以言隕石可也，以言星隕，則何不見於上之有？

秋，大水。穀梁曰：「高下有水災，曰大水。」非也。假令大水終不能令高下皆有，但沒城邑已劇矣。況山嶽不可沒，則大水不必高下皆有也。

春秋權衡卷第十五　穀梁第二

八年，甲午，治兵。穀梁曰：「治兵而陳、蔡不至矣，兵事以嚴終。」其意謂春秋多之，非也。軍出而治兵，治兵自有常地矣。今魯人先出兵而後治，治又非其常地，故春秋記其非常爾。春秋非教戰之書，貴其善陣不戰也。

師及齊師圍郕，郕降於齊師。穀梁曰：「不使齊師加威於郕，故使若齊無武功而郕自降。」審如此，春秋爲縱失齊師之惡也。其意雖欲貶齊存郕，其實乃爲齊文過，了不可曉。

師還。穀梁曰：「還者，事未畢也，遯也。」云欲避滅同姓之國，示不卒事，非也。郕雖降齊國，實未滅。又：穀梁曰向云「不使齊加威於郕」，然則加威於郕者獨齊師耳，魯故無罪，豈可謂滅同姓哉？

齊無知弑其君諸兒。穀梁曰：「大夫弑君，以國氏者，嫌也，弑而代之也。」非也。宋萬豈亦弑而代之者乎？公子商人豈非弑而代之者乎？

九年，齊人殺無知。穀梁曰：「無知之挈，失嫌也。稱『人』以殺大夫，殺有罪也。」非也。無知弑君以代其位，不可復氏公子。又上有齊人〔一〕，下有無知，明無知者齊人之賊，亦不煩再氏國爾，非謂失嫌故挈之也。無知又非大夫，而以殺大夫例解之〔二〕，似仍失指。

公及齊大夫盟于蔇。穀梁曰：「大夫不名，無君也。」非也。齊雖無君，大夫猶應有名，假令書大夫之名，便云齊有君乎？

及齊師戰於乾時，我師敗績。穀梁曰：「不諱敗，惡内也。」非也。古之人有能知之者矣。

齊人取子糾，殺之。穀梁曰：「言取，病内也。」非也。言「取」，病齊耳，内何病乎？

十年，宋人遷宿。穀梁曰：「遷，亡辭也。」非也。宿雖見遷國，實未亡，不得與滅人者同。

荆敗蔡師于莘〔三〕，以蔡侯獻武歸〔四〕。穀梁曰：「蔡侯何以名？絶之也。何爲絶之？獲也。」非也。「秦獲晉侯」，何故不名？又曰：「中國不言敗，此其言敗何？中國不言敗，蔡侯其見獲乎？」亦非也。但言「敗蔡師」，何足以見其是獲乎？設直言「獲蔡侯」，何害於義而諱獲爲「敗」乎？欲絶蔡侯，自合言「獲」，無爲諱其獲以匿其惡。書其名以發其獲，進不成諱，退不成絶，徒爲此紛紛也。又曰：「以歸，猶愈乎執也。」

〔一〕「有」字原無，據明抄本補。
〔二〕「而以殺大夫」五字原無，據明抄本補。
〔三〕「莘」，原作「辛」，據明抄本及春秋穀梁傳注疏改。
〔四〕「武」，原作「舞」，據明抄本及春秋穀梁傳注疏改。按：左傳、公羊傳作「舞」。

亦非也。有執者，有獲者，有以歸者，非一物也，「獲」不輕於「執」，「執」不重於「以歸」，按文觀旨，亦可見矣。

十一年，秋，宋大水。穀梁曰：「外災不書，此何以書？王者之後也。」非也。杞亦王者之後，未嘗記其災，何歟？又曰：「高下有水災，曰大水。」亦非也。丘山之顛亦有水乎？

王姬歸于齊。穀梁説同公羊，吾既言之矣。

十二年，紀叔姬歸于酅。穀梁曰：「國而曰『歸』。此邑也，其言歸何〔一〕？吾女也。失國喜得其所，故言歸焉爾。」非也。紀季以酅入齊，自爲小國，非邑也。且邑何故不得言「歸」乎？且酅者，紀之別也，紀者，叔姬之家也，人歸其家，可不曰「歸」乎？以謂「喜得其所」乃言「歸」，何哉？

宋萬弑其君捷。穀梁曰：「卑者以國氏。」是也。非弑而氏之明矣。

十三年，齊人、宋人、陳人、蔡人、邾人會於北杏。穀梁曰：「是齊侯、宋公也。」非也。經無異文，例無所推，安知是齊侯、宋公乎？

公會齊侯，盟于柯。穀梁曰：「曹劌之盟也。」尋其意與公羊相似，吾既言之矣。

〔一〕「其言」，原作「言其」，據明抄本改。按：穀梁傳原文作「其曰歸何也」。

十四年，單伯會伐宋。穀梁曰：「會，事之成也。」尋其説與公羊相似，吾既言之矣。

荆入蔡。穀梁曰：「荆者，楚也。其曰荆何也？州舉之也。州不如國，國不如名，名不如字。」按：穀梁十年傳云「其曰荆者，狄之也」，今又云「州舉之也」。若實狄之則非州舉之，若實州舉之則非狄之，而兩説並存，不知果爲狄之邪？其亦州舉之邪？若曰州舉之所以爲狄之者，凡在夷狄尚不州舉之，况楚非真夷狄乎？尋究二説，似前説本出穀梁，後説則掇取公羊之例而續焉者也。不然，無爲相異。

十六年，同盟于幽。穀梁曰：「同尊周也。」非也。但云「同盟」，不足以效其同尊周。

十有七年，齊人執鄭詹。穀梁曰：「人者，衆辭也。以人執，與之辭也。」非也。「宋人執鄭祭仲」，「邾人執鄫子」，亦可謂與之乎？又曰：「鄭詹，鄭之卑者。卑者不志，此其志，何也？以其逃來，志之也。」亦非也。紀履繻、鄭宛之類亦同氏國，豈卑者則不志乎？且若所言，卑者不志，而鄭詹以逃來故得志也，諸侯之國逋逃之臣不可勝紀，何不盡書乎？假令鄭詹就執於齊、不逃來魯者，春秋遂不書「齊人執鄭詹」乎？然則書「齊人執鄭詹」，不爲鄭詹甚佞而書，亦不爲與齊人執之而書，爲詹逃來書耳。如此，又安取書甚佞及與齊執之之義哉？

齊人殲于遂。穀梁曰：「何以不言遂人盡齊人也？無遂之辭也。」非也。春秋本責齊滅人之國而又戍之，以自取死亡，故令其文如齊人自死於遂耳，不謂以無遂故不言遂人盡齊人也。又曰：「無遂，則其言遂何？其猶存遂也。」亦非也。齊人實死於遂，自當記其死所，遂國雖滅，遂地猶存，理合必書，豈强存遂乎？若春秋不存遂者，可云「齊人殲於齊」乎？又曰：「此謂狎敵也。」亦非也。滅人之國，使兵戍之，齊則無道矣。今齊不滅人國，不戍人地者，安取此禍乎？今穀梁譏其狎敵，似惡齊人滅遂未盡，戍遂未密，不顧遂不可滅，地不可戍也。

十八年，日有食之。穀梁曰：「不言朔，夜食也。」非也。春秋闕疑，據見而録，何以知其夜食而書乎？何休難之得矣。鄭玄强爲文過，不亦誣人哉？假令日始出，其虧傷之處未復者，是即朔日食矣。如不見其虧傷，云「夜食」可也；見其虧傷，是驗其食非朔日食〔二〕。何也？又曰：「一日一夜合爲一日。」此適足以證其當爲朔日食耳。穀梁又云：「何以知其夜食？曰：王者朝日，諸侯朝朔。」尋穀梁此意，似云王者月月朝日〔三〕，故日之始出而有食者得見之也。按禮記：「天子朝日於東門之外，聽朔於南門之外。」南門之外者，謂明堂位也。然則天子每朔先朝日而後聽朔，諸侯每月先視朔而後朝廟乎？古禮既已散亡，今之説者不同，未足怪也。雖然，如穀梁之言，以述朝日則是，以解夜食則非。

公追戎于濟西。穀梁曰：「其不言戎之伐我，何也？以公之追之，不使戎邇於我也。」非也。戎若不

〔二〕「是」，明抄本作「足」。

〔三〕「月月」，原作「日日」，據明抄本改。

來，公則無追，今以戎來，故得追之，先言「戎伐」後言「追戎」，何害於義？而必欲隱其一端之實事，虛説「不使戎邇於我」之末節，如此反爲戎未嘗伐我，公自妄追之也。若不言戎之伐我，欲以明「不使戎邇於我」者，則春秋所書「伐我」，是皆使其邇於我乎？又曰：「于濟西者，大之也。」亦非也。既不言戎之來，又不言濟西，則當但云「公追戎」矣，未知追之於何所邪？然則此理所必書，何大之之有？

十九年，公子結媵陳人之婦於鄄，遂及齊侯、宋公盟。穀梁曰：「媵，淺事也，不志。此其志，何也？辟要盟也。」非也。魯誠欲自託於大國者，豈敢以媵婦之名而遣使者，以取戾於霸主哉？使者銜媵婦之命，而遂要大國之盟，是乃要盟矣，何謂「辟要盟」乎？假令魯以專使參盟於大國，雖不得盟而無怒。今乃飾卑者之任，而干大國之重，魯何倒行逆施而爲此哉？且魯乃欲辟要盟，故使者以媵婦往，不以要盟往也，其意欲持兩端，若得盟則固曰「吾來盟」也，不得盟則將曰「吾非盟之求，而婦是媵」爾。今結既得盟，而春秋猶記其「媵陳人之婦」，何哉？且魯之爲此謀者，欲以誑齊、宋乎？則亦必誠有陳人之婦者，乃可施其謀矣，無陳人之婦則不成爲媵，而傳又言：「以輕事遂乎國重，無説。」乃似虛爲此名爾〔二〕，非實有陳人之婦也。推其意，無一可曉者，豈誠魯人之事哉？豈誠魯人之事哉？

二十二年，肆大眚。穀梁曰：「爲嫌天子之葬也。」非也。若魯欲葬文姜而自爲此者，子固無赦母之

〔二〕「乃」上，明抄本有「然則」二字。「似」，明抄本作「是」。

道。若仲尼嫌文姜之葬而書此以示義者，則春秋之文無從而生。若赦出於天子者，何必緣文姜之葬哉？且文姜之存猶莫之討也，今死矣，反待天子而葬乎？此必不然者〔二〕。

陳人殺其公子禦寇。穀梁曰：「言公子而不言大夫，公子未命爲大夫也。其曰公子，何也？公子之重視大夫，命以執公子。」然則穀梁謂凡公子未命爲大夫皆得稱「公子」矣，非也。公子雖親，然天下無生而貴者，是以命爲大夫則名、氏得兩通，未命爲大夫則得稱名，不得稱「公子」，觀小白、去疾亦可以見之矣。

二十三年，荆人來聘。穀梁曰：「其曰人，何也？舉道不待再。」非也。此乃使臣得言「荆人」爾，即欲進之使稱「人」者，何不變「荆」云「楚」，而反冠「人」以「荆」乎？「荆」爲狄之，「人」爲進之，且進且狄乎？賞罰亂此，吾所不曉也。

二十四年，大夫、宗婦覿，用幣。穀梁曰：「禮，大夫不見夫人。」非也。君祭於廟，大夫、夫人俱在其中，可得勿見乎？然則不見者，殆謂不常見爾。今夫人始至，而大夫見之，是禮然矣，何謂非禮乎？

赤歸于曹郭公。穀梁曰：「赤者，郭公之名。」然則春秋何苦不曰「郭公赤歸于曹」乎？言「郭公赤」足以見其爲國君，言「歸」足以見其外歸，而顛倒迷錯如此，何哉？「梁亡」、「鄭棄其師」、「紀侯大去

〔二〕「必」，原作「皆」，據明抄本改。

其國」，雖指意卓佹，然文義自明，未有改易首尾如此者也。「蓋有不知而作之者」，豈謂是邪？

二十五年，陳侯使女叔來聘。穀梁曰：「其不名，何也？天子之命大夫也。」非也。天子大夫可不名耳，若天子命之爲此國大夫者，可得不名乎？吾於公羊既言之矣。

伯姬歸于杞。穀梁曰：「其不言逆，何也？逆之道微，無足道焉爾。」非也。春秋常事不書，故不言杞伯之來爾。二十四年，「公如齊逆女」，穀梁曰：「逆女，恒事也，不志。」然則穀梁既以知逆女之不志而猶云云，似目見豪毛而不見其睫也。

二十六年，曹殺其大夫。穀梁曰：「大夫而不稱名、姓，無命大夫也。」非也。天子建國，諸侯立家，雖尊卑不同，而豈無命哉？諸侯大國三卿，皆命於天子；次國三卿，二卿命於天子；小國三卿，一卿命於天子。大國之卿三命，次國之卿再命，小國之卿一命，其於王朝皆士也〔二〕。三命以名氏通，再命名之，一命略稱人。周衰禮廢，强弱相併，卿大夫之制雖不能盡如古，見於經者亦皆當時之實録也。故隱、桓之閒，其去西周未久，制度頗有存者，是以魯有無駭、柔、俠，鄭有宛、詹，秦、楚多稱人，至其晚節，無不名氏通矣，而邾、莒、滕、薛之等，日已益削，轉從小國之例，稱人而已。説者不知其故，因謂曹、秦以下悉無大夫，患

〔二〕「士」，明抄本作「一」。

其時有見者害其臆説，因復構架無端以飾其僞〔二〕，然此不足怪也。彼固不知王者諸侯之制度班爵云爾，其又足辨乎？

二十七年，公子友如陳，葬原仲。穀梁曰：「諱出奔也。」非也。吾於公羊既言之矣。

莒慶來逆叔姬。穀梁曰：「不正其接内，故不與夫婦之稱也。」非也。春秋刺諸侯之不親迎而使臣者，則奪其使文。奪其使文矣，故莒慶之來，不得復曰「逆女」，亂於逆君夫人者也。然則書「叔姬」自其理然，豈惡其接内哉？凡大夫而越境逆女〔三〕，此誠春秋所貶者，然而以謂書「叔姬」者不與夫婦之稱，不亦繆乎？不亦繆乎？

二十八年，衛人及齊人戰，衛人敗績。穀梁曰：「戰則是師也，其曰人，何也？微之也。」非也。凡道春秋通例，皆曰「將卑師少稱人」，何忽至於此而以謂微之乎？又曰：「其人衛，何也？以其人齊，不可不人衛也。」亦非也。齊有罪則微齊，衛有罪則微衛，則可謂明矣。今欲微齊，因遂微衛，齊則有罪矣，衛則不知也，而曰「不可不人衛」，所謂「不可」者安在哉？又曰：「衛小齊大，其以衛及之，何也？以其微之，可以言及也。」亦非也。衛欲戰則衛及齊，齊欲戰則齊及衛，春秋惡戰，故常分别禍之所從起耳，不爲國大小也。又曰：

〔二〕「構」，原闕，據明抄本補。四庫本、薈要本作「造」，遺書本作「捏」。
〔三〕「大夫」，原作「夫人」，據明抄本、四庫本、薈要本改。

「其稱人以敗，何也？不以師敗於人也。」亦非也。設令齊將尊師衆而敗〔一〕，衛將卑師少而勝，豈得不書「師敗於人」哉？春秋之義，王道也；春秋之事，史記也，聖人豈必私以己意增損舊史，而後見其道哉？

築微。穀梁曰：「山林藪澤之利，所以與民共也，虞之非正也。」非也。此自築邑爾，非園囿也。以園囿解之，惑矣。

大無麥、禾。穀梁曰：「大者，有顧之辭也。於無禾及無麥也。」非也。於是經無水旱之變，安得忽無麥、禾哉？說者或云實秋水傷稼，諱之不言；或云土不稼穡，二物不成；或云不勸農事，故無災而饑，皆失也。若有秋水，何故不書？苟民食不足，國家且危，而顧避恥諱忘、遇災而懼之意，豈春秋之訓哉？若土不稼穡，不勸農事者，魯應猶有倉廩之舊，不應遂至告糴於鄰國也。又，春秋當書「麥、禾大無」，不當反書「大無麥、禾」也。且麥、禾之相去遠矣，方其無麥則固書「麥大無」，方其無禾則固書「禾大無」，何乃待無禾然後書無麥哉？近上七年秋，「大水，無麥、苗」，知水傷之也，麥强而苗弱，二者俱無，非待苗乃書麥也。或謂「一災不書」，是又不然。「隕霜，殺菽」，菽，一物也，何以獨書乎？推驗事實〔二〕，由魯不務蓄積，日損月削，以至於麥、禾大盡而後覺之，非今歲之事也，是以不言水旱，亦不言饑，明是歲實無水旱，民實不饑。

〔一〕「設」，明抄本作「假」。
〔二〕「實」，明抄本作「理」。

或曰：如此當曰「麥、米」，不當曰「麥、禾」。吾曰：古者無道禾非米者。聘禮有禾、有米，不云禾非米也，古之行禮，用禾者多，然則魯實無禾，不足以待國用，非無米也。

二十九年，城諸及防。穀梁曰：「以大及小也。」非也。若言「諸防」則似一城，故從所先城記爾。

三十年，齊人降鄣。穀梁曰：「鄣者，紀之遺邑。」非也。何以必知其紀之遺邑乎？

公及齊侯遇於魯濟。穀梁曰：「及者，內爲志焉爾。遇者，志相得也。」非也。設若外爲志，又志相得者，便云「公會齊侯遇於魯濟」乎？

齊人伐山戎。穀梁曰：「其曰人，何也？愛齊侯乎山戎也。」又曰：「則非之乎？善之也。」非也。春秋以「人」貶之云爾，豈曰以「人」愛之云爾？貶則人之，愛則人之，誰且能識其善惡哉？

三十一年，齊侯來獻戎捷。穀梁曰：「內齊侯也，不言使，內與同，不言使也。」非也。去年，「齊人伐山戎」，穀梁所以知其當爲齊侯者，正以今年來獻捷者乃齊侯故也。然則齊侯已伐山戎，又來獻捷爾，何以見其是使人乎？魯雖欲內齊，豈可便不殊齊侯之使？假令稱「齊侯使人來獻捷」，又何以異於「齊侯來獻捷」也〔一〕？若都不稱「齊」，又不言「來」，則信可謂內與同矣。今既稱「齊」，又曰「來獻」，齊非吾國也，來非

〔一〕「又」，原作「文」，據明抄本改。

不外也，雖匿其使名，猶是齊來獻捷也，安見内乎？又曰：「軍得曰捷，戎菽也。」按：菽者，豆耳。齊侯伐山戎，乃取其豆與諸侯，不近事理。疑菽者「北狄」字也，穀梁解此「戎」者即北狄也。北字類「卄」，狄字類「叔」[一]，傳寫訛謬，又並爲一字，不然，無爲如此安解。

三十二年，宋公、齊侯遇于梁丘。穀梁曰：「大齊桓也。」非也。諸侯相遇，常事耳，何大之有？

子般卒。穀梁曰：「日卒，正也。不日，故也。有所見則日。」非也。若有所見又不日者，豈不益明乎？何若日之與正卒相亂哉？用此觀之，非聖人之意明矣。

公子慶父如齊。穀梁曰：「奔也，其曰如，何也？諱莫如深，深則隱。苟有所見，莫如深也。」非也。閔公不書即位，足以起子般之弑爾，不足以見慶父之賊也。春秋記諸侯大夫之奔甚多，不必皆弑君也，書「慶父奔」亦何不可哉？且慶父親弑其君，此魯國人人之讎，奈何反掩匿蔽覆，不明白其奔，使弑君之賊不見乎？又，文十八年十月，子赤卒[二]，其下則「季孫行父如齊」。子赤卒不日，亦有所見也。若以慶父之例推之，則行父亦弑子赤者邪，何謂書「如齊」？

[一]「叔」，原作「菽」，據明抄本改。

[二]「赤」，明抄本無此字。下一「子赤」之「赤」同。按：穀梁傳經文、傳文皆無「赤」字，唯范甯注作「子赤」。

閔公

元年，齊仲孫來。穀梁曰：「外之也，疏之也。」非也。吾於公羊既言之矣。

二年，公薨。穀梁曰：「不書葬，不以討母葬子也。」非也。所謂「君弑，賊不討，不書葬」者，言比其葬時而賊未討，則不書葬也。既葬而後乃討賊，賊雖已討，葬猶不追書也，此閔公是已。討賊雖遲，而葬在討賊之後，則葬得書，此陳靈公是已。不以討母葬子，何足爲義乎？又，所謂「君弑，賊不討，不書葬」者，公、穀有其説而不盡，何也？凡君弑，賊不討，不敢葬；父弑，讎不復，不敢葬。不敢葬則亦不敢除其服，是故寢苫枕戈，志必復而後已，此「賊不討，不書葬」之義也，此所以春秋有其賊未討，雖久弗葬而弗非也。

慶父出奔莒。穀梁曰：「其言『出』，絶之也。」非也。内大夫之奔亦自多言「出」，不必慶父爾。

齊高子來盟。穀梁曰：「不言『使』，不以齊侯使高子也。」非也。齊桓前不討慶父者，獄有所歸，魯又立君，不得討也。今慶父復弑閔公，自知罪大而出，齊桓能遣其賢臣鎮撫魯國之社稷，功已厚矣，爲之者高子，謀之者桓公也。今欲褒人臣而不及人君〔二〕，欲過尊有功之臣，使不繫於其君，豈春秋之意邪？儻陳力建功，人臣而獨專其美，則九牧之君何望焉？堯任伯鯀治水而水害益甚，誅鯀命禹，烝民乃乂。不聞仲尼卑堯德於禹，高禹功於堯，而以爲不以帝堯使伯禹也，何況齊桓而反深責乎？可謂闇於大體矣。

僖公

元年，齊師、宋師、曹師次於聶北，救邢。穀梁曰：「救不言『次』，言『次』非救也。非救而曰『救』，何也？遂齊侯之意也。」非也。此若當貶，則春秋方貶之，又何遂其意乎？此若當褒，則「次」非救者，乃非所褒，亦不可遂其意也。吾欲問褒貶之意決何若哉？又曰：「何用知其是齊侯？」曰：「曹無師，曹師者，曹伯也。其不言曹伯，以其不言齊侯，不可言曹伯也。」亦非也。曰「次於聶北救邢」者，其刺桓公之意已見矣〔三〕，何至又更「齊侯」曰「齊師」哉？即實齊師，又何以明哉？且齊侯自以過貶稱「師」爾，曹伯非有過也，何乃亦貶從師乎？且直言「齊師、曹伯」者，有何不可乎？且曹何以無師？先王之制，大國三

〔二〕「欲」，明抄本作「獨」。

〔三〕「刺」，原作「次」，據明抄本改。

軍，其次二軍，小國一軍。軍即師也，曹又次國，不宜獨無師。又曰：「以其不足乎揚，不言齊侯也。」亦非也。如穀梁之意，宜曰「以其貶之，不言齊侯」乃可爾，如不足乎揚，未可便貶也，言「齊侯」適中矣。然則穀梁於此，都失褒貶之所在。

齊師、宋師、曹師城邢。穀梁曰：「是向之師也，使之如改事然，美齊侯之功也。」非也。審如穀梁言者，齊侯乃足揚矣，猶曰「齊師」何邪？且使之如改事，何故見其美？即不改事，反不美乎？

獲莒拏。穀梁曰：「惡公子之紿。」非也。古之人有知之者矣。

夫人氏之喪至自齊。穀梁曰：「其不言姜，以其殺二子，貶之也。」非也。向者孫於邾，何以不去「姜」乎？又曰：「或曰，爲齊桓公諱殺同姓也。」亦非也。夫人挾小君之尊而殺二子，魯人終不敢討也。桓公爲伯主，疾禍亂之所生，豈得顧同姓哉？此非春秋所恥也。非春秋所恥，則亦非春秋所諱矣。

二年，城楚丘。穀梁曰：「國而曰城。此邑也，其曰城，何也？」非也。邑亦謂之「城」爾，若不謂之「城」，當謂之何哉？又曰：「其不言『城衛』，何也？衛未遷也。」非也。定之方中之詩曰：文公徙居楚丘，始建城市，而營宫室。其辭曰：「定之方中，作於楚宫，揆之以日，作於楚室。」又曰：「升彼虚矣，以望楚矣，望楚與堂，景山與京。降觀于桑。卜云其吉，終焉允臧。」由此以言，文公先徙居而後建城市，不得云「衛未遷」也。又曰：「其不言衛之遷焉，何也？不與齊侯專封也。」非也。不言衛之遷者，魯史所無爾，非仲尼擇焉而不存者也。凡事有當記而經不見者，可勝説邪？獨舉此而言，似穀梁亦以春秋爲據百二十國寶書而作者。

虞師、晉師滅夏陽。穀梁曰：「虞無師，其曰『師』，何也？以其先晉，不可以不言師也。」非也。假令書「虞人、晉師」者，豈不益見其罪乎〔一〕？春秋之例，主兵者序上，蓋惡用兵也，豈曰以國大小爲序乎？若誠以國大小爲序者，如穀梁説可矣；如不以國大小爲序，又何必妄解哉？

齊侯、宋公、江人、黄人盟于貫。穀梁曰：「不期而至者，江人、黄人也。」非也。誠有此美者，春秋之文何能勿褒之？又曰：「遠國稱江、黄，爲諸侯皆來至也。」亦非也。周之諸侯千八百餘，其後稍稍相并，猶應千餘〔二〕。若貫之會皆來至，則江、黄之外尚有遠國，不獨江、黄而已〔三〕，不當舉江、黄爲最遠。吾於公羊既言之矣。

〔一〕「益」，明抄本作「以」，誤。

〔二〕「應」下，明抄本有「有」字。

〔三〕「不」上，明抄本有「遠國」二字。

春秋權衡卷第十六　穀梁第三

許男新臣卒。穀梁曰：「死於師，何爲不地？内桓師也。」非也。書「卒於師」，不足貶桓公；不書「卒於師」，不足褒桓公。諸侯之死，當地不當地自有常義，不必詭文以伸桓公也。

齊人執陳袁濤塗。穀梁曰：「『齊人』者，齊侯也。不正其踰國而執也。」若然，「齊人執鄭詹」，何以謂之「與執」乎？且齊爲伯主，陳其屬國，大夫有罪，所當執也，必無踰國執之者，將安執之乎？

公至自伐楚。穀梁曰：「有二事偶，則以後事致，後事小，則以先事致。其以『伐楚』致，大伐楚也。」非也。凡穀梁所説致君之義，苟取臨時而無通理，不足致詰者也。豈知致者歸格告致之事乎？

五年，晉人執虞公。穀梁曰：「其曰『公』，何也？猶曰其下執之之辭也。其猶下執之之辭，何也？晉命行乎虞民矣。」非也。五等之爵有尊卑矣，褒貶進退宜以其類，豈有貶之而反崇其爵哉？且仲尼欲以見虞公不仁，猶其民執之者，則宜若「梁亡」之例書「虞執其公」則可謂云爾已。今春秋乃曰「晉人執虞公」，非其下矣，何謂「其下執之」邪？

八年，用致夫人。穀梁曰：「言夫人而不言氏姓〔一〕，立妾之辭也。」近之矣，未盡也。夫稱「夫人」而謂之「用致」，此立妾之辭也，不言氏姓，不爲見其妾也，蓋有深義矣，非穀梁所能見。

九年，晉里克殺其君之子奚齊。穀梁曰：「『其君之子』云者，國人不子也。」非也。欲云「弑其君」，則一年不二君；欲云「弑其子」，則「子」不可特稱；欲云「子奚齊」，且亂於里克之子；欲云「晉里克殺晉子」，則「子」當繫先君而言，且不當殊晉子於里克也。故云「君之子」爾。以謂「國人不君，故繫於君」，可謂言辯而理非。

十年，晉殺其大夫里克。穀梁曰：「其以累上之辭言之，何也？殺之不以其罪也。其殺之不以其罪奈何？里克所爲殺者〔二〕，爲重耳也。」非也。假令重耳賢，便可弑彼以立此乎？又曰：「夷吾曰：『是又將殺我乎？』故殺之不以其罪也。」亦非也。夷吾既云「是又將殺我」矣，此其責弑二君之言也，可謂殺不以其罪者乎？

十二年，楚人滅黄。穀梁曰：「管仲死，楚伐江滅黄，桓公不能救，故君子閔之也。」非也。書「楚人滅黄」，何以見其閔乎？且穀梁謂：「滅國有三術：中國日，卑國月，夷狄時。」夫黄非夷狄也，今滅而書

〔一〕下「言」字，春秋穀梁傳注疏作「以」。
〔二〕「殺」，原作「弑」，據明抄本及春秋穀梁傳注疏改。

時，是屈之使從夷狄矣，曾以是爲閔乎？

十四年，沙鹿崩。穀梁曰：「無崩道而崩，故志之也。」非也。春秋正名，名者出於理者也，無崩道則亦無崩名矣。今謂之崩而曰無崩道，可謂理乎？然則「沙」非山名也，「鹿」非山足也，謂「沙鹿山」是也，謂「沙山之鹿」非也。

冬，蔡侯肸卒。穀梁曰：「諸侯時卒，惡之也。」非也。君薨臣赴，赴以日月，此禮之常也〔一〕。臣子少慢則赴不具日月，大慢則都不赴，春秋不改者，因文可以見也。若必以惡此君則卒書時者，鄭厲公、衛惠公内則篡國，外則叛王，何爲春秋不惡之哉？

十五年，齊師、曹師伐厲。劉子曰：以穀梁例言之，曹無師，曹師者，曹伯也。於此宜問「曹無師，其曰師何？曹伯也。曹伯則曷爲不言曹伯？以其不言齊侯，不可言曹伯也。其不言齊侯何也？以其不足乎揚，不言齊侯也」，乃可以充穀梁子之例矣，而於此遂都不言，何哉？豈齊侯伐厲爲有罪，當貶稱「師」乎？抑齊師無罪，曹伯有罪，貶稱「師」乎？向者牡丘之會，亦先次後救，事與聶北同，何不曰「齊師、宋師、陳師、衛師、鄭師、許師、曹師盟於牡丘，遂次於匡」乎？推此以較前後，知所謂「曹無師」、「以其不言齊侯，不可言曹伯」，皆妄説。雖使穀梁復生，雅亦不能持其論。

〔一〕「禮」，明抄本作「理」。

己卯，晦，震夷伯之廟。穀梁曰：「晦，冥也。」安知非晦朔之晦乎？又曰：「夷伯，魯大夫也。」説者因謂「夷，謚；伯，字」也，亦非也。吾於左氏既言之矣。

晉侯及秦伯戰于韓，獲晉侯。穀梁曰：「晉侯失民矣，以其民未敗而君獲也。」非也。凡爲君而見獲，苟不失民，將焉取之？顧春秋所以不書「師敗績」者，舉君獲爲重耳。且穀梁以宣二年「宋師敗績，獲宋華元」爲盡其衆以救其將，明華元之得民。然則華元以敗績得民爲褒，晉侯以不敗失民爲貶，即有上不及華元下不爲晉侯而獲者，春秋欲何書之？今以一爲褒，以一爲貶，未有常辭也，吾請求其常辭如何。

十六年，六鷁退飛過宋都。穀梁子曰：「石〔一〕，無知之物，故日之。鷁〔二〕，微有知之物，故月之。」非也。言「是月」者，宋不告日，嫌與五石爲一日，故分别之耳。穀梁本以日月解經，因此以誣聖人，欲後世信之，豈實然乎？

公子季友卒。穀梁曰：「稱公弟叔仲，賢也。」非也。言季友之賢，不過「季子來歸」足矣，死之日非復賢也。且書「季友」云賢，則書「仲遂」亦可謂賢乎？

十七年，滅項。穀梁曰：「孰滅之？桓公也。何以不言桓公？爲賢者諱也。」非也。吾既言之於公

〔一〕「石」上原衍「日」字，據遺書本、四庫本、薈要本及春秋穀梁傳注疏删。明抄本此處闕。
〔二〕「鷁」，春秋穀梁傳注疏作「鶂」。

羊矣。

十八年，宋師及齊師戰于甗。穀梁曰：「戰不言伐，客不言及。言及，惡宋也。」非也。正月伐齊者，「宋公」也；五月戰于甗者，「宋師」也。戰不言「伐」，於此何妨乎？又，客不言「及」，言「及」以謂貶矣。莊二十八年，「齊伐衛，衛人及齊人戰」，彼時穀梁亦以春秋惡齊，則何不使齊及衛乎？鄭玄爲穀梁起廢，不能深見舉之病〔一〕，反舉「衛人」以爲比，是藥之使亟也。

邢人、狄人伐衛。穀梁曰：「狄稱人，何也？善累而後進之。伐衛所以救齊也，功近而德遠矣。」非也。吾於公羊既言之矣。

二十年，西宮災。穀梁曰：「謂之新宮，則近爲禰宮。以謚言之，則如疏之然，以是爲閔宮也。」非也。穀梁不云「親之非父，尊之非君，繼之如君父者，受國焉爾」者乎？何爲不可謂之「新宮」？且新宮非禰宮也，以新宮近禰宮，而更謂之「西宮」，是推而遠之矣，比稱謚不亦愈疏乎？

二十一年，執宋公以伐宋。穀梁曰：「以，重辭也。」非也。直云「執宋公以伐宋」，文理盡矣，不可改易，非於其閒曲有輕重也。

〔一〕「舉」，明抄本作「穀梁」。

二十二年，宋公及楚人戰於泓，宋師敗績。穀梁曰：「春秋三十有四戰，未有以尊敗乎卑，以師敗乎人者也。」非也。適宋公以「師」敗乎「人」爾，春秋據事實録，非以爲褒貶也。今年，「及邾人戰於升陘」，穀梁曰：「不言及之者，爲内諱也。」蓋指魯公。公尊「人」卑，何謂「未有以尊敗乎卑」者哉？又曰：「以尊敗乎卑，以師敗乎人，則驕其敵。襄公以師敗乎人，而不驕其敵，何也？責之也。」吾不知於春秋何以爲驕其敵，何以爲不驕其敵。其驕其敵也，如何褒之；其不驕其敵也，如何責之；所以爲褒之責之也，如何書之？今此宋公，穀梁以謂「不驕其敵」者，於經何以驗之哉？又曰：「衆敗身傷，七月而死。」如此何不書「宋公敗績」乎？鄭玄雖强爲解，不足文之。又曰：「道之貴者，時其行勢也。」似責宋公不早擊楚於險而失機會也，何其悖乎！如宋公之用心，不鼓不成列，懔懔乎忠厚有德之人哉，雖師敗國削，猶非其恥也，春秋豈惡其不能以詐取勝哉？凡泓之戰，公羊以爲褒，穀梁以爲貶，言貶者非也，言褒者亦未是，吾各論之矣。

二十三年，齊侯伐宋圍閔。穀梁曰：「伐國不言圍邑，此其言圍，何也？不正其以惡報惡也。」非也。假令但書「伐宋」，不書「圍閔」，豈不惡之哉？惡之不待圍閔而見，亦何必書「圍閔」哉？若復一國以惡報惡，伐而不圍，則春秋遂可虚增圍邑以見之乎？

宋公兹父卒。穀梁曰：「其不葬何也？失民也。其失民何也？以其不教民戰，則是棄其師也。」非也。宋公不忍厄人於險而致敗爾，豈不教民戰者乎？審如穀梁言，泓之敗何不書「宋棄其師」乎？周末時諸侯交爭，恥守信而好奇功，故穀梁子亦以宋公爲非。

二十五年，宋殺其大夫。穀梁曰：「其不稱名姓，以其在祖之位，尊之也。」非也。春秋非孔氏家牒，當爲後世書法耳，何得擅諱其祖名哉？且傳曰：「子所雅言，詩、書、執禮，皆雅言也。」又曰：「臨文不諱。」若詩、書、執禮皆雅言而臨文不諱，安得諱祖之名遂不書乎？

楚人圍陳，納頓子于頓。穀梁曰：「蓋納頓子者，陳也。」非也。觀其文可以見其繆矣，又何辨乎？

公會衛子、莒慶，盟于洮。穀梁曰：「莒無大夫，其曰莒慶，何也？以公之會目之也。」非也。直云「衛子、莒人」豈不可乎？在春秋之中此類多矣，何獨至於慶也而目之乎〔一〕？向令但會莒慶而無衛子，謂之「目之」猶有可諉〔二〕；今衛子之外又目慶也，吾知穀梁必將窘於此，而莒無大夫之説不可復恃矣。

二十六年，公會莒子、衛甯速，盟于向。穀梁曰：「公不會大夫，其曰甯速，何也？以其隨莒子，可以言會也。」此例亦多矣，何爲獨發於此？

齊人侵我西鄙，公追齊師至酅，弗及。穀梁曰：「人，微者也。侵，淺事也。公之追之非正也。」

〔一〕「至」，明抄本作「之」。

〔二〕下「之」字，原作「云」，據明抄本改。按：此句承傳文「以公之會目之也」而言。

按穀梁例，「苞人民、驅牛馬曰侵」，今齊爲無道至如此矣，追之是也，反蒙不正之貶乎？又曰：「『弗及』者，弗與也，可以及而弗敢及也。内辭也。」然則穀梁譏公之弗敢及〔二〕，又何云「追之非正」乎？

楚人伐宋圍緡。公以楚師伐齊取穀。穀梁曰：「伐國不言圍邑，此其言圍，何也？以吾用其師，目其事也，非道用師也。」非也。楚自以「人」伐宋，公自以「師」伐齊，「人」之與「師」異矣，豈一哉？吾於公羊既言之矣。

二十八年，晉侯侵曹，晉侯伐衛。穀梁曰：「再稱晉侯，忌也。」非也。即實再出，何以知之？

公子買戍衛，不卒戍，刺之。穀梁曰：「先名後刺，刺有罪也〔三〕。」非也。會不言所爲，言所爲皆譏也。然則刺不言所坐，言所坐皆諱也，少文矣。

晉侯入曹，執曹伯，畀宋人。穀梁曰：「以晉侯而斥執曹伯，惡晉侯也。」非也。向若稱「晉人執曹伯」，則穀梁毋乃又如「齊人執陳袁濤塗」而譏其踰國以執乎？

盟於踐土。穀梁曰：「諱會天王也。」非也。若實會天王者，罪大矣，可得諱乎？

衛侯鄭自楚復歸于衛。穀梁曰：「復者，復中國也。歸者，歸其所也。」此語無理，蓋不足辨。又

〔二〕「梁」下，明抄本有「乃」字。

〔三〕「刺」，春秋穀梁傳注疏作「殺」。

曰：「鄭之名，失國也。」亦非也。諸亡國者，春秋尚不忍悉名之，況鄭之國未亡乎？又，衛侯前出奔，今復歸，出時可謂失國〔二〕，未嘗名，復歸可謂得國，反名之，此乃吾所不解也。

天王守于河陽。穀梁曰：「全天王之行也。」非也。天子巡守者，巡所守也，云「天王巡於河陽」可矣，言「天王守于河陽」何哉？

公朝于王所。穀梁曰：「朝於外，非禮也。」然則天王在是，諸侯可勿朝乎？又曰：「會于温，言小諸侯。温，河北地，以『河陽』言之，大天子也。」非也。温與河陽，大同小殊，非一地也，言諸侯、天王大小反不明，必待地乃明乎？又曰：「日繫月，月繫時，以晉文之行事，爲已顛矣。」亦非也。晉文行事之顛豈患不見乎？必待日月乃見哉？此皆不足以論春秋。

晉人執衛侯，歸之於京師。穀梁曰：「此入而執。」非也。正自執之爾，何必入乎？

曹伯襄復歸于曹。穀梁曰：「天子免之，因與之會。其曰復，通王命也。」非也。即天子免之，何故猶名乎？且「衛侯鄭復歸于衛」，穀梁謂其「名者，失國也」。今如曹伯襄，但見執爾，非失國也，何故亦名？

〔二〕「出」，原作「失」，據明抄本、四庫本、薈要本改。

二十九年，介葛盧來。穀梁曰：「其曰來，卑也。」非也。牟人、葛人亦可謂卑矣，何以得言「朝」哉？

三十年，衛侯鄭歸於衛。按穀梁，前二十八年云「鄭之名，失國也」，然則此非失國者，何以亦名之？又前云「復者復中國，歸者歸其所」，然則此亦復中國，此亦歸其所，何不曰「復歸」乎？

公子遂如京師，遂如晉。穀梁曰：「此言不敢叛京師也。」然則此固魯公當時意爾，春秋據事先後而書，本無異者，何强解乎？

三十一年，乃免牲。穀梁曰：「乃者，亡乎人之辭。」非也。此文自當云「乃」〔二〕，非若乃克葬而克葬，可移易者也，何謂亡乎人〔三〕？

三十二年，十有二月，己卯，晉侯重耳卒。按：十七年，「齊侯小白卒」。穀梁曰：「此不正，其日之，何也？其不正前見矣。」然則小白不正，卒不得書日，以其不正前見，故得書日也。今重耳亦不正者，其不正前未嘗見，則卒不當日，而日之，何哉？

三十三年，晉人及姜戎敗秦師于殽。穀梁曰：「不言戰而言敗，狄秦也。」非也。此傳云：「晉人

〔二〕「文」，原作「又」，據明抄本改。
〔三〕「亡乎人」，原作「人亡乎」，據明抄本改。

及姜戎要而擊之殽。」夫要而擊之，則非戰矣，春秋可得强書「戰」乎？且平心論之，晉則背殯厄人於險，而秦反見狄，不亦誤哉？又曰：「徒亂人子女之教，無男女之別。」此吾所不知也。又云：「秦之爲狄，自殽之戰始也。」吾則知之矣，此傳妄也。穀梁、公羊、左氏三家説經，多同異不相能久矣，此之所是，彼以爲非，彼之所是，此以爲非，未易據此難彼也。吾欲且置彼二家之言秦穆賢，而以詩、書決之，儻可乎？按：詩秦自襄公始爲諸侯，及穆公而大矣，言穆公之事，不聞自殽之戰而狄也。若求於書，秦穆公敗於殽，悔過自責，作秦誓，仲尼取以次三王之末。因此論之，秦之不爲狄，自殽之戰始則可矣，未見其始爲狄也。

文公

元年，楚世子商臣弑其君髡。穀梁曰：「日髡之卒，所以謹商臣之弑也。」非也。即不日者，乃不謹商臣之弑乎？日之何當？

二年，及晉處父盟。穀梁曰：「何以知其與公盟？以其日也。」非也。公盟不日者多矣，何以能必之？

四年，逆婦姜于齊。穀梁曰：「逆者誰也？親迎而稱婦，或者公與？曰：公也。」非也。穀梁既云「親迎而稱婦」，則稱「婦」乃宜也，又何以見其「非成禮於齊」乎？非，責也。且令非成禮於齊者，云「公如齊逆婦姜」足矣，文不當沒公，沒公者，唯所隱諱乃然耳。至於刺譏，常事未有沒公也，此似不識春秋，不但失解而已。

五年，王使榮叔歸含且賵。穀梁曰：「兼歸之，非正也。」非也。春秋惡歸之云乎，豈曰惡兼之云乎？又曰：「其不言來，不周事之用也。」亦非也。宰咺豈周事之用者乎？何以言「來」？

六年，閏月，不告月，猶朝于廟。穀梁曰：「閏月者，附月之餘日也，天子不以告朔，而喪事不數也。」非也。閏月亦有政，可得勿告乎？吾於公羊既言之矣。

七年，三月，甲戌，取須朐。穀梁曰：「取邑不日，此其日，何也？不正其再取，故謹而日之。」非也。設不日，則聽其取乎？諸取邑不日者皆聽之矣。

宋人殺其大夫。穀梁曰：「稱人以殺，誅有罪也。」非也。若有罪，何不名之乎？

公會諸侯、晉大夫，盟于扈。穀梁曰：「其曰『諸侯』，略之也。」不知略之者何故哉？此似不了，直强言之爾。

八年，宋人殺其大夫司馬，宋司城來奔。穀梁曰：「其以官稱〔二〕，無君之辭也。」鄭玄解云：

〔二〕「其以」，原作「以其」，據明抄本及春秋穀梁傳注疏改。

「謂無人君之德。」皆非也。既有大夫矣，何謂無君？又，「晉殺其大夫郤錡、郤犨、郤至」，並尸三卿，傳曰：「禍於是起矣。」亦可謂無君德者，則曷爲不以官稱之？

九年，葬襄王。穀梁曰：「志葬，危不得葬也。日之，甚矣，其不葬之辭也。」非也。上云得臣如京師者，即會葬之人矣，何謂不葬乎？故以日月爲例，其膠固至如此。

夫人姜氏至自齊。穀梁曰：「卑以尊致，病文公也。」非也。夫人歸寧，禮也；反，致於廟，禮也。夫人出不致者，皆非禮也，致者何病乎？文姜、哀姜縱恣出遊，反皆不致也。如穀梁言，是不病哉？

秦人來歸僖公成風之禭。穀梁曰：「秦人弗夫人也。」非也。秦人唯以夫人之禮視成風，故來禭之耳，豈云「弗夫人」乎？且穀梁謂魯人逼秦使來禭乎？固秦人自來禭也。若魯逼秦，云「秦人弗夫人」可矣；若秦自來，豈端欲慢魯君之祖母弗夫人哉？

十一年，叔孫得臣敗狄于鹹。穀梁曰：「不言帥師而曰敗，何也？直敗一人之辭也。」非也。不言「帥師」者，將卑師少爾，有何可疑哉？又曰：「何爲不言其獲？古者不重創，不禽二毛，故不言獲，爲内諱也。」云魯既射長狄之目〔二〕，又斷其首，是以諱之，亦非也。穀梁本意謂長狄一人力足敵衆，故變獲言「敗」

〔二〕「狄」，原作「夷」，據明抄本改。

者，起長狄之强也。既變獲言「敗」，「敗」即獲矣，又安得「不言獲，爲魯諱」之説乎？且如何爲文哉？季子敗莒師，獲莒拏，穀梁以謂春秋貶之；今得臣獲長狄，穀梁以謂春秋諱之〔一〕。事相同也，而是非不一，誰能知之邪？要知此非長狄，吾既言於公羊矣。

十三年，公及晉侯盟，還自晉。穀梁曰：「還者，事未畢也。自晉，事畢也。」非也。畢則云畢，未畢則云未畢，且畢且未畢，如何可爲義乎？

十四年，齊人執單伯。齊人執子叔姬。穀梁曰：「私罪也。」非也。何不用陳袁濤塗、鄭祭仲例以解「齊人」乎？

十五年，宋司馬華孫來盟。穀梁曰：「其以官稱，無君之詞也。」非也。有司馬矣，何謂無君乎？必無君者，如「齊大夫盟于蔇」，乃可通爾。且華孫來不稱使，以解無君可也，指「司馬」而謂之無君，不亦悖乎？

齊人來歸子叔姬。穀梁曰：「父母於子，雖有罪，猶欲其免也。」非也。「郯伯姬來歸」者，此有罪見出者也。「齊人來歸子叔姬」者，此無罪，齊人强出之者也。曰「齊人來歸子叔姬」者，猶曰「齊人來歸子叔

〔一〕「謂」，明抄本作「爲」。按：上文云「穀梁以謂春秋貶之」，則此處亦當作「謂」。

姬」云爾。凡諸侯出夫人，禮皆有大夫將命，則郯伯姬亦當云「郯人來歸伯姬」。所以春秋直云「郯伯姬來歸」者，伯姬有罪，父母當受之而辭不教者也。

十六年，毁泉臺。穀梁曰：「喪不二事，二事，緩喪也，以文爲多失道矣。」非也，但毁一臺，何能令緩喪乎[一]？聲姜九月而葬，所以緩者，亦猶「作僖公主」矣，豈爲毁臺乎？又曰：「自古爲之，已毁之[二]，不如勿居而已矣[三]。」按：穀梁本以緩喪爲譏，復出此者，又似晚得公羊之説而附益之耳，非一家學也。

十八年，子卒。季孫行父如齊。吾既言之於莊公末年矣。

宣公

元年，會晉師于棐林。穀梁曰：「大趙盾之事也。」非也。即大趙盾，名之是已，無爲沒其名也。且卿大夫不得會公侯，春秋之常也，今晉侯不行，趙盾專國，亦無貶則善矣[四]，曷爲大之邪？

[一]「緩喪」，明抄本作「喪緩」。按：上文引穀梁傳云「緩喪」，此句順承上文，亦應作「緩喪」。
[二]「已」，春秋穀梁傳注疏作「今」。
[三]「居」，春秋穀梁傳注疏作「處」。
[四]「則善」，明抄本作「足」。

二年，獲宋華元。穀梁曰：「言盡其衆以救其將也。」然則韓之戰不得獨云晉侯失民。

三年，乃不郊。穀梁曰：「乃者，亡乎人之辭。」吾既言之矣。

五年，齊高固來逆子叔姬。穀梁曰：「不正其接内，故不與夫婦之稱。」非也。吾於莒慶既言之矣。

六年，晉趙盾、衛孫免侵陳。穀梁曰：「其不言帥師，何也？不正其敗前事。」非也。將尊師少稱將，此通例也，爲穀梁者皆用之矣，何忽昏妄乎？即以謂命卿之將舉當言帥師者，十一年「公孫歸父會齊人伐莒」，不言「帥師」，以何事貶之哉〔二〕？

八年，公子遂如齊，至黄乃復。穀梁曰：「復者，事畢也。」非也。遂受命而行，辭病而反，此春秋所惡也，乃加「事畢」之文爲之文過，何以訓事君？

仲遂卒于垂。穀梁曰：「其曰仲，何也？疏之也，是不卒者也。」非也。即春秋欲疏之，何不但書「遂卒」，若無駭與俠乎〔三〕？且春秋欲疏弑君之臣，不書其氏，反書其字，何爲哉？

葬我小君頃熊，雨，不克葬。穀梁曰：「葬既有日，不爲雨止，禮也。」非也。朝會常事耳，雨霑

〔二〕「貶」，原作「敗」，據明抄本改。

〔三〕「與俠」，原作「所使」，據明抄本、四庫本、薈要本改。

服失容，則廢朝會，況葬者大事，所謂慎終追遠，人情之所不忍怱怱者也，豈反冒雨不待成禮哉？徐邈云：「士喪禮有潦車載蓑笠者〔一〕，疑葬當不爲雨止。」非也。潦車載蓑笠者，固未葬禦雨之用爾。

九年，晉侯黑臀卒于扈。穀梁曰：「其地，於外也。其日，未逾境也。」非也。未逾境猶在國爾，何得書其地？然則扈者，他國之地名，非晉地也。

十年，齊崔氏出奔衛。穀梁曰：「氏者，舉族而出之之辭也。」非也。凡春秋，褒善貶惡而已矣，舉族而奔何足記哉？且穀梁曰：「使舉上客而不稱介，客重而介輕故也。」今崔杼則重，崔族則輕，輕重相冒，書於春秋，何其不憚煩乎？

天王使王季子來聘。穀梁曰：「其曰王季，王子也。其曰子，尊之也。」非也。若不尊之，但云「王季」乎，則與「王猛」何異哉？且「王季」何以得指以爲王子哉〔二〕？以義理推之，季者，少也，曰王弟可耳。如穀梁之言，季既王子矣，何以不直書「王子」乎？意者，王者之尊，其子不得以其屬通哉，「王子虎」何以書也？今斷王季於上，析「子」於下，不可訓解，皆謬説也。

〔一〕「潦」，原作「潦」，據明抄本、四庫本、薈要本及春秋穀梁傳注疏、儀禮士喪禮改。下一「潦」字同。「者」，原闕，據明抄本、四庫本、薈要本補。
〔二〕「且」，原作「但」，據明抄本改。

十一年，楚人殺陳夏徵舒。穀梁曰：「此入而殺，其不言入，何也？外徵舒於陳也。」非也。言「楚人殺」者，乃明徵舒有罪爾。且先言「入」，後言「殺」，可謂「内徵舒於陳」乎？夫春秋，記事之書也，先「殺」而後「入」，皆其實録矣，豈紛紛然更易古事，以便私意哉？

十五年，宋人及楚人平。穀梁曰：「平稱衆，上下欲之也。」非也。「暨齊平」何以不曰「暨齊人平」乎？又曰：「外平不道，以吾人之存焉道之也。」非也。「楚人圍宋」，經歷三時，幸而得平，以告諸侯，故魯史有其事耳。且外盟會常書，外平何以不可書？

晉師滅赤狄潞氏，以潞子嬰兒歸。穀梁曰：「滅國有三術：中國謹日，卑國月，夷狄不日。」皆非也。頃、遂、譚、温、梁、繒、蔡、虢皆中國也，不日；潞子、甲氏、舒鳩、陸渾皆夷狄也，不時。又，穀梁傳不見説附庸滅者，今學者則皆以卑國爲附庸，而穀梁乃指夔子、弦子爲微國。按：爵稱「子」，非附庸明矣，不知穀梁誤以夔子、弦子爲附庸邪？抑學者誤以卑國爲附庸邪？有卑國無附庸，有附庸無卑國，了不可推也。又曰：「其曰『潞子』[一]，賢也。」亦非也。其意以謂夷狄稱「子」則是褒矣，不知夷狄之爵正自當子，非以賢故進之也，豈有國滅身虜而得爲賢者哉？

[一]「曰」，原作「日」，據明抄本及春秋穀梁傳注疏改。

王札子殺召伯、毛伯。穀梁曰：「不言其，何也？兩下相殺也。」非也。凡殺大夫稱「其」者，皆君也，豈可云「王札子殺其大夫召伯、毛伯」乎？又曰：「兩下相殺，不志乎春秋。」亦非也。春秋撥亂，君臣皆譏，苟有兩下相殺，亂孰甚焉，可得弗書乎？

十六年，成周宣榭災。穀梁曰：「周災不志。」非也。宋災猶志，況周災乎？大凡災異之發，主人告災不告異，諸侯弔災不弔異，禮當然也〔一〕。後世道衰，災異並告，春秋因而書之以通人情，無擇於周獨不志也。

十八年，邾人戕鄫子于鄫。穀梁曰：「戕，殘也，捝殺也。」按：穀梁但言「捝殺」而已，不言邾人何人也，鄫子何爲以見殺？有罪乎？無罪乎？漫不可知。

〔一〕「禮」，原作「理」，據明抄本改。

春秋權衡卷第十七　穀梁第四

成公

元年，無冰。穀梁曰：「此未終時，言無冰〔一〕，何也？」非也。今所書「正」，謂建丑之月，是乃終時矣，何云「未終時」乎？若待建寅之月而書「無冰」，建寅月令「東風解凍」，不得更以無冰爲異也。

作丘甲。穀梁曰：「丘爲甲也。」非也。審爲使民作甲者，春秋何不云「井作甲」、「邑作甲」、「農作甲」，而必云「丘作甲」乎？吾於公羊既言之矣。

二年，公會楚公子嬰齊于蜀。穀梁曰：「其曰『公子』，何也？亢也。」非也。向者「及晉處父盟」，去處父之氏以明亢，今此更益嬰齊之氏亦以明亢，二者孰能別之乎？且穀梁以楚無大夫，其有大夫者進

〔一〕「言」字原無，據明抄本及春秋穀梁傳注疏補。

也。狄雖見經，尚未得氏，以明許夷狄者不一而足。今反以驕亢之人而進之有氏，是褒貶亂矣，何以爲春秋？

盟于蜀。穀梁曰：「會與盟同月，則地會不地盟；不同月，則地會地盟。此其地會地盟，何也？以公之得其所，申其事也。」非也。會時一國，盟時十一國：「十一月，公會楚公子嬰齊于蜀」，「丙申，公及楚人、秦人、宋人、陳人、衛人、鄭人、齊人、曹人、邾人、薛人、鄫人盟于蜀」。此乃兩會也，各自書地，乃其理矣，何申之有？

五年，梁山崩。穀梁曰：「不日，何也？高者有崩道也。有崩道，則何以書也？曰：梁山崩，壅河三日不流。晉侯召伯宗而問焉云云。」尋穀梁此文，似云山有崩道，崩不當書，今以晉侯問伯宗，故獨書也，是豈春秋意邪？

七年，鼷鼠食郊牛角。改卜牛，鼷鼠又食其角。穀梁曰：「又，有繼之辭也。」此亦常耳，何足以多解？又曰：「其，緩辭也。」非也。前云「鼷鼠食郊牛角」者，文不可言「其角」，非不緩也；今云「其角」者，亦文當如此，非故緩也。又曰：「所以免有司之過也。」亦非也。春秋記災異，刺譏時君，且明鬼神享德，所以鈎深致遠者微矣，豈爲免有司之過乎？乃免牛。穀梁曰：「免牛者，爲之緇衣纁裳〔二〕，有司

〔二〕「纁」，原作「繡」，據明抄本、四庫本、薈要本及春秋穀梁傳注疏改。

奉送，至於南郊。」未必然也。雖禮典散滅，不可考校，至於牛衣人服，如何襲被乎？凡郊牛、稷牛，必皆在滌三月。滌者，牢也。今既有傷，則不復在滌，是爲免之；其不免者，是留以須後郊，非禮不敬，故春秋亦譏焉。不如穀梁所説作「玄衣纁裳」，何休所説「盜天牲」也。

大雩。穀梁曰：「冬無爲雩也。」非也。周之十月，今之八月，若久不雨，可得不雩乎？又傳例謂「得雨曰雩」，若此年雩不得雨，書「旱」必矣。且將書「旱」，可得不雩哉？

八年，晉侯使韓穿來言汶陽之田，歸之于齊。穀梁曰：「于齊，緩辭也，不使盡我也。」非也。此直記事以刺晉爾，「不使盡我」，了無所用也。

天子使召伯來錫公命。穀梁曰：「天子何也？見一稱也。」言欲見「天子」與「天王」各爲一稱，不亦淺乎？不亦淺乎？

衛人來媵。穀梁曰：「媵，淺事也，不志。此其志，何也？以伯姬之不得其所，故盡其事也。」非也。伯姬雖賢，春秋一褒其身已足矣，又何爲及其媵哉？凡春秋所急者，禮也；所制者，欲也。以禮制欲則治，以欲敗禮則亂。而諸侯娶十二女，則是以欲敗禮矣，故春秋備書之，所以戒也，非賢伯姬以亂禮也。

九年，季孫行父如宋致女。穀梁曰：「是以我盡之也。」非也。穀梁言宋共公失德不葬者，以其與伯姬不相入也。即我能盡之，何故不相入乎？又曰：「不正，故不與内稱也。」説者云：「内稱，謂稱使。」

按：内大夫受命而出，無稱使者，假令與内稱，則曰「公使季孫行父如宋致女」乎？又曰：「逆者微，故致女，詳其事，賢伯姬也。」亦非也。穀梁向云「致者，不致也」，譏以我盡之；今又云「詳其事，賢伯姬」。若實賢伯姬，則「致女」爲伯姬發，非譏魯也；若實譏魯，則「致女」爲譏魯發，非賢伯姬也。二者孰能知之乎？

晉人執鄭伯。晉欒書帥師伐鄭。穀梁曰：「不言戰，以鄭伯也。」非也。春秋伐而不戰多矣，豈伐則必戰乎？且晉實不執鄭伯以伐鄭，何以能必其以鄭伯乎？此皆妄説也。又曰：「爲親者諱疾〔二〕。」亦非也。執其君以伐其國，無道甚矣，方事貶之，何故諱乎？

莒潰。穀梁曰：「其日〔三〕，莒雖夷狄，猶中國也。」然則蔡亦中國，「蔡潰」何故不日乎？又曰：「大夫潰莒而之楚。」亦非也。經但云「莒潰」，不云「之楚」，穀梁安所受此語乎？且潰者非大夫所爲，何故專以大夫解之乎？此似不曉潰之説。凡潰者，取其如水之決爾。

城中城。穀梁曰：「非外民也。」非也。若不外民，則都不爲城郭乎？則與夷狄何異哉？夷狄可謂不外民乎？

〔二〕「疾」，明抄本作「病」，誤。按：春秋穀梁傳注疏作「疾」。
〔三〕「日」，原作「曰」，據明抄本、四庫本、薈要本及春秋穀梁傳注疏改。

十三年，曹伯廬卒于師。穀梁曰：「閔之也。」非也。諸侯死於行，則記其地；死於國，則不記其地，所以别内外也。例則如此，何謂閔之？

十五年，仲嬰齊卒。穀梁曰：「子由父疏也。」非也。必公孫之子以王父字爲氏，非公子之子也，公羊説是矣。若必云「子由父疏」，不得稱「公孫」，則歸父何故稱「公孫」乎？

晉侯執曹伯歸于京師。穀梁曰：「以晉侯而斥執曹伯，惡晉侯也。」非也。若云「晉人執曹伯」，穀梁得毋又如「齊人執袁濤塗」而非之乎？

葬宋共公。穀梁曰：「月卒日葬，不葬者也。以其葬共姬，不可不葬共公也。夫人之義不踰君。」非也。若以葬夫人則必葬其君，莊二十九年，葬紀叔姬而不葬紀侯，何哉？

會于鍾離。穀梁曰：「會又會，外之也。」非也。吾於公羊既言之矣。

十六年，曹伯歸自京師。穀梁曰：「不言所歸，歸之善者也。出入不名，以爲不失其國也。」非也。曹伯之惡，學者知之，穀梁子不知爾。曹伯何善乎？又曰：「歸爲善，自某歸次之。」亦非也。衛元咺、衛侯鄭何善之有乎？且「自某」者，明其有奉焉爾，本不爲善不善設也。

晉人執季孫行父，舍之于苕丘。穀梁以「舍」爲「次舍」之「舍」，及其所論皆枝辭也，蓋不足信。

刺公子偃。穀梁以謂「殺無罪」，非也。且以理觀之，先刺後名，是得其罪者；先名後刺，是不得其罪，不訊於羣吏，不訊於萬民者，可知矣。

十七年，用郊。穀梁以謂：「以秋之末承春之始，不可郊也。」非也。吾於公羊既言之矣。

壬申，公孫嬰齊卒于貍脤。穀梁曰：「致公而後録臣子。」非也。昭公在外，「叔孫婼卒」則何不待致公而録乎？

襄公

二年，晉師、宋師、衛甯殖侵鄭。穀梁曰：「其曰『衛甯殖』，如是而稱於前事也。」説者曰：「初，衛侯速卒，鄭人侵之，故舉甯殖之報，以明稱其前事。」皆非也。將尊師少書將，例然也，何至於此獨爲異乎？孔子曰：「以直報怨，以德報德。」若人伐己喪，己亦伐人喪，是以怨報怨也，豈以直報怨者乎？春秋豈爲是書之哉？

城虎牢。穀梁曰：「若言中國焉，内鄭也。」非也。鄭不服晉，諸侯伐之，可謂外之矣，反謂内之乎？

三年，叔孫豹及諸侯之大夫及陳袁僑盟。穀梁曰：「及以及，與之也。」非也。此兩「及」者，文當然耳，何謂與之，何謂不與之哉？又曰：「諸侯盟，又大夫相與私盟，是大夫張也。」亦非也。袁僑則陳大夫，大夫不敢與君盟，故使大夫與之盟耳。觀穀梁之說，似解溴梁之會「大夫盟」，非解此雞澤之會「諸侯之大夫及陳袁僑盟」也。

六年，莒人滅繒。穀梁曰：「非滅也，立異姓以莅祭祀，滅亡之道也。」非也。吾於公羊既言之矣。

七年，鄭伯髡原如會，未見諸侯。丙戌，卒于操。穀梁曰：「其不言弒，不使夷狄之民加乎中國之君。」非也。鄭伯欲宗中國，其大夫不從而弒之，春秋當明其罪以懲亂臣，何有反匿首惡，謂之「不使夷狄之民加中國之君」乎？夫匿首惡之名，使亂臣無所懼，是乃使夷狄之民加中國之君矣，何言哉？且穀梁子謂春秋書首惡，且是予夷狄之民加中國之君乎？弒君三十六，盡予使弒之，獨髡原爲不使也，何其悖哉！

八年，會于邢丘。穀梁曰：「見魯之失政也，公在而大夫會也。」非也。公以正月如晉，反，未至國，令季孫宿復往會晉侯耳。若公在而大夫會，不應無文以起之。

九年，宋災。穀梁曰：「外災不志，此其志，何也？故宋也。」非也。「齊大災」，又豈故齊乎？

十年，會吳于柤。穀梁曰：「會又會，外之也。」非也。「會于戚」，吳人亦在，何不外之乎？「會于申」，淮夷亦在，何不外之乎？

盜殺鄭公子斐、公子發、公孫輒。穀梁曰：「稱盜以殺大夫，弗以上下道，惡上也。」非也。若以盜者指其君乎，殺其臣而謂之「盜」，是不正名也；若以盜者固盜賊乎，稱「盜」乃宜矣，又何云「弗以上下道」也？如穀梁之意，以上下道則曰「盜殺其大夫」乎？則是大夫爲盜之臣，盜爲大夫之君乃可耳。

戍鄭虎牢。穀梁曰：「其曰『鄭虎牢』，決鄭乎虎牢也。」非也。城人之邑，戍人之都，勢必繫其國而言，有不繫其國者乃變例也。如其繫國矣，此乃常文，又何決哉？

十二年，莒人伐我東鄙，圍台，遂入鄆。穀梁曰：「取邑不書，圍安足書也？」非也。取邑不書，有所避耳，非小之不書也。

十四年，衛侯出奔齊。説者曰：「衎結怨乎民，自棄於位，君弒而歸，與知逆謀。故出入皆日。」非也。以剽爲君，以衎爲賊，吾不知春秋何爲乃爾昏惑哉？然則昭公出奔亦當絶邪？有如季氏立一公子爲君者，春秋且亦奪昭公而成之邪？

十五年，劉夏逆王后于齊。穀梁曰：「過我，故志之。」非也。王后尊矣，禮自當志，豈與諸侯一例以過我而書哉？然則他王后不見者，太子立則妃爲后，自無緣見耳。

十八年，同圍齊。穀梁曰：「非圍而曰圍。」非也。春秋之信史也，其事則齊桓、晉文，其會則主會者爲之矣，若未圍而言「圍」，是豈得爲信史哉？

曹伯負芻卒于師。穀梁曰：「閔之也。」非也。是亦記事而已矣，何閔之有？

十九年，公至自伐齊。穀梁曰：「春秋已盟而復伐者，則以伐致；盟不復伐者，則以會致。祝柯之盟，盟復伐齊與？曰：非也。然則何爲以伐致也？曰：與人同事，或執其君，或取其地。」非也。執君取地，邾事也；以伐齊致，齊事也。今欲以齊明邾，以邾明齊乎？無義以通之。且書「晉人執邾子」，貶晉已明矣；「取邾田自漷水〔一〕」，刺魯已明矣。又何不足，而以齊起邾乎〔二〕？

晉士匄侵齊，至穀，聞齊侯卒，乃還。穀梁曰：「還者，事未畢也。士匄外專君命，故非之也。」非也。謂之「未畢」，則以爲貶矣。「公子遂至黃乃復」、「公孫敖如周，不至而復」，「復」者，穀梁所謂事畢也，然則春秋反不貶遂與敖乎？按：士匄不伐喪，可謂知禮，不免於貶；遂、敖專命，可謂非禮，反無貶乎？且士匄何貶哉？大夫以君命出境，進退在大夫者可也。

二十六年，衛甯喜弑其君剽。穀梁曰：「此不正，其日，何也？殖也立之〔三〕，喜也君之，正也。」非也。文王事紂，武王滅之，亦爲不正乎？言春秋者，要論其行事邪正而已矣，衎也於殖，其獨非君而逐之，何哉？

〔一〕「邾」，原作「洙」，據明抄本、四庫本、薈要本改。
〔二〕「起」字原無，據明抄本補。四庫本、薈要本作「明」。
〔三〕「立」，明抄本作「奉」。按：春秋穀梁傳注疏作「立」。

二十七年，豹及諸侯之大夫盟于宋。穀梁曰：「『豹』云者，恭也。諸侯不在，而曰諸侯之大夫，大夫臣也。」非也。稱諸侯者常文耳，不稱諸侯者乃變文也。又，豹不氏，亦前目後凡，一事而再見，卒名之例爾，不以是爲恭也。

二十九年，公至自楚。穀梁曰：「喜之也。致君者，殆其往而喜其反〔一〕。」非也。公如晉、如齊而致者多矣，又何喜乎？且春秋，公出不必盡致也，是爲臣子或喜或不喜者邪？

三十年，正月，楚子使薳罷來聘。說者曰：「聘例時，此月，何也？欲書王以正蔡般之罪。」劉子曰：推此言也而觀之，其妄可勝記乎？

蔡世子般弒其君固。穀梁曰：「其不日，子奪父政，是謂夷之。」非也。向若書日者，何遂云非奪父政乎？又可云非夷之乎？奪父政也，夷之也，不待不書日而後見，則不書日何足以託義哉？

葬蔡景公。穀梁曰：「不日卒而月葬，不葬者也。卒而葬之，不忍使父失民於子也。」非也。君弒，賊未討，不書葬，此乃春秋之常矣。凡不書葬者，豈失民之謂乎？苟爲此言以應問可矣，非所以明春秋也。

會于澶淵，宋災故。穀梁曰：「善之也。」非也。一國失火，自焚其財，小事耳，諸侯何至羣聚而謀

〔一〕「反」，原作「及」，據明抄本、四庫本、薈要本及春秋穀梁傳注疏改。

之乎？以此爲善，是春秋貴小惠而不貴道也。又曰：「其曰『人』，何也？救災以衆。」亦非也。宋以五月失火，諸侯以冬會于澶淵，是可謂救災乎？

昭公

二年，公如晉。穀梁曰：「恥如晉，故著有疾也。」非也。但云「至河乃復」，安知有疾哉？

七年，暨齊平。穀梁曰：「以外及内曰暨。」如此，何不取外爲志之例書會乎？春秋尊魯，避所可恥，審爲齊强逼魯爲平者，何不如「乞盟」、「乞師」、「來獻捷」之例殺恥乎？

衛侯惡卒。穀梁曰：「王父名子也。」蓋言臣之子不敢與世子同名，有生在世子前，王父名之者，則亦不改也，以言「衛齊惡」蓋王父名之爾。説者不曉，以謂「唯王父名子，王父卒則稱王父命名之」，是則不可。

八年，陳侯之弟招。穀梁曰：「向曰『陳公子招』，今曰『陳侯之弟招』，何也？」云云，此問之非也。向曰「陳公子」者，乃其常稱爾。

秋，蒐于紅。穀梁曰：「正也。」非也。蓋不學周禮者。

葬陳哀公。穀梁曰：「不與楚滅，閔之也。」非也。此與「齊侯葬紀伯姬」何異哉？

十二年，齊高偃帥師納北燕伯于陽。穀梁曰：「納者，内弗受也。」非也。諸侯失國，諸侯納之，救患哀禍也。顧以爲弗受，反當遂其亂臣賊子之心乎？又曰：「燕伯之不名，何也？不以高偃挈燕伯也。」亦非也。「楚人圍陳，納頓子於頓」，穀梁以謂：「納頓子者，陳也。」陳之挈頓子可矣，即何不名頓子乎？

十三年，公不與盟。穀梁曰：「可以與而不與，譏在公也。」非也。公於晉唯令之從，豈其獨能違衆不盟乎？推穀梁之意，以「與」爲「相與」之「與」；推春秋之意，則「與」爲「與及」之「與」。

葬蔡靈公。穀梁曰：「不與楚滅，且成諸侯之事。」非也。楚本不當滅蔡〔一〕，則蔡雖滅非滅也。今蔡侯復國，例得葬耳，不爲諸侯而成之也。

十五年，叔弓卒，去樂，卒事。穀梁曰：「君在祭樂之中，大夫有變，以聞，可乎？大夫，國體也，古之人重死，君命無所不通。」非也。按禮記：衛侯曰：「柳莊死，雖當祭，必告。」然則當祭不告者，禮也；當祭而告者，變也，其亦可知矣。

十七年，楚人及吴戰于長岸。穀梁曰：「進楚子，故曰戰。」非也。戰則云「戰」，敗則云「敗」，豈擇於吴、楚哉？且楚其與中國並久矣，豈至此而進之哉？

〔一〕「楚」，原作「是」，據明抄本改。

十八年，宋、衛、陳、鄭災。穀梁曰：「或曰：人有謂鄭子産曰：『某日有災。』子産曰：『天者神，子惡知之？』是人也，同日而爲四國災。」此非智者之語，何足爲説也？

十九年，許世子止弑其君買。穀梁曰：「日弑，正卒也。」冬，葬許悼公。穀梁曰：「日卒時葬，不使止爲弑父也。」皆非也。州吁、宋萬、商臣、商人、歸生、夏徵舒、崔杼、甯喜，此皆弑其君而書日者，可云皆正卒乎？「春，葬陳靈公」，可云「不使夏徵舒爲弑君」乎？大凡春秋所書，褒貶豈不明哉？待日月而後見之，此所以泥而不通也。

二十年，公孫會自夢出奔宋。穀梁曰：「自夢者，專乎夢也。曹無大夫，其曰『公孫』，言其以貴取之，而不以叛也。」非也。若臣不叛君，常事爾，何足褒哉？褒其有功，貶其叛國，之兩者之中〔一〕，勿咎勿譽可也。

二十一年，蔡侯東出奔楚。穀梁曰：「東者，東國也。何爲謂之東？王父誘而殺焉，父執而用焉，奔而又奔之。曰東，惡之而貶之也。」非也。即仲尼欲如此貶東國者〔二〕，書「東國」不亦足乎〔三〕？徒貶其半名

〔一〕上「之」字，明抄本無。

〔二〕「者」，明抄本作「當」，屬下讀。

〔三〕「書」，明抄本作「著」。

何爲？即貶其半名爲法者〔一〕，使蔡侯止名東〔二〕，當復貶去其上下而云「蔡侯田」乎？

二十二年，劉子、單子以王猛居于皇。穀梁曰：「王猛，嫌也。」非也。若王猛嫌，豈得云「居」乎？

劉子、單子以王猛入于王城。穀梁曰：「入者，內不受也。」非也。必以「入」爲內弗受，則「天王入于成周」，亦弗受乎？

王子猛卒。穀梁曰：「此不卒者也。」非也。猛雖未成君，然謂之小子王，卒固當告於諸侯。諸侯之未成君之卒乃不書爾。又曰：「其曰卒，失嫌也。」亦非也。猛未逾年，不可言「崩」，又不可言「薨」，是以通言「卒」爾，何嫌之失？

二十三年，吴敗蔡、胡、沈、頓之師。穀梁曰：「中國不言敗。」非也。敗者偏敗，戰者偏戰。偏敗詐也，偏戰信也。夫夷狄者多詐，春秋自宜書以見之，何有反匿其詐乎？夷狄敗中國則曰「敗」，中國敗夷狄則曰「敗」，唯真夷狄與中國不言「戰」，此爲異耳。至於吴、楚乎，雖有夷狄之名哉，其實兄弟僚友也。今一概以吴、楚之君比赤狄、白狄、山戎、戎蠻，不亦羞太伯、鬻熊哉？

〔一〕「其」，明抄本無此字。「法」，明抄本作「去」。

〔二〕「止」，明抄本作「正」。

尹氏立王子朝。穀梁曰：「其不名，何也？別嫌乎尹氏之朝也。」非也。春秋豈嫌於尹氏之朝哉？「衛人立晉」，衆所欲立也，不曰「公子」，君位定矣。「尹氏立王子朝」，獨尹氏所欲立也，已僭位號，猶稱「王子」，言莫自君也。此固逆順之差，安可不詳哉？

二十六年，公圍成。穀梁曰：「言圍，大公也。」非也。公失國而圍成，師在封內而書之，此小之甚者，不可謂大。

定公

二年，雉門及兩觀災。穀梁曰：「其不言『雉門災，及兩觀』，何也？災自兩觀始也。」非也。吾於公羊既言之矣。

新作雉門及兩觀。穀梁曰：「其以尊者親之，何也？雖不正也，於美猶可也。」非也。此自記事之體耳，雉門先災，兩觀後災，不得不曰「雉門及兩觀災」。若不言「及」，則似雉門之兩觀災，雉門乃無恙也。既災之後，魯人脩舊，理當先門，門者所出入者，觀者門飾也，亦各順其序而書之，非聖人橫出此意見也。

四年，公及諸侯盟于臯鼬。穀梁曰「一事而再會」，是也；其曰「公志於後會」，則非也。當此之時，魯國微甚，會之進退非其所敢專，何與於責而謂之疑乎？

劉卷卒。穀梁曰：「此不卒而卒者，賢也。天王崩，爲諸侯主也。」所謂「天王崩」，則昭二十二年景王矣；「爲諸侯主」，則「劉子、單子以王猛居于皇」是矣。以兩者論之，卷既爲諸侯主，而春秋又稱其賢，是王猛本正也。王猛本正，而穀梁謂其篡，何哉？

蔡侯以吴子及楚人戰于柏舉。穀梁敘其事曰：「何以不言救也？救大也。」謂夷狄漸進，未可同於中國，此妄矣。「狄人救齊」，穀梁以謂「功近而德遠」，不唯得稱救而已矣，又進之稱「人」，曾謂吴不如狄乎？何其賞罰之偏也？

吴入楚。穀梁曰：「何以不言滅？欲存楚也。」非也。楚實未滅，當言「入」而已矣，豈春秋固存之哉？且凡滅國，春秋未嘗不存也，豈於楚也獨存之邪？

五年，丙申，季孫意如卒。按穀梁例：「大夫不日卒，惡也。」意如逐君，可謂惡矣，其日卒何哉？豈謂入人之國重於逐己之君哉？

七年，齊人執衛行人北宮結以侵衛。穀梁曰：「以，重辭也。衛人重北宮結。」非也。執其使，伐其國，文加「以」則見之，不加「以」則不見也，乃其理然，豈爲重乎？

八年，公至自侵齊。穀梁曰：「公如，往時致月，危致也；往月致時，危往也；往月致月，惡之也。」非也。「公如，往時致月」，此則文公十三年「冬，公如晉」，十四年「正月，公至自晉」是也。是時，公未至晉，而衛侯會公于沓，至晉而得其君盟，盟而反，鄭伯又會公于棐，一出而三國附，最榮矣，何以危致之也？夫「往月致時」，此則宣十七年「六月，同盟于斷道。秋，公至自會」是也。是時，諸侯協心而同外楚，中國爲一，無有他變，何以危往也？夫「往月致月」，此則僖四年「正月，侵蔡，蔡潰，遂伐楚」，「八月，公至自伐楚」是也。是時，齊桓主諸侯，穀梁以齊桓爲「知所侵」，又曰「以伐楚致，大伐楚」，最盛矣，何以惡之也？且穀梁欲言其危，當得其危之狀；欲言其惡，當指其惡之形。今謂之危，無狀也；謂之惡，無形也，設空文而無實驗，不可致詰，非所以解經也，故略舉三事以彰其不然。

十年，公至自頰谷。穀梁曰：「離會不致。致，危之也。」非也。近上八年，「公會晉師于瓦」，亦致，又何危乎？且如穀梁所説，頰谷之會，聖人相之，齊侯震懼，歸地謝過，齊則危矣，魯何危乎？又曰：「其以地致，何也？危之也。」亦非也。兩國會盟，致皆以地，此常例爾，何説危哉？

十一年，宋公之弟辰及仲佗、石彄自陳入于蕭以叛。穀梁曰：「辰未失其弟也。」非也。公子不去國，而辰棄親出奔，挾黨爲亂，以謂未失其弟，何妄甚也！

十三年，晉趙鞅歸于晉。穀梁曰：「其言歸，貴其以地反也。」非也。苟使趙鞅爲之不義，雖以地反，能免於貶乎？然則鞅之得言「歸」，非貴其以地反也，貴其忠信足恃也。

十四年，天王使石尚來歸脤。穀梁曰：「石尚欲書春秋，諫曰：『久矣！周之不行禮於魯也，請行脤。』」不知石尚欲書孔子之春秋乎？魯國之春秋乎？若孔子之春秋也，孔子是時未作春秋，石尚安得書？如魯國之春秋也，王人至則書之矣，何足以爲榮邪？凡人之欲書春秋者，以有殊功異德，欲使後世見也，石尚何有而欲書乎？是殆不然。

哀公

二年，納衛世子。穀梁之説非也，江熙是矣。

四年，盜弑蔡侯申。穀梁曰：「稱盜以弑君，不以上下道道也。」非也。盜即微者爾，辟稱「人」，故云「盜」也。即不以上下道道，曷爲稱「弑」乎？

五年，閏月，葬齊景公。穀梁曰：「不正其閏也。」非也。喪以年斷者不以閏數，以月斷者則以閏數。葬之爲事，以月斷者也，以閏數宜矣，何謂不正乎？

六年，陳乞弑其君荼。穀梁曰：「陽生正，荼不正。」然而荼受命，陽生不受命，如此陽生得罪於先君，荼乃其君也，弑先君所命，是則弑其君矣，又何云「不以陽生君荼」乎？假令先君廢陽生爲非義，自可聽天子、伯主治之耳，今至躬弑其君，春秋猶詭其罪以與陳乞，何哉？且令陳乞無預陽生之事，春秋又將强委一卿以弑君之罪乎？要之，陳乞主陽生而弑荼可知也。

七年，入邾，以邾子益來。穀梁曰：「其言來者，外魯之辭。」非也。春秋褒善貶惡，直書「入邾」，又言「以邾子益來」，於君親之過而無所隱，義已足矣，豈以一失之故遂外其君乎？且令春秋不外其君，則當曰「以邾子益歸」乎？夫「歸」可施於人，不可施於我；「來」可施於我，不可施於人。詳於此之意者，可以知春秋之文矣。

十二年，孟子卒。穀梁曰：「其不言夫人，諱取同姓也。」非也。孟子者，孟姬；而曰「孟子」，則是諱同姓矣。不曰「夫人」，豈諱同姓乎？

十四年，獲麟。穀梁曰：「不言其來，不外麟也。不言有，不使麟不恒有也。」皆非也。謂之「獲麟」矣，則不得言其來，不得言其有，記事之理也，何説乎？即以言其來爲外之，「季子來歸」亦外之也；即以言其有爲使不恒有，「大有年」亦使不恒有邪？故守一而廢百，謂之章句之儒，去道遠矣。

附録　四庫全書總目提要・春秋權衡

春秋權衡，十七卷，宋劉敞撰。敞字原父，臨江新喻人。慶曆中舉進士，官至集賢院學士。事蹟具宋史本傳。據其弟攽作敞行狀，及歐陽修作敞墓誌，俱稱敞春秋傳十五卷、權衡十七卷、説例二卷、文權二卷、意林五卷。王應麟玉海所記亦同。陳振孫書録解題曰：「原父始爲權衡，以平三家之得失。然後集衆説，斷以己意，而爲之傳。傳所不盡者，見之意林。」然則傳之作在意林前，此書又在傳前。敞春秋之學，此其根柢矣。自序謂：「權衡始出，未有能讀者。」又謂：「非達學通人，則亦必不能觀之。」其自命甚高。葉夢得作石林春秋傳，於諸家義疏多所排斥，尤詆孫復尊王發微，謂其不深於禮學，故其言多自牴牾，有甚害於經者；雖概以禮論當時之過，而不能盡禮之制，尤爲膚淺。惟於敞則推其淵源之正。蓋敞邃於禮，故是書進退諸説，往往依經立義，不似復之意爲斷制。此亦説貴徵實之一驗也。

中外哲學典籍大全·中國哲學典籍卷
已出版書目

《關氏易傳》《易數鈎隱圖》《删定易圖》，劉嚴點校。

《周易口義》，〔宋〕胡瑗著，白輝洪、于文博、［韓］徐尚賢點校。

《周易玩辭》，〔宋〕項安世著，杜兵點校。

《周易内傳校注》，〔清〕王夫之著，谷繼明、孟澤宇校注。

《周易外傳校注》，〔清〕王夫之著，谷繼明校注。

《易説》，〔清〕惠士奇著，陳峴點校。

《易漢學新校注（附易例）》，〔清〕惠棟著，谷繼明校注。

《周易學》，曹元弼著，周小龍點校。

《讀禮疑圖》，〔明〕季本著，胡雨章點校。

《王制通論》《王制義按》，程大璋著，吕明烜點校。

《春秋釋例》，〔晉〕杜預著，徐淵整理。

《春秋尊王發微》，〔宋〕孫復著，趙金剛整理。

《春秋權衡》，〔宋〕劉敞著，吕存凱、崔迅銘、楊文敏點校。

《春秋本例》，〔宋〕崔子方著，侯倩點校。

《春秋集注》，〔宋〕張洽著，蔣軍志點校。

《春秋集傳》，〔宋〕張洽著，陳峴點校。

《春秋師説》，〔元〕黄澤著，〔元〕趙汸編，張立恩點校。

《春秋闕疑》，〔元〕鄭玉著，張立恩點校。

《春秋屬辭》,〔元〕趙汸著，張立恩整理。

《宋元孝經學五種》，曾海軍點校。

《孝經集傳》,〔明〕黄道周撰，許卉、蔡傑、翟奎鳳點校。

《孝經鄭注疏》《孝經講義》，常達點校。

《孝經鄭氏注箋釋》，曹元弼著，宫志翀點校。

《孝經學》，曹元弼著，宫志翀點校。

《四書辨疑》,〔元〕陳天祥著，光潔點校。

《張九成集》,〔宋〕張九成著，李春穎點校。

《錢時著作三種》,〔宋〕錢時著，張高博點校。

《吴澄集》,〔元〕吴澄著，方旭東、光潔點校。

《涇皋藏稿》,〔明〕顧憲成著，李可心點校。

《高子遺書》,〔明〕高攀龍著，李卓點校。

《小心齋劄記》,〔明〕顧憲成著，李可心點校。

《太史公書義法》，孫德謙著，吴天宇點校。

《肇論新疏》,〔元〕文才著，夏德美點校。

更多典籍敬請期待……